출제 경향 및 유형 완전 분석 / 명쾌한 해설과 강의로 합격을 책임지겠습니다.

고등학교졸업학력 검정고시
도덕 기본서

임채정 선생님

고졸 검정고시 도덕 임채정 선생님

약력

- 서강대학교 교육대학원 평생교육전공 졸업
- 대신야간 중고등학교 고검 대검 영어 교사
- 대신야간 중고등학교 고검 대검 도덕 교사
- 한양여자대학 비서인재과 전공 강사
- 한양여자대학 정보경영과 전공 강사
- 센트럴HRD센터 교육팀 강사
- 고시월 초, 중, 고 도덕(생활과 윤리) 강사

저서

- 고시월 고졸검정고시 도덕 검단기 기본서 바이블
- 고시월 고졸검정고시 도덕 검단기 총정리 바이블
- 고시월 고졸검정고시 도덕 검단기 적중예상문제 300제
- 고시월 고졸검정고시 도덕 검단기 실전 모의고사
- 고시월 고졸검정고시 도덕(생활과 윤리) 수험서 시리즈

머리말

칸트는 "도덕이 그 자체로 목적이라고 할 수 있다."고 하였습니다.

무엇을 위한 수단이 될 수 없으며, 우리는 이러한 도덕 법칙을 의무로써 무조건 준수해야 한다는 것이죠.

윤리와 도덕, 도덕과 윤리 지금까지와는 다른 내용이 생활과 윤리과목에 포함되면서 혼란스러움과 새로운 지식에 두려움도 있을겁니다.

하지만, 우리가 기억해야 할 한가지는 윤리이건, 도덕이건, 칸트가 말했었던 '도덕이 그 자체로 목적이다.'라는 변하지 않는 그 진실만 기억하면 됩니다.

또한 소크라테스는 "성찰하지 않는 삶은 살 가치가 없다." 라고 하였죠.

소크라테스의 말처럼 윤리의 모든 결론은, 도덕적인 삶과 성찰로 마무리 되어집니다. 변화했지만 변화하지 않은 모습으로, 좀더 깊어진 도덕과 철학의 세계인 '생활과윤리' 를 재미있게 학습해 봅시다.

2017년 시험부터 우리 '생활과 윤리' 교과는 새롭게 변경되었습니다.

첫째, 기존 도덕에서는 깊게 다루지 않았던 인물.

둘째, 전통도덕과 현대도덕의 만남.

셋째, 윤리의 개념과, 윤리적 논쟁의 문제에 대해 심화적으로 다룰 수 있는 지식이 요구됨으로써, 윤리이론과 윤리관의 이해가 시험의 KEY가 될 것입니다.

이 책과 수업내용을 빠짐없이 학습한다면 고득점을 넘어 만점까지도 바라볼 수 있는 '생활과 윤리' 과목이 될 것으로 확신합니다.

– 편저자 올림 –

Congratulations!

새로워진 2009개정 검정고시

검단기가 여러분의 합격을 응원합니다

고등학교 졸업학력 검정고시 수험가이드

[필독] 2009개정 교육과정에 의한 검정고시 제도변경 안내

교육부에서 발표한 '검정고시 제도' 개선방안에 따른 2014년도 검정고시 출제의 기본 원칙 및 방향에 의해 2007개정 교육과정으로 2014년~2016년까지 출제 2017년부터는 2009개정으로 출제됨.

❶ 기본 원칙
- 고졸 검정고시 모두 2009개정 교육과정으로만 출제
- 검정고시 출제에서 난이도 항상성 유지

❷ 출제 수준

구분	출제 수준
고졸	고등학교 졸업정도의 지식과 그 응용능력을 측정할 수 있는 수준

❸ 세부 출제 방향

① 교육과정의 변경에 따른 세부 출제 방향
- '2009개정 교육과정'부터 사라지거나 변경된 개념 및 내용을 포함하고 있는 교과
  ⇒ 이전 교육과정과 공통 범위에서 출제하지 않고 새 교육과정 중심으로 출제
- 국정교과서에서 검정(또는 인정)교과서로 변화되는 교과의 출제 범위
  ⇒ 가급적 최소 3종 이상의 교과서에서 공통으로 다루고 있는 내용으로 출제
    (단, 국어와 영어의 경우 교과서 외의 지문 활용 가능)
- 고졸 검정고시 '과학'의 경우 융합과학에서 전 문항 출제
  ⇒ 교육과정에 근거하며 대체로 기본 지식 중심으로 출제

② 문제은행 출제방식의 확산에 따른 세부 출제 방향
- 문제은행 출제방식을 학교급별로 차등 적용
  ⇒ 초졸 : 50%, 중졸 : 30%, 고졸 : 적용하지 않음
- 기출문항의 활용 비율을 학교급별로 차등 적용
  ⇒ 초졸 : 50%, 중졸 : 30%, 고졸 : 활용하지 않음

③ 고졸 검정고시 난이도
- 최근 5년간 평균 합격률을 고려하여 적정 난이도 유지

고졸검정고시 시험안내

❹ 응시자격
① 중학교 졸업자
② 3년제 고등기술학교졸업자 또는 졸업예정자
③ 초 · 중등교육법시행령 제97조 · 제101조 및 제102조 해당자
   (중학교 졸업자와 동등의 학력인정 및 자격인정자)
④ 고등학교에 준하는 각종학교의 졸업자 또는 졸업예정자

⑤ 중학교 또는 동등이상의 학력이 있는 자를 대상으로 하는 3년제 직업훈련과정 수료자 또는 수료예정자

⑥ 1945년 이후 종전규정에 의한 학교졸업자자격인정령 제1조 또는 제2조에 해당하는 자

⑦ 소년원법시행령 제69조 제3호의 규정에 의한 자

※ 졸업예정자라 함은 최종학년에 재학중인 자를 말함

❺ 시험시기

회수	공고일	접수일	시험일	합격자발표일	공고방법
제 1회	2월초	2월중순	4월초	5월초	각 시·도 교육청 홈페이지
제 2회	6월초	6월중순	8월초	8월말	

❻ 출제 형식 및 배점

• 문항
– 문항형식 : 객관식 4지 택 1 형
– 출제 문항수 및 배점

구분	문항수	배점
고졸	• 각 과목별 25문항 (단, 수학은 20문항)	• 각 과목별 1문항 당 4점 (단, 수학은 1문항 당 5점)

❼ 고사 시간

구분		1교시	2교시	3교시	4교시		5교시	6교시	7교시
시간		09:00~09:40	10:00~10:40	11:00~11:40	12:00~12:30	중식 (12:30~13:30)	13:40~14:10	14:30~15:00	15:20~15:50
		40분	40분	40분	30분		30분	30분	30분
과목	고졸	국어	수학	영어	사회		과학	한국사	선택

※ 지체, 시각장애인 등에 대한 고사시간 연장에 대해서는 시·도 교육청이 적의 조정 시행

❽ 고시 교과목

구분	고 시 과 목	비 고
고졸	필수 : 국어, 수학, 영어, 사회, 과학, 한국사 (6과목) 선택 : 도덕, 기술·가정, 체육, 음악, 미술 과목 중 1과목	7과목

※ 지체, 시각장애인 등에 대한 고사시간 연장에 대해서는 시·도 교육청이 적의 조정 시행

❾ 증명서류 발급안내

[검정고시용 최종학력(졸업·졸업예정·제적) 증명을 받는 방법]

ⓐ 중학교 졸업 후 미진학자는 출신 최종학교에서 졸업증명 발급

ⓑ 고등학교 제적자(휴학자나 전학자가 아님)는 제적학교에서 제적증명 발급

ⓒ 학력비인정 학교과정 중퇴자는 출신 초·중학교에서 졸업자로서 미진학증명 발급

※ 민원인의 편의를 위해 전국 초·중·고 행정실을 통한 발급가능

CONTENTS

I 현대 생활과 응용 윤리

1. 현대 생활과 응용 윤리의 필요성

2. 윤리 문제의 탐구와 실천

3. 윤리 문제에 대한 다양한 접근

현대 생활에서 발생하는 제반 윤리적 문제들을 해결하기 위해 다양한 윤리적 접근이 필요함을 인식하고, 다양한 윤리 이론들을 구체적인 윤리 문제에 적용하는 능력을 지닌다.

1. 2009 개정 교육과정 반영한 최근 출제경향

연도	2013	2014		2015		2016	
단원	2회	1회	2회	1회	2회	1회	2회
덕목	1	4	2	2	2	0	3
동양사상	1	1	1	0	1	2	3
도덕적 자율성과 도덕적 판단	2	1	1	2	3	1	3
서양사상	1	1	0	1	1	3	2
사회적 갈등	2	0	1	1	4	2	2
도덕 공동체의 구현과 공동선 추구	3	4	5	2	2	3	2
지식정보 사회와 윤리문제	6	4	5	4	2	1	2
인물	1	3	5	5	3	5	3
국가와 민족의 윤리	6	3	3	5	4	5	2
동양의 이상사회와 인간상	2	3	2	2	1	1	3
기타	0	1	0	1	2	2	0
합계	25	25	25	25	25	25	25

2. 2009개정 교육과정을 반영한 최근 출제경향

연도	2017		2018		2019	
단원	1회	2회	1회	2회	1회	2회
현대 생활과 응용윤리	6	4	4	3	4	6
생명,성,가족윤리	5	7	5	6	5	6
과학기술,환경,정보윤리	2	4	4	4	4	4
사회윤리와 직업윤리	7	6	6	7	7	7
문화와 윤리	3	2	3	3	4	1
평화와 윤리	2	2	3	2	1	1
합계	25	25	25	25	25	25

3. 최신 출제 경향 분석

이번 시험의 난이도가 다소 높은 편이라고 해도 기존의 고졸 도덕 시험과 비교하였을 때 난이도가 극단적으로 조정되었다고 볼 수준은 아닙니다.

또한 도덕 과목으로서 마지막 시험으로 기본개념에 충실히 임하고 동 · 서양 윤리 사상의 흐름을 철저히 정리함과 아울러 기존 기출문제를 정밀하게 분석한다면 충분히 고득점을 획득할 수 있을 것으로 판단합니다. 무엇보다 기본기에 충실한 공부가 필요합니다.

1. 현대 생활과 응용 윤리의 필요성

01 실천을 위한 학문으로서의 윤리학

(1) 윤리학(倫理學)의 학문적 성격

① 윤리의 의미 : 윤리는 인간관계의 이치와 도리를 다룬다.

② 윤리학

- 도덕을 연구 대상으로 삼는다.
- 도덕적 행위에 관한 이론으로 구성된 지식 체계를 말한다.
- 도덕의 본질과 도덕의 구체적인 규범을 연구하고, 둘의 관계를 연구 대상으로 삼는다.→이론적, 실천적 측면의 성격을 동시에 지닌다.
- 결과적으로 위와 같은 기준과 규범을 체계적으로 탐구하는 학문을 윤리학이라고 한다.

(2) 규범 윤리학과 메타 윤리학

① 규범 윤리학

- 이론 규범 윤리학

㉠ 객관적, 보편적 목적이나 법칙을 파악하여 윤리적 삶의 지침으로 삼는다.

㉡ 종류 : 의무론적 윤리론, 공리주의적 윤리론, 덕 윤리론

※ 이론 규범 윤리학의 종류

	의무론적 윤리론	목적론적 윤리론	덕 윤리
기본사상	선·악 관념은 절대적 도덕 법칙으로 정해져 있다. 즉 도덕은 그 자체로 목적이다. 무엇을 위한 수단이 될 수 없으며, 우리는 이러한 도덕 법칙을 의무로써 무조건 준수해야 한다.	행복, 쾌락, 이익은 선이며, 그의 반대는 악이다. 따라서 결과적으로 개인 및 사회에 이익을 가져다주는 행위가 선한 행위이라고 할 수 있다. 윤리는 유용성 증대라는 개인 및 사회적 목적을 위한 수단이 되어야 한다.	• 의무론이나 공리주의가 행위. 원리적 규칙을 중시한다면, 덕 윤리는 행위자 중심이다. • 도덕 판단과 실천에 있어 덕 윤리는 공동체를 위한 행위자의 인격과 품성의 함양을 핵심으로 삼는다.
윤리의 절대성	절대주의	상대주의	상대주의
윤리의 판단기준	(법칙을 준수하려는) 행위 동기	(행위가 가져오는) 결과	덕의 소유 여부
대표사상	칸트(Kant, Immanuel)	공리주의(功利主義)	매킨타이어(MacIntyre) / 마이클샌델(Michael J. Sandel)

- 응용윤리학 (실천 규범 윤리학) : 이론윤리학의 내용을 구체적 삶의 문제에 응용하거나 도덕적 해결책을 모색하는 학문

② 규범 윤리학 VS 메타 윤리학

- 규범 윤리학 : 객관적이며 보편적인 목적이나 법칙을 파악하여 윤리적 삶의 지침으로 삼는 학문
- 규범 윤리학이 관심을 가지는 문제

  ㉠ 인생에서 옳고 그름, 선과 악은 무엇인가?

  ㉡ 우리는 앞으로 인생에서 무엇을 추구해야 하는가?

  ㉢ 특정한 상황에서 무엇을 하여야 하는가?

  ㉣ 우리는 어떻게 살아가야 하는가?

  ㉤ 우리는 다른 사람에게 무엇을 어떻게 하여야 하는가?

- 메타 윤리학

  ○ 이론 규범 윤리학을 분석 및 검증하여 학문적 타당성을 검증하는데 중점을 둔다.

  ○ 도덕적 언어의 의미와 그에 맞는 분석을 윤리학적 탐구의 본질로 삼아야 한다. →인간의 삶을 바라보거나 도덕적인 문제를 해결하는데 관심이 없다. 즉, 도덕 행위에는 관심이 없다.

- 메타 윤리학이 관심을 가지는 문제

  ○ '옳다'는 것과 '그르다'는 것의 의미가 무엇인가?

  ○ '선한'것과 '악한'것의 의미가 무엇인가?

  ○ '해야 한다'는 것과 '해서는 안 된다'는 것의 의미가 무엇인가?

  ○ 도덕적 판단이란 무엇인가?

  ○ 도덕의 논리는 검증 가능한가?

③ 범주에 따른 분류

	도덕행위에 관심	도덕의 개념 및 명제와 분석 · 검증에 관심
이론윤리학	이론규범 윤리학	메타윤리학
실천윤리학	실천규범 윤리학	없음

(3) 실천학문인 윤리학의 특징과 역할

① 특징 : 인간의 도덕적 행위를 탐구 대상으로 한다.

② 역할 : 가치 있는 삶의 방향을 제시한다.

02 응용 윤리의 의미와 필요성

(1) 응용윤리학의 배경과 응용윤리의 지향점

① **등장 배경** : 메타 윤리학의 퇴조와 현대 과학기술의 급속한 발달로 새로운 형태의 윤리적 문제가 등장하게 되었다.

② **목표** : 실재적 도덕 문제의 해결과 실천

(2) 응용윤리의 대상과 성격

① 메타 윤리와 응용윤리가 관심을 가지는 분야

- **메타 윤리** : 도덕적 언어의 논리적 타당성과 의미의 분석을 윤리학적 탐구의 본질로 삼는다.
- **응용윤리** : 도덕적 문제, 즉 도덕규범과 도덕규범 간의 갈등을 일으키는 현실적인 삶의 문제를 주로 다룬다.
- **기술 윤리** : 규범과 관련된 문화적 사실들을 비교하고 기술한다.

② 현대의 이론 규범 윤리학과 메타 윤리학, 응용윤리학의 관계

- **이론 윤리학과 응용윤리학의 관계** : 상호보완적 관계
  - ㉠ 응용윤리학은 이론윤리학이 제시하는 도덕 이론 등을 적용하여 도덕적 문제를 다룬다.
  - ㉡ **공통점** : 도덕 이론들이 타당한 것인지 밝혀내는데 관심을 가지고 있다.
- **규범윤리학과 메타윤리학의 관계**
  - ㉠ 현대의 규범윤리학은 이론 타당성을 검토하기 위해 메타 윤리학적 지식 및 기술을 활용한다.
  - ㉡ **차이점** : 규범 윤리학은 실천적 지식 탐구를 중시하고, 메타 윤리학은 이론적 지식 탐구를 중시한다.

③ 응용윤리학의 대상

- 환경 윤리 및 생태 윤리 : 자연환경에 대한 위기의식과 인간과 자연과의 관계 재정립
- 생명 윤리 : 유전자 조작, 배아 줄기세포의 활용, 인간복제의 문제
- 정보 윤리 : 개인의 사생활 침해, 악성댓글, 정보검열과 표현의 자유 사이의 상충 문제

④ 응용윤리학의 학제적 성격 : 응용윤리학이 현실적인 도덕 문제를 해결하기 위해서는 의학, 법학, 과학, 종교 등의 다양한 학문 분야의 전문적 지식과 기술을 필요로 한다.

(3) 응용윤리학의 필요성

- 실천적 규범에 대한 관심의 대두
- 새로운 윤리문제에 대한 해결책 요청

  ㉠ 시대의 변화에 따른 새로운 윤리적 쟁점들이 등장하였다.

  ㉡ 다양한 윤리문제 해결을 목표로 삼는 응용윤리의 필요성이 증대되었다.

핵심체크 ① 윤리학의 분류

규범 윤리학	이론 윤리학	• 사람이 어떻게 행동해야 할 것인가에 관한 보편적인 원리에 대해 연구하는 학문 • 의무론적 윤리, 공리주의, 덕 윤리 등
	응용 윤리학	• 도덕이론 혹은 도덕규범의 적용이 쉽지 않은 현실적인 문제를 대상으로 하는 윤리 • 생명 윤리, 정보 윤리, 환경 윤리 등
메타(분석) 윤리학		도덕적 언어의 논리적 타당성과 의미를 분석하고 연구하는 학문
기술 윤리학		도덕현상의 객관적 서술이 윤리학의 본질

핵심체크 ② 이론 윤리학의 분류와 특징

분류	특징
의무론적 윤리	인간이 마땅히 지켜야 할 도덕 법칙에 따랐는지에 의해 행위의 옳고 그름을 판단하는 윤리로 행위의 동기를 중시 예 칸트(Kant, Immanuel)의 윤리, 자연법 윤리
공리주의윤리	쾌락과 행복을 가져다주는 행위가 옳은 행위이며, 고통과 불행을 가져다주는 행위는 그릇된 행위로 평가하는 결과 중심의 윤리 예 벤담, 밀 등
덕 윤리	도덕 법칙이나 원리보다 행위자의 내면적 도덕성이나 성품의 중요성을 강조하는 윤리 이론 예 아리스토텔레스(Aristoteles), 매킨타이어(MacIntyre)

2. 윤리 문제의 탐구와 실천

01 윤리 문제와 윤리적 탐구

(1) 현대사회의 윤리문제

① 개인 윤리적 차원과 사회윤리적 차원의 문제가 혼합되어 있다.

② 사람들 간의 욕구나 이익이 대립되는 것이 대부분의 문제이다.

③ 해결방법 : 공정성의 윤리가 조화되는 방향을 모색해야 한다.

(2) 윤리적 탐구

- 윤리 문제를 비판적으로 분석하는 이론적이며 실천적인 연구 활동이다.
- 어떤 행위에 대해 도덕적으로 판단할 때, 그 행위가 정당화될 수 있는 근거를 찾는 과정이다.
- 윤리적 탐구 방법의 강조점 비교

구분	접근 방법
전통 윤리 탐구	• 개인 윤리적 접근 중심, 주로 성찰의 방법 • '개인의 정감, 배려 등이 작용하는 양심이나 도덕성이 무엇이며, 이러한 것을 어떻게 계발할 수 있는가'에 대답
현대 윤리 탐구	• 사회 윤리적 접근 중심, 주로 토론의 방법 • '사회 정의를 실현하는 데 작용하는 사회 구조나 제도의 문제는 무엇이며, 이를 어떻게 개선할 수 있는가'에 대답

(3) 도덕적 추론의 기술

① 감정이입 : 만약 내가 저런 상황이라면 어떠한 기분일까?

② 가설적 추론 : 어떤 대안이 있는가?

③ 정당한 근거 제시 : 근거는 무엇이며, 이것은 정당한 이유인가?

④ 보편화 가능성 : 유사한 상황에서 모두에게 적용 가능한가?

⑤ 결과 예측 : 그렇게 한다면 어떠한 결과가 될까?

⑥ 일관성의 검증 : 그 행동은 신념과 일치하는가?

⑦ 이상적 세계의 계획 : 그곳은 내가 살고 싶은 세계인가?

⑧ 이상적 자아의 설계 : 나는 어떤 사람이 되기를 희망하는가?

02 토론 및 성찰의 중요성과 윤리적 실천

(1) 윤리 문제 탐구에서 토론의 중요성

① 토론(討論)

- 의미 : 서로 다른 입장의 사람들이 논거를 들어 주장의 옳고 그름을 밝히며 논의하는 것
- 중요성 : 윤리 문제에 대한 인식 능력과 윤리적 사고력과 판단력을 길러줄 수 있을 뿐만 아니라 그에 따른 실천 동기를 계발해 준다.
- 전제 조건 : 윤리 문제에 관련된 사람들에 의해 문제 해결 방안이 실제로 수용될 수 있어야 한다.
- 토론의 과정 : 주장하기→반론하기→재반론하기→반성과 정리하기

② 윤리적 성찰과 토론을 위한 자세

- **역지사지(易地思之)** : 다른 사람의 입장에서 생각하는 자세
- **혈구지도(絜矩之道)** : 자기의 처지를 미루어 남의 처지를 헤아리는 자세
- **충서(忠恕)** : 자신의 진심을 바탕으로 상대방을 이해하는 자세
- 자기생각의 한계와 오류의 가능성을 인정하는 자세

(2) 윤리문제 탐구에서 성찰의 중요성

① 윤리적 성찰(省察)

- 의미 : 자신의 경험, 자아정체성, 세계관, 삶의 목적 및 이상 등에 대해 스스로 평가하고 반성하는 것
- 중요성 : 윤리문제에 대해 진지한 물음을 제기하고, 지혜로운 답을 구할 수 있도록 작용한다.
- 전제 조건 : 도덕 원리로 작용하는 윤리적 관점이 확립되어 있어야 한다.

② 윤리적 성찰의 다양한 견해

- 소크라테스(Socrates) : "성찰하지 않는 삶은 살 가치가 없다."
- 아리스토텔레스(Aristoteles) : 도덕의 규범적 근거를 토대로 자신의 비도덕적 행위의 반성을 강조하였다.
- 유교

  ㉠ 신독(愼獨) : 홀로 있을 때도 도리에 어긋나지 않도록 한다.

  ㉡ 주일무적(主一無適) : 마음을 한곳에 집중하여 흐트러짐이 없다.

  ㉢ 지행병진(知行并進) : 아는 것과 실천하는 것을 동시에 진행한다는 퇴계 이황의 견해이다.

핵심체크 ❶ 윤리적 접근에 따른 윤리적 관점

정의적 접근	덕 윤리적 접근	인간관계 맥락에서 성품, 인격
	배려 윤리적 접근	타인에 대한 보살핌
	책임 윤리적 접근	자연과 미래세대를 포함한 다른 존재에 대한 책임
인지적 접근	정의 윤리적 접근	• 도덕성의 본질 : 이성, 합리성 • 평등사상에 근거해서 사람들을 공정하고 평등하게 대우

핵심체크 ❷ 윤리적 토론 과정과 내용

토론과정	활동내용
주장하기	• 자신의 주장 제시 • 다른 사람의 주장 경청
반박하기	• 주장의 오류와 부당성 검토(사실근거, 원리 근거 검토)
방어하기(재반론하기)	• 상대방의 반론이 옳지 않음을 밝히거나 자신의 주장을 뒷받침할 더 많은 근거를 제시 • 상대방의 반박 의견이 옳은 경우 수용하여 보완하도록 한다.
정리하기	• 상대방의 반론을 참고하여 각자의 주장을 반성하고 자신의 최종입장을 발표 • 보다 많은 사람들이 생각하고 동의하는 쪽으로 정리

핵심체크 ❸ 정당화 근거 검토방법

반증 사례 검사법	상대방의 원리 근거나 가치관에 반대되는 사례 제시
역할 교환 검사법	상대방의 주장을 받아들일 경우 고통 받을 사람의 입장에서 생각
보편화 결과 검사법	상대방의 주장이 보편화될 때 결과가 좋지 않음을 증명
포섭 검사법	자신이 선택한 도덕 원리가 더 상위의 도덕 원리에 포함되는 것임을 보여 정당화

3. 윤리 문제에 대한 다양한 접근

01 의무론(義務論)적 접근

(1) 칸트(Immanuel Kant) 윤리

행위에 대한 도덕적 판단은 행위의 결과와 무관하게 요구되는 의무에 따라 이루어져야 한다.

① 의무 의식에서 나온 행위만이 도덕적 가치를 지닌다.

- "하늘의 별은 자연 법칙을 따르고 마음의 도덕 법칙은 행위법칙을 따른다."
- "자율적이면서 선한 의지를 가지고 정언 명령인 실천 이성을 따라야 한다."

② 도덕 법칙 : 정언명령

- 제 1정언명령(보편주의)

  "네 의지의 격률이 언제나 동시에 보편적 입법의 원칙이 되도록 행위하라."
  (자기 자신에게도 예외는 없다.)

- 제 2정언명령(인격주의)

  "너 자신과 다른 모든 사람의 인격을 수단으로 대하지 말고 목적으로 대우하라."
  (목적의 왕국, 시민사회)

③ 칸트(Kant, Immanuel) 윤리 사상의 시사점과 한계

- 시사점 : 보편화 가능성과 인간 존엄성에 부합하는 도덕 법칙을 준수하라고 가르침 → 인간 존엄성의 이념과 보편적인 윤리의 중요성을 인식시키는데 기여하였다.

- 한계 : 형식만 제공하여 구체적 지침을 제공하지 못하였다.

④ 자연법(自然法) 윤리

- 특징 : 인간본성에 의거하는 절대적 보편적 법칙이며. 모든 인간에게 자연적으로 주어진 보편적인 법을 의미한다.

- 자연법 윤리 사상

스토아학파 (Stoicism)	인간은 누구나 자연법을 파악할 수 있는 이성을 가진다.→만민평등사상
아퀴나스 (Thomas Aquinas)	자기보존, 종족보존, 신과 사회에 대한 진리 파악은 인간의 자연적 성향임. (자살, 낙태, 사형제도, 유전자조작의 반대 등)

⑤ 자연법(自然法) 윤리사상의 시사점과 한계

- 시사점 : 윤리적 의사결정이 가능. 즉 자연의 질서에 부합하는지 검토
- 한계 : 직관에 따른 도덕 판단이 사람 간의 다른 경우에는 대안이 없다.

---

02 공리주의(功利主義)적 접근

(1) 공리주의의 이해

① 공리주의

- 행위의 결과가 가져다주는 쾌락에 따라 옳고 그름을 판단한다(결과가 가치판단의 기준이 됨).
- 벤담(Bentham, J.) : '최대 다수의 최대 행복'(결과주의 윤리, 목적론적 윤리), 쾌락의 양만을 고려한다.
- 밀(John Stuart Mill) : 쾌락에는 양적 차이와 질적 차이가 모두 존재한다.

② 행위 공리주의와 규칙 공리주의(현대 공리주의)

- 행위 공리주의

  ㉠ 어떤 행위가 사전에 유용성을 낳는가?(유용성을 사전에 계산)

  ㉡ 벤담(Bentham, J.) : 쾌락은 오직 한 종류로써 쾌락의 양만을 고려한다. 법률적 제제로써 외적 제재가 가능하다.

  ㉢ 밀(John Stuart Mill) : 저급적인 감각적 쾌락보다는 고급의 정신적인 쾌락을 중요하게 생각한다. 양심이나 이타심으로 내적인 제재를 요구한다.

- 행위 공리주의의 가능성 : 각 대안의 유용성을 따져 선택한 것이 도덕적 직관에 어긋날 수 있다.
- 행위 공리주의의 한계 : 개별 행위의 결과를 미리 예상하여 유용성을 계산하는 것이 쉽지 않다.
- 규칙 공리주의(현대 공리주의)
  어떤 규칙이 최대의 유용성을 낳는가?(규칙을 준수할 경우 결과의 유용성은 올라감)
- 규칙 공리주의의 한계 : 규칙 공리주의도 결국은 행위의 유용성을 기준으로 한다.

③ 공리주의의 한계점

- 전체의 행복, 다수의 이익을 중시하여 소수나 개인의 인권을 침해할 수 있다.
- 유용성을 계산하면서 고려 대상에서 배제될 경우 차별 발생이 가능하다.
- 쾌락을 삶의 목적으로 설정함으로써 행위의 내면적 동기를 소홀히 여긴다.

03 덕 윤리적 접근과 배려 윤리적 접근

의미	• 아리스토텔레스(Aristoteles)의 사상적 전통 계승 　→행위자의 유덕한 품성과 덕성 중시 • 행위자 개개인의 품성이 중요하며, 행위자 자체에 초점 • 의무론과 공리주의가 행위자 내면의 도덕성과 인성의 중요성을 간과하고 전통을 무시한다고 비판(공동체 구성원으로서의 인간의 삶 강조, 매킨타이어)
특징	• 어떤 인간이 되어야 하는지, 어떤 삶이 좋은 삶인지에 관심 • 도덕적 판단은 구체적이며 맥락적 사고를 반영해야 도덕적 실천력 향상 가능
현대의 덕 윤리	• 덕 : 사회적 실천 또는 관행에 내재한 선을 성취하는 데 유용한 인간의 성품 • 공동체와 분리된 추상적 개인이 아닌 공동체 구성원으로서의 인간의 삶 강조

① 덕 윤리적 접근

※ 아리스토텔레스(Aristoteles)

- 지적인 덕 : 이성→실천의 지혜는 오랜 시간의 교육과 외부적인 학습에 의해 이룰수 있다.
- 도덕적인 덕 : 의지→실천의 습관은 중용의 덕을 이룰 수 있다.

② 배려 윤리적 접근

- 등장 배경 : 공감, 책임, 수용, 관계의 맥락을 중시한다(추상적 도덕원리로 해결할 수 없는 윤리 문제 해결에 도움).

- 주요 사상가의 주장

길리건 (Gilligan)	• 남성 중심주의적, 정의지향적, 분석적 • 여성은 개별적인 관계를 중시하는 성향을 지님. • 남녀 사이는 차이점이 있으므로 도덕 판단시에 이를 고려 • 결과적으로 여성 중심의 윤리를 제안(배려, 대인지향 등)

나딩스
(Noddings)
	• 여성의 고유한 특성 반영
	  (모성애가 원형→하지만 여성만을 위한 것은 아님)
	• 맥락에 대한 고려와 함께 관계의 중요성 강조.
	• 배려의 확대 강조
	  (어머니와 자녀 사이의 배려는 자연 전체로 확대된다는 주장)

- 배려 윤리의 시사점 : 정의 중심의 추상적 도덕원리로 해결 불가능한 문제 해결에 도움을 줄 수 있다. 다문화 사회에서의 약자 보호 및 환경 보전 등에 시사점을 제공한다.

③ 덕 윤리와 배려 윤리 비교

공통점	특수한 상황, 정서, 덕을 중시
차이점	덕에 대한 관점 차이 • 배려 윤리 : 배려적 관계 속에서 길러짐. • 덕 윤리 : 개인적 수양이나 꾸준한 실천을 통해 길러짐.

04 책임 윤리적 접근과 담론 윤리적 접근

(1) 책임 윤리적 접근

① 등장 배경 : 익명성이 커지는 현대 사회에서 행위 결과에 대한 책임 주체가 불분명(행위의 책임 강조)

② 특징 : 예측가능한 결과에 대해 엄중한 책임을 묻는다.

③ 요나스(Hans Jonas)의 책임 윤리

> • 윤리적 책임의 범위 확대 : 현세대의 인간 뿐만 아니라 자연, 그리고 미래 세대에
> 까지 책임의 범위를 확대해야 한다.
> • 예견적 책임 : 행동하기 전에 행동의 결과에 대하여 주의를 더 기울여야 한다.

－요나스(Hans Jonas)는 과학 기술 시대에 요청되는 새로운 윤리는 미래 세대와 자연에 대한 책임을 포함하는 윤리가 되어야 한다고 주장하였다.
－그는 책임의 범위를 현세대로 한정하는 기존의 전통적 윤리관으로는 과학 기술 시대에 발생하는 새로운 문제를 해결하는 데 한계가 있다고 보았다.
－요나스(Hans Jonas)의 책임의 원리는 "너의 행위의 결과가 지구 위에서의 진정한 인간 삶의 지속과 일치되도록 행위하라."와 "너의 행위의 결과가 인간 삶의 미래의 가능성에 대해 파괴적이지 않도록 행위하라."라는 생태학적 정언 명법으로 정식화될 수 있다.

④ 베버의 책임윤리

> • 책임윤리 개념의 효시가 되었다.
> • 심정윤리와 반대된다.(심정윤리 : 행위자의 의도를 중시하고 행위의 결과는 상관없음)

⑤ 윤리적 의사 결정과 책임 윤리

• 책임의 범위
• 현세대의 생존 뿐만 아니라 이후 세대의 생존까지 책임져야 한다.
• 인간 생명 뿐만 아니라 인류 전체에 대한 책임까지 강조하였다.

(2) 담론(談論) 윤리적 접근 : 옳고 그름의 판단을 공적 담론에서 찾는다.

등장배경	시민의 의사를 어떻게 공적 결정에 반영할 수 있을지에 대한 관심에서 시작
필요성	현대 다원주의 사회에서 가치들의 충돌 시 합리적 조정 또는 공정한 해결을 위해 사람들 간에 상호 이해가 필요→의사 소통의 합리성 강조
특징	• 옳고 그름에 대한 판단의 정당성을 공적 담론에서 찾음. • 이성적으로 논의하는 능력을 가진 시민이 사회적 문제를 직접 결정하는 주체가 되어야 한다고 강조

하버마스 (Jurgen Habermas)	• 문제원인 : 돈과 권력에 의한 왜곡된 의사소통에서 시작 • 담론의 합리성 보장을 위한 조건 : 담론에서 제시된 규범이 보편적으로 타당해야 할 것 • 규범이 보편적으로 타당하기 위해서는 규범에 영향을 받는 당사자들이 모두 규범을 준수할 때의 결과와 부작용을 수용 • 이상적 담화 조건을 충족할 때 의사소통의 합리성 실현

핵심체크 ❶ 칸트(Immanuel Kant) 의 의무론(義務論)적 윤리

• 모든 이성적 존재에게 보편화 가능한 의무적인 도덕 법칙 실천
• 도덕은 행위 결과와 상관없이 무조건적인 법칙, 즉 정언 명령에 근거
• 정언(定言)명령 : 보편 법칙의 정식, 인간성의 정식

핵심체크 ❷ 공리주의(功利主義)의 장단점

장점	'최대 다수의 최대 행복'을 추구하는 공리주의는 다수결의 원리와 연결되어 근대 민주주의 성립에 기여
단점	• 내면적 동기 문제를 소홀히 여김 • 최대 다수의 이익을 추구하는 과정에서 개인이나 소수의 권익을 소홀히 하거나 침해할 가능성 • 사회 정의나 분배 정의에 둔감

01

윤리학의 성격으로 옳은 것은?

① 현실적 삶의 문제도 분석한다.

② 도덕 판단의 우연성만을 검증한다.

③ 단체의 도덕성이 주된 관심의 대상이다.

④ 도덕적 행위에 대하여 이론적 분석을 한다.

정답 : ①

해설 : 윤리학은 현실적 삶의 문제도 분석하는 것이다.

02

실천 윤리학에 대한 설명으로 옳은 것은?

① 도덕적 행위에 대하여 이론적 분석을 주로 하는 학문이다.

② 삶의 변화를 이끄는 방법보다는 도덕적인 행위들을 탐구한다.

③ 과학 기술 분야에서 발생하는 추상적인 문제를 연구하는 학문이다.

④ 과학 기술의 발달로 새로운 형태의 윤리적 문제가 생긴 것이 급부상의 원인이다.

정답 : ④

해설 : 실천윤리학은 과학기술의 발달로 인해 생긴 윤리적 문제의 해결을 위해 발생하였다.

03

윤리적 탐구에 대한 진술로 옳지 않은 것은?

① 윤리적 탐구의 과정에서 이성적 측면을 고려해야 한다.

② 윤리적 탐구는 도덕적 딜레마를 활용한 도덕적 추론으로 이루어진다.

③ 윤리적 탐구는 자기 비판적이고 개방적이며 열린 자세를 가져야 한다.

④ 윤리적 탐구란 윤리적 사고로 도덕적 의미를 새롭게 구성하는 지적 활동이다.

정답 : ①

해설 : 윤리적 탐구는 다양한 윤리적 쟁점이나 딜레마 상황에 대한 관점을 의견을 정립하기 위해 필요한 과정이다.

정답과 해설 　　　　도덕 　　01. 현대 생활과 응용 윤리

04

공리주의 사상에 대해 옳은 것은?

① 도덕 법칙은 정언 명령의 형식으로 제시된다고 본다.

② 쾌락과 행복을 가져다주는 행위를 옳은 행위라고 본다.

③ 옳고 그름에 대한 판단의 당위성을 공적 담론에서 찾는다.

④ 상황의 특수성과 인간관계를 고려하여 도덕적 행위를 한다.

정답 : ②

해설 : 공리주의 사상은 쾌락과 행복을 가져다 주는 행위는 옳은 행위, 고통과 불행을 가져다 주는 행위는 그릇된 행위라고 본다.

05

윤리 분야의 공통된 특징으로 옳은 것은?

① 사회 구조를 개선하고자 한다.

② 현실의 윤리적 문제를 해결하는 이론적 토대를 제공한다.

③ 도덕적 언어의 논리적 타당성을 탐구의 본질로 삼고 있다.

④ 개인의 도덕성이 주된 관심의 대상이다.

정답 : ②

해설 : 공통된 특징을 고르는 문제이다. 모든 윤리는 현실의 윤리문제를 해결하는 이론적 토대가 된다.

06

공리주의에 대한 설명으로 옳은 것은?

① 최대 다수의 최대 행복을 주장한다.

② 규칙공리주의는 행위가 관련 당사자에게 미치는 결과를 생각한다.

③ 공리주의의 유용성이나 효용성을 강조한다.

④ 도덕과 이성주의 윤리설을 강조한다.

정답 : ①

해설 : 최대 다수의 최대 행복을 추구하는 공리주의는 다수결의 원리와 연결되어 근대 민주주의 성립에 기여하였다.

07

응용윤리의 대상으로 보기에 적절하지 <u>않은</u> 것은?

① 노인의 소외문제 ② 동물의 권리

③ 직업 윤리 ④ 자아 실현

정답 : ④

해설 : 자아실현은 응용윤리와 관련이 없다.

08

다음 사상에 대한 설명으로 가장 적절한 것은?

> 도덕성은 내면으로부터 나온다. 도덕법은 "이것을 하라"가 아니라 "이것이 되어라"는 형식으로 표현되어야만 한다. 진정한 도덕법은 "죽이지 마라"가 아니라 "미워하지 마라"고 말한다. 도덕법을 진술하는 유일한 양식은 성품의 규칙과 같은 것이 되어야만 한다.

① 행위자의 유덕한 품성과 인성의 중요성을 강조한다.

② 개인의 권리와 자유를 강조한다.

③ 이성적이고 합리적으로 판단하는 태도를 중시한다.

④ 기존의 남성 중심적임을 보완하기 위해 등장했다.

정답 : ①

해설 : 제시문은 덕 윤리의 입장이다. 덕 윤리에서는 보편적 도덕 법칙에 대한 준수보다는 도덕적 성품의 함양을 중시한다.

09

토론의 기본자세로 옳지 <u>않은</u> 것은?

① 자신의 가치나 이익도 양보할 수 있어야 한다.

② 다른 사람의 가치도 소중함을 안다.

③ 상대방의 이야기를 잘 경청해야 한다.

④ 효과적인 의견 주장을 위해서는 강압적인 말을 해도 된다.

정답 : ④

해설 : 강압적인 말을 하는 것은 토론의 올바른 자세라고 볼 수 없다.

정답과 해설

10

'칸트'의 입장에서 도덕적인 행동으로 옳지 <u>않은</u> 것은?

① 선한 선의지의 지배를 받아 자율적으로 이루어지는 행위

② 도덕 법칙에 대한 자발적 존중에서 비롯된 행위

③ 인간을 목적이 아닌 수단으로 취급하는 행위

④ 실천 이성의 명령에 따르는 행위

정답 : ③

해설 : 칸트는 모든 사람은 인간을 수단이 아닌 목적으로 대우하도록 행위하라고 하였다.

11

다음에서 설명하는 개념의 사례로 적절하지 <u>않은</u> 것은?

> 　어떤 조건이나 상황에 좌우되지 않는 무조건적이고 절대적인 도덕 명령

① 무조건 약속을 지켜라.

② 어떤 경우에도 거짓말을 하지 마라.

③ 약속을 했어도 상황에 따라 어길 수 있다.

④ 인격을 단지 수단이 아니라 항상 목적으로 대우하라.

정답 : ③

해설 : 제시문은 칸트가 말한 정언 명령을 설명한 것이다. 정언 명령이란 어떤 조건이나 상황에 좌우되지 않는 무조건적이고 절대적인 도덕 명령을 의미한다.

12

도덕적 정당화의 근거에 대해 입장이 <u>다른</u> 하나는?

① 행위의 옳고 그름은 동기에 달려있다.

② 선한 동기만이 그 자체로 선하고 옳다.

③ 최대 다수의 최대 행복을 낳는 행위가 옳다.

④ 선한 동기에서 비롯된 행위는 결과가 나빠도 옳다.

정답 : ③

해설 : ③의 최대 다수의 최대 행복은 공리주의에서 제시하는 원리로 결과론에 해당하고, 나머지는 동기론에 해당된다.

13

다음 중 민주적 토론을 위해 필요한 조건이 <u>아닌</u> 것은?

① 상대방을 권력으로 압도

② 소수의 의견 존중

③ 자유롭고 평등한 분위기 조성

④ 상대방의 의견을 경청하는 태도

정답 : ①

해설 : 민주적 토론은 자신과 상대방을 인정하는 가운데 합의를 도출하는 과정이다. 따라서 폭력과 힘의 논리에 이끌리는 모습은 바람직하지 않다.

14

다음을 주장한 사상가의 관점으로 가장 적절한 것은?

- 어느 누구도 악을, 혹은 그가 악이라고 생각한 바를 고의로 추구하지 않는다. 선한 것보다 악이라고 믿는 것을 추구하는 것은 인간의 본성이 아니다.
- 각 개인은 자발적으로 그릇된 행위를 하지는 않는다. 따라서 그릇된 행위를 하는 것은 무지의 결과이다.

① 인간은 선과 악이 무엇인지 알 수 없다.

② 악행은 무지에서 비롯된다.

③ 선행은 무지에서 비롯된다.

④ 불행은 무지의 자각에서 비롯된다.

정답 : ②

해설 : 제시된 사상가는 소크라테스이다. 그는 참된 앎은 반드시 실천으로 이어지며, 악행은 무지에서 비롯된다는 지행합일설을 주장하였다.

15

밑줄 친 '이 사람'이 긍정의 대답을 할 질문으로 가장 옳은 것은?

> '이 사람'에 따르면 도덕적 행동은 오로지 도덕 법칙을 따르고 자 하는 의지인 선의지의 산물이다. 우리가 자신에게 스스로 부과 하는 실천 이 성의 명령인 도덕 법칙에 따름으로써 도덕적 행동이 이루어지는 것이다. 그러므로 도덕적 행위는 타율에 의한 것이 아 니라, 도덕 법칙에 대한 존경에서 나온 자율적인 것이다.

① 행위의 옳고 그름의 기준은 결과에 있는가?

② 동기가 선하다면 결과가 나쁘더라도 옳은 행위인가?

③ 쾌락을 극대화하는 행위가 옳은 행위인가?

④ 옳은 행위란 좋은 결과를 가져오는 행위인가?

정답 : ②

해설 : 제시문의 '이 사람'은 칸 트이다. 칸트는 도덕 법칙 혹은 의무에 대한 존경심이 동기가 되 어 행한 행위만이 옳다고 본다. ①, ③, ④는 결과론의 입장이다.

II 생명·성·가족윤리

현대생활에서 발생하는 생명, 성, 가족, 친구, 이웃과 관련된 윤리문제들에 대해 다양한 윤리이론들을 응용하여 탐구하는 능력을 지니고, 이러한 윤리문제들에 관해 올바른 윤리관을 형성한다.

Congratulations!

새로워진 2009개정 검정고시

검단기가 여러분의 합격을 응원합니다

1. 삶과 죽음의 윤리

01 출생(出生)과 죽음(死)의 윤리적 의미

(1) 출생의 의미

① 인간의 자연적 성향을 실현하는 과정이다(인간은 누구나 생명 보전과 종족 보존의 욕구가 있음).

② 도덕적 주체로서의 삶의 출발을 의미한다.

③ 가족, 사회구성원으로서의 삶의 시작이다.

(2) 생명(生命)의 속성과 특징

① 생명의 속성

- 물질이 아니지만, 물질을 떠나 있지도 않는다.
- 자연으로부터 나왔으나 자연으로 돌아가는 것이다.
- 모든 생명은 서로 상호 작용하면서 공동체를 이룬다.

② 생명 현상의 특징

- 생명은 일회적이다.
- 생명은 내적 · 본질적 가치를 지닌다.
- 생명은 체험을 통해서만 이해될 수 있다.

(3) 슈바이처(Albert Schweitzer)의 생명 존중 사상

① 생명 존중의 근거 : 모든 생명은 내재적 가치를 지닌다.

② 윤리의 의미 : 윤리는 살아 있는 모든 것에 책임지는 것이다.

II. 생명 · 성 · 가족윤리

(4) 죽음의 전통적 의미

① 죽음에 대한 다양한 서양의 견해

- 플라톤(Plato)

    ㉠ 육체적 즐거움이 있는 그대로의 사물을 바라볼 수 없도록 지혜의 활동을 방해한다고 주장하였다.

    ㉡ 죽음을 육체로부터 벗어나는 것으로 보았다.

- 에피쿠로스(Epicouros) : 살아 있는 동안은 아직 죽음을 경험하지 못하고, 죽어 있는 상태에서는 죽음을 의식하지 못하기 때문에 인간은 죽음을 두려워할 필요가 없다고 보았다.

- 소크라테스(Socrates) : 영원히 자유로워지는 것이며, 삶에 집착하지 말고 자연스럽게 받아들여야 한다고 보았다.

- 하이데거(Martin Heidegger) : 시간의 연속 속에서 사람은 언젠가 죽음에 이르고, 죽음을 직시할 수 있는 존재이다.
('주체성을 회복하고 참된 자기 자신을 알아라' – 실존주의)

② 죽음에 대한 다양한 동양의 견해

- 유교(儒敎)

    ㉠ 자연의 과정이지만 애도는 마땅한 일이라고 생각하였다.

    ㉡ 공자 : 죽음보다는 도덕적으로 실천하는 삶에 더 관심을 가진다.

- 불교(佛敎)

    ㉠ 죽음은 생로병사와 더불어서 대표적인 고통이다.

    ㉡ 죽음은 현실의 세계로부터 벗어나지만 또 다른 세계로 윤회하게 됨을 의미한다.

- 도교(道敎)

    ㉠ 자연을 따르는 수련을 통해서 불로장생(不老長生)을 추구하였다.

    ㉡ 삶은 기가 모이고 흩어지는 것으로, 자연적인 과정이다.

    ㉢ 장자 : 삶과 죽음은 차별이 없으므로 죽음 앞에서 슬퍼할 필요가 없다고 보았다(오히려 죽음이 도와 가깝다고 보았기 때문).

③ 죽음에 대한 동양사상의 공통점 : 죽음은 자연스러운 것이지 두려움의 대상이 아니다.

(5) 죽음을 대하는 윤리적 전통

① 상례(喪禮) : 인간 삶의 마지막 통과 의례이며, 한 사람의 마지막을 예우하는 마음으로 행하는 의식이다.

- 죽음을 신중하게 확인하는 것으로 시작하여, 일상으로 복귀하는 탈상으로 의식이 끝난다.
- 음식을 먹지 않고 가슴을 치면서 곡을 하는 등의 예를 갖춤으로써 슬픔을 표시하였다.

② 제례(祭禮) : 죽은 조상을 추모함으로써, 죽은 사람이 살아 있는 사람들과 계속해서 관계를 맺게 되는 의례이다.

- 부모가 살아 있을 때와 마찬가지로 봉양하며 정성스럽게 효를 표현한다.
- 보본 의식(報本意識)의 표현 : 제례를 통해 자신의 뿌리인 조상을 공경하는 마음과 근원에 보답하려는 마음을 표현한다.

02 낙태와 생식 보조술의 윤리적 쟁점

(1) 낙태와 생명윤리

① 낙태의 의미 : 독자적인 생존 능력이 없는 태아를 모체에서 분리시키는 임신의 중단행위

② 낙태(임신중절)에 대한 찬성 입장의 논거(선택적 옹호주의)

- 소유권 논거 : 여성은 자기 몸에 대한 소유권을 지니며, 태아는 여성의 몸의 일부이다.
- 생산 논거 : 여성은 태아를 생산하므로, 태아를 마음대로 할 수 있다.
- 자율권 논거 : 여성은 자신의 삶을 자율적으로 결정할 수 있다.
- 평등권 논거 : 여성은 남성과 동등한 권리를 누려야 하는데, 이를 위해서는 낙태에 관한 결정을 자유롭게 할 수 있어야 한다.
- 정당방위권 논거 : 여성은 자기 방어와 정당방위의 권리를 지니기 때문에 일정한 조건하에서는 낙태를 할 권리가 있다.

- 프라이버시권 논거 : 낙태는 여성의 사생활 문제이므로 개인이 선택할 수 있다.

③ 낙태(임신중절)에 대한 반대 입장의 논거(생명 옹호주의)

- 존엄성 논거 : 모든 인간 생명은 존엄하며, 태아 역시 생명이 있는 인간이므로 보호해야 한다.
- 무고한 인간의 신성불가침(神聖不可侵) 논거 : 잘못이 없는 인간을 해치는 것은 도덕적으로 옳은 일이 아닌데, 태아는 잘못이 없는 인간이다.
- 잠재성 논거 : 태아는 임신 순간부터 한 인간으로 성장할 잠재성을 갖고 있으므로 태아도 인간으로서의 지위를 가지고 있다.

(2) 생식 보조술에 대한 윤리적 쟁점

① 생식 보조술 : 난임 부부가 인공적으로 임신할 수 있도록 도움을 주는 의료기술의 총체를 의미한다.

  예 인공 수정, 시험관 아기 시술 등

② 생식 보조술과 관련된 윤리적 쟁점

반대	생명 탄생의 과정에 인위적으로 개입해서는 안된다(자연법 윤리의 관점).
찬성	• 난임 부부의 고통을 덜어주어 행복 증진에 기여할 수 있음(공리주의적 관점). • 출산율을 높여 사회 존속에 기여할 수 있다.

③ 생식 보조술의 문제점 : 생식 세포를 매매하는 행위나 배우자가 아닌 타인과의 수정문제, 대리모 문제 등이 있다.

---

03 자살, 안락사, 뇌사의 윤리적 쟁점

(1) 자살(自殺)

① 학자

- 아우구스티누스(Aurelius Augustinus) : '살인하지 말라.'는 기독교의 계명은 타인뿐 아니라 자신에게도 적용되는 것으로, 자살은 신의 계명을 어기는 것이다.

- 아퀴나스(Thomas Aquinas) : 자살은 '자기를 사랑하라'는 자연법에 어긋나며, 자살자가 속한 공동체에 상처를 주고, 신에 대한 생명의 의무를 어기는 것이다.
- 칸트(Immanuel Kant) : 자살은 현재의 고통으로부터 벗어나고자 하는 다른 목적을 위해 자신의 생명과 인격을 수단화하는 것이다.
- 쇼펜하우어(Schopenhauer, Arthur) : 자살을 해도 인간을 고통스럽게 하는 의지는 끝없이 윤회한다고 보았다. 따라서 자살은 문제를 해결하는 것이 아니라, 문제를 회피하는 것이다.

② 종교

- 유교(儒敎) : 부모로부터 물려받은 신체를 훼손하지 않는 것이 효의 시작이며, 자살은 불효
- 불교(佛敎) : 함부로 생명을 해쳐서는 안 된다는 불살생(不殺生)의 계율을 지켜야 한다.
- 그리스도교 : 목숨은 신으로부터 받았으며. 이를 어기는 것은 신성모독이다.

(2) 안락사(安樂死)를 둘러싼 논쟁

① 안락사의 의미 : 불치병으로 극심한 고통을 받고 있는 환자에 대하여, 본인 또는 가족의 요구에 따라 고통이 적은 방법(인위적)으로 사망에 이르게 하는 행위를 말한다.

② 안락사의 종류

- 환자의 의사(意思)에 따라

  ㉠ 자발적 안락사 : 환자가 안락사를 원하는 상황에서 하는 경우

  ㉡ 반자발적 안락사 : 환자가 안락사를 원하지 않는 상황에서 하는 경우

  ㉢ 비자발적 안락사 : 환자가 안락사를 원하는지 원하지 않는지에 대한 의지를 알 수 없는 상황에서 하는 경우

- 죽음을 앞당기는 방법에 따라 : 적극적 안락사, 소극적 안락사

③ 안락사의 조건

- 환자 자신이 지속적으로 안락사를 원해야 하고, 참기 어려운 고통의 상태가 지속되어야 한다.

- 안락사 결정이 올바른지를 미리 환자와 환자의 가족, 동료 의사와 심도있게 논의해야 한다.
- 안락사 시행의 모든 상황과 조건에 대한 보고서를 작성해야 한다.

④ 안락사 찬반에 대한 논거

- 찬성하는 논거

  ㉠ 인간은 자기 자신의 신체와 생명, 죽음에 대한 권리를 가지고 있다.

  ㉡ 환자는 치료를 거부할 권리와 고통에서 벗어날 권리가 있다.

  ㉢ 환자 가족의 경제적, 정신적, 심리적 고통을 경감시켜 주어야 한다.

- 반대하는 논거

  ㉠ 인간 생명은 절대적으로 존엄하기 때문에 임의로 생명을 단축시킬 수 없다. (생명의 존엄성에 위배됨)

  ㉡ 안락사를 허용하면 각종 부작용이 발생된다.

  > 예 안락사가 쉽게 허용된다던가 하는 등

(3) 죽음의 기준으로서 뇌사(腦死)논쟁

① 전통적인 죽음의 기준 : 심폐사를 죽음으로 인정한다.

② 뇌사 인정 여부에 대한 논쟁

- 배경 : 심장이식 수술의 성공으로 건강한 장기이식에 대한 관심이 증가하였다.
- 찬성과 반대

	찬성	반대
근거	이성적 인격체인 인간다움은 심장이 아닌 뇌에서 비롯된다.	심장 자체는 뇌에 명령 없이도 자발적으로 박동된다.
실용성과 존엄성	실용적 관점 : 다른 많은 생명을 살릴 수 있는 기회를 제공하고, 환자가족에게 심리적, 경제적 고통을 해소한다.	존엄성 논거 : 인간의 생명은 실용적 가치로 따질 수 없는 존엄한 것이며, 뇌사판정의 오류를 간과하기 어렵다.

③ 뇌사자와 식물인간의 구분

- 뇌사자 : 대뇌, 소뇌, 뇌간의 모든 기능을 상실한 사람 → 장기이식 합법
- 식물인간 : 소뇌나 뇌간의 기능을 일부 유지하는 사람 → 장기이식 불법

핵심체크 ① 낙태의 찬성과 반대논거

낙태 찬성론 – 친선택론	낙태 반대론 – 친생명론
• 소유권의 논거 • 자기 결정권의 논거 • 프라이버시권 논거 • 정당방위권 논거 • 태아는 완전한 인간이 아님.	• 존엄성 논거 • 무고한 인간의 신성 불가침 논거 • 잠재성 논거

핵심체크 ② 안락사 시행의 원칙 그리고 유의점

첫째, 환자 자신이 지속적으로 안락사를 원해야 한다.

둘째, 참기 어려운 고통의 상태가 지속되어야 한다.

셋째, 의사가 안락사를 시행해야 한다.

넷째, 안락사 결정이 올바른지를 미리 환자의 가족과 동료 의사와 의논해야 한다.

다섯째, 안락사 시행의 모든 상황과 조건에 대한 보고서를 작성해야 한다.

여섯째, 안락사의 허용 기준을 획일적으로 정하기보다 구체적인 사례에 따라 신중하게 판단하는 것이 중요하다.

핵심체크 ③ 아우구스티누스(Aurelius Augustinus)의 자살에 대한 입장

자살은 '살인하지 말라'는 신의 계명을 분명히 어긴 것이다. '살인하지 말라'는 계명은 모든 인간, 즉 다른 사람 뿐 아니라 자신에게도 적용되기 때문이다. 따라서 자살은 자신에 대한 살인이다.

아우구스티누스는 초기 그리스도교 교회의 대표적 철학자다. 그는 자살을 모든 인간에게 적용되는 계율인 '살인하지 말라'를 어긴 것으로 간주하고 자살해서는 안된다고 주장하였다.

01

(가)의 관점에서 (나)의 A에게 제시할 수 있는 조언으로 가장 적절한 것은?

(가)	모든 인간은 자기 자신의 신체와 생명, 죽음에 관한 권리를 가지고 있고, 동시에 이런 권리에 대한 처분권도 갖는다.
(나)	A은 말기 암 환자로 6개월 시한부 판정을 받은 상태이다. A은 암으로 하루하루 극심한 고통에 시달리며 살고 있다. A은 고통스러운 삶이 견디기 힘들어 담당 의사에게 안락사를 시켜줄 것을 요구하였다.

① 어떠한 경우에도 삶을 유지해야 한다.

② 무고한 인간을 죽이는 것은 살인 행위이다.

③ 환자는 치료를 거부할 권리를 갖지 않는다.

④ 인간은 존엄한 죽음을 선택할 수 있는 권리를 지니고 있다.

정답 : ④

해설 : (가)는 인간이 자기 생명과 죽음에 관한 권리를 지니고 있기 때문에 스스로 죽음을 선택할 수 있다고 보는 입장이다. 즉, 안락사에 대하여 찬성하는 입장으로 볼 수 있다.

02

정연이와 혜령이의 대화에서 밑줄 친 (가)에 들어갈 문장으로 옳은 것은?

> 정연 : 산모가 원치 않게 임신을 한 경우에는 낙태를 할 수 있는 법과 제도가 마련되어야 한다고 생각해.
>
> 혜령 : 지금 너는 _____(가)_____라는 것을 간과하고 있어.

① 여성은 남성과 동등한 권리를 지녀야 한다.

② 잘못이 없는 인간을 해치는 것은 도덕적으로 옳은 일이 아니다.

③ 태아는 아직 인간이 아니기 때문에 인간이 아니다.

④ 여성은 불가피한 상황에 처했을 때 자기 방어의 권리가 있다.

정답 : ②

해설 : 잘못이 없는 인간을 해치는 낙태는 도덕적으로 옳지 않다.

03

다음 〈보기〉는 어떤 학급에서 '안락사' 문제로 토론한 과정을 정리한 것이다. 이를 순서대로 바르게 나열한 것은?

〈보기〉

㉠ 안락사에 찬성 또는 반대하는 근거를 말한다.

㉡ 각자의 주장을 정리하고, 도덕 판단을 내린다.

㉢ '안락사는 옳은가, 그른가?'라는 논제를 정한다.

㉣ 자신과 상대방 도덕 판단의 근거를 원리 검사법을 이용해 검토한다.

① ㉠-㉡-㉢-㉣　　　　② ㉡-㉠-㉣-㉢

③ ㉢-㉠-㉣-㉡　　　　④ ㉢-㉣-㉠-㉡

정답 : ③

해설 : 먼저 논제를 정하고, 찬성 또는 반대하는 근거를 말한 후 원리 검사법을 통해 검토를 한 후 도덕 판단을 내려야 한다.

04

다음 대화에서 밑줄 친 부분에 들어갈 라온이의 답변으로 적절하지 <u>않은</u> 것은?

교사 : 인공 장기의 개발이나 장기 이식을 위한 생명과학의 발전은 난치병 환자들에게 재활의 희망이 되고 있지만 새로운 윤리적 문제들이 발생하고 있어요. 그 예로 어떤 것들이 있을까요?

라온 : ＿＿＿＿＿＿＿＿＿＿＿＿＿＿＿＿＿＿＿

① 생명의 시작과 죽음에 대한 혼란이 생겨요.

② 생명과학이 가져온 혜택으로 생명의 존엄성이 중요시될 것예요.

③ 생명과학의 지나친 상업화로 장기매매와 같은 일이 생겨요.

④ 생명을 지나치게 공학의 연구 대상으로만 여기게 될 거예요.

정답 : ②

해설 : 제시문은 생명과학의 발전에 따른 윤리적 문제에 대한 내용이다. 생명과학의 발전으로 생명 연장을 꿈꿀 수 있게 되었지만 생명과학의 발전이 가져온 혜택은 생명의 존엄성 훼손 문제 등의 문제를 일으킬 수 있다.

05

다음과 같은 내용을 뒷받침해 줄 수 있는 사상가와 그 주장을 짝지은 것으로 옳은 것은?

> 자살은 자신의 소중한 생명을 훼손하는 일이며, 삶의 일회성을 인식하지 못하고 포기하는 일이다. 그리고 자신뿐 아니라 가족이나 친구 등 주변 사람에게도 깊은 슬픔과 고통을 안겨주는 일이므로 어떠한 경우에도 정당화될 수 없다.

	사상가	주장
①	석가모니	부모로 부터 받은 자신의 신체를 훼손하지 않는 것이 효의 시작이다.
②	쇼펜하우어	자살은 살인하지 말라는 신의 계명을 어긴 것이다.
③	칸트	자살은 고통에서 벗어나기 위해 자신의 생명과 인격을 수단으로 삼는 행위이다.
④	아퀴나스	생명을 해쳐서는 안 된다는 '불살생'의 계율을 지켜야 한다.

정답 : ④

해설 : 아퀴나스의 주장과 지문의 내용이 같다.

06

다음 중 생명 공학 기술 발달의 긍정적 측면으로 볼 수 <u>없는</u> 것은?

① 생명을 물질로 환원시켜 생명의 신비를 알아낼 수 있다.

② 식물의 유전자 지도를 밝혀 식량 위기로부터 벗어날 수 있다.

③ 암이나 백혈병과 같은 난치병의 원인을 밝혀 치료제를 개발할 수 있다.

④ 생명을 물질로 환원시켜 생명의 가치를 상품화할 수 있다.

정답 : ④

해설 : 생명 공학 기술이 생명을 물질로 환원시켜 생명의 신비와 인간의 존엄성을 훼손시키는 것은 긍정적 측면이라고 볼 수 없다.

07

낙태에 대한 다음 주장의 근거로 가장 적절한 것은?

> "출산은 여성의 삶에 심한 영향을 미친다. 원하지 않는 출산을 강요할 수 없다."

① 태아도 인간으로서 의지를 갖는다.

② 여성은 태아의 생명을 보존하고 보호해야 한다.

③ 여성은 자신의 삶을 자율적으로 결정할 수 있어야 한다.

④ 여성은 태아를 자신의 신체 일부라고 보아서는 안 된다.

정답 : ③

해설 : 다음은 낙태에 대한 찬성의 입장을 고르는 것이다.

08

다음 중 자연법 윤리설 입장에서 인간의 존엄성을 묻는 질문은 무엇인가?

> 생물학적 존재로서 자신과 자기 종족을 보존하려는 성향과 이성 존재로서 진리를 악용하려는 성향은 인간이 본성으로 가지는 자연 성향이다.

〈보기〉

ㄱ. 사람마다 다르게 적용되는 법을 강조하는가?

ㄴ. 민족이나 때에 따라 자연법이 달라지는가?

ㄷ. 낙태, 자살, 유전자 조작 등에 유전자 조작등에 반하는가?

ㄹ. 인간 존엄성은 자연법의 원리로부터 나온 것인가?

① ㄱ, ㄴ　　　　　　② ㄱ, ㄷ

③ ㄴ, ㄷ　　　　　　④ ㄷ, ㄹ

정답 : ④

해설 : 자연법 윤리설 입장에서는 인간의 존엄성에 대해 강조한다.

정답과 해설

정답 : ④

해설 : 장자는 삶과 죽음을 서로 연결된 순환 과정으로 보았으며, 죽음을 인간의 삶에서 자연적이고 필연적인 일로 받아들일 것을 주장하였다.

정답 : ③

해설 : 죽음은 다시 살아올 수 없는 불가역성, 누구나 죽는 평등성, 이 세계에 영원히 머무를 수 없다는 유한성, 언제 죽을지 모른다는 불가지성의 특성을 가진다.

정답 : ③

해설 : 자신이 죽어가는 존재라는 사실을 각성함으로써 과거의 삶을 반성하면서 앞으로 주어진 자신의 미래 만큼은 더욱더 의미가 있게 살겠다고 결단하는데 이로써 죽음은 일상적인 생활 속에서 근본적인 깨달음을 가능하게 하는 계기가 된다.

09

다음 대화의 장자가 긍정의 대답을 할 질문으로 가장 적절한 것은?

성호 : 부인이 죽었는데 슬프게 울기는커녕 질그릇을 두드리며 노래까지 부르고 있으니 너무 심하지 않은가?

장자 : 그렇지 않네. 그녀가 태어나기 이전에는 형체도 기운도 없이 어렴풋한 가운데 섞여 있다가 그것이 변화하여 기운과 형체와 삶이 있게 되었네. 지금은 또 변화하여 죽어간 것이니, 사계절이 운행하는 것과 같은 변화라고 할 수 있네.

① 죽음을 두려워할 필요가 있는가?

② 죽음을 삶과 모순적인 관계로 보는가?

③ 죽음은 인격신과 하나가 되는 과정인가?

④ 죽음을 자연적이고 필연적인 과정으로 보는가?

10

죽음의 특징이라고 볼 수 <u>없는</u> 것은?

① 유한성   ② 평등성   ③ 불특정성   ④ 불가역성

11

다음 글과 관련 있는 죽음의 도덕적 의미는?

인간은 자신이 미래의 어느 날 죽는다는 사실을 명확히 안다. 죽음이 어떤 것인지, 그 이후에는 어떻게 될지를 묻고 답하면서 인간은 자신과 세계를 이해한다. 또 삶이 유한하며 이 삶을 다시는 살 수 없기에 잘 살려고 고민한다.

① 사랑의 확인   ② 한계 상황 경험

③ 근본적인 깨달음의 계기   ④ 삶에 대한 포기

12

다음 (가)에 들어갈 내용으로 가장 적절한 것은?

> 법원은 사망의 단계에 이른 회복 불가능한 환자가 인간으로서의 존엄과 가치와 행복을 추구할 수 있는 권리에 의하여 특별한 사정이 없는 한 생명을 연장하는 치료의 중단이 허용될 수 있다고 체결했습니다.

> 하나 : 나는 안락사를 허용해서는 안 된다고 생각 해. 그래서 소극적 안락사를 인정하는 이 체결안에 동의할 수 없어.
> 진형 : 내 생각은 달라. 소극적 안락사는 허용되어야 해. 왜냐하면 이 체결안의 내용처럼 _____ (가) _____

① 환자의 자유의지를 부정하기 때문이야.

② 환자의 치료 가능성이 남아있기 때문이야.

③ 부족한 장기를 최초로 확보할 수 있기 때문이야.

④ 환자의 자유로운 결정권을 존중해야 하기 때문이야.

정답 : ④

해설 : 안락사에 대한 환자 스스로의 자기결정권을 중요하게 보는 입장이다.

13

다음은 하이데거의 죽음에 대한 주장이다. 이 주장의 윤리적 의미로 가장 적절한 것은?

> 인간은 언제나 죽음과 함께하고 있다. 죽음을 외면하지 말고 항상 죽음은 자기의 것이라는 사실을 인식하면서 살아가야 한다. 인간은 죽음을 통해 삶의 유한성을 깨닫게 된다.

① 다른 세상으로 윤회하는 삶을 살아야 한다.

② 삶의 의미와 가치를 깊이 있게 성찰해야 한다.

③ 미래 사회를 한 인간의 책임 의식이 필요하다.

④ 이데아의 세계로 들어가기 위해 성찰하는 삶을 살아야 한다.

정답 : ②

해설 : 하이데거는 삶의 의미를 중요하게 생각하였다.

14

다음과 같은 상황에서 발생할 수 있는 대리모 계약의 문제을 보기에서 모두 고른 것은?

> 리엄 스턴은 아무 연고도 없는 메리베스 화이트헤드와 대리모 계약을 맺었다. 화이트헤드는 리엄스턴의 정자로 임신을 하고, 아이의 권리는 스턴 부부가 가진다는 계약의 대가로 1만 달러와 임신 중 행해지는 모든 의료비를 지원받았다. 그러나 화이트헤드는 아기를 낳고 나서 마음이 변하여 계약을 더 이상 이행하지 않겠다고 통보하면서 양육권을 둘러싼 분쟁이 시작되었다.

〈보기〉

ㄱ. '여성을 인격 존재가 아닌 아이를 획득하기 위한 수단으로 취하게 된다.
ㄴ. 아기의 부모가 누구인지에 대한 논란이 있을 수 있다.
ㄷ. 태아를 언제부터 인간으로 보아야 할지에 대한 논란이 있을 수 있다.
ㄹ. 의료기술 발전을 해할 수 있다.

① ㄱ, ㄴ
② ㄱ, ㄷ
③ ㄱ, ㄹ
④ ㄱ, ㄴ, ㄷ

정답 : ①

해설 : 대리모 문제에 따라 발생할 수 있는 생명 문제에 대해 고르는 문제이다.

15

그림은 서술형 평가 문제와 학생 답안이다. 학생 답안의 ⊙~② 중 옳지 <u>않은</u> 것은?

서술형 평가

◎ **문제** : 낙태에 관한 찬성과 반대 입장의 논거를 각각 서술하시오.

◎ 학생 답안

낙태를 찬성하는 입장에서는 ⊙ <u>태아가 여성의 신체 중 일부임</u>을 강조하여 여성이 자기 몸에 대한 소유권을 지닌다고 보며, ⓒ <u>여성에게는 자신의 삶을 자율적으로 결정할 권리가 있다고</u> 본다. 또한 ⓒ <u>태아는 모체 속에 있는 또 다른 인간이므로</u> 생명의 존엄성을 지닌다고 본다. 한편 낙태를 반대하는 입장에서는 ② <u>태아가 인간이 될 수 있는 잠재적 가능성을 지녀 인격체로서</u> 존중되어야 한다고 보며, …(후략)…

① ⊙

② ⓒ

③ ⓒ

④ ②

정답 : ③

해설 : 낙태 찬성의 입장에서는 태아가 여성의 신체 중 일부이며 여성은 자신의 신체에 대한 권리를 가지고 있으므로, 낙태를 할 것인가에 대해 스스로 결정할 수 있는 자기 결정권이 있다고 주장한다. 한편 낙태 반대의 입장에서는 태아는 모체 속에 있는 또 다른 인간이므로 생명의 존엄성을 지닌다고 본다. 또한 태아를 인간이 될 잠재적 가능성을 지닌 인격체로 보며, 무고한 태아를 죽이는 행위는 도덕적으로 옳지 않다고 주장한다.

2. 생명과학과 윤리

01 생명과학(生命科學)과 생명윤리의 관계

(1) 생명과학의 성과와 생명윤리의 필요성

① 생명과학의 의미와 발전

- 생명과학은 생명체가 나타내고 있는 생명 현상의 본질과 그 특성을 연구하는 학문이다.
- 1953년에 왓슨(Watson)과 크릭(Crick)이 DNA 구조를 밝힘으로써 생명에 대한 과학적 탐구가 빠르게 발전하였다.
- 1960년대부터 미생물 대상으로 생명 현상의 구조를 해명하기 시작한 생명과학은 이제 개체 발생과 분화, 노화, 암, 면역 체계 등을 분자 수준에서 규명하였다.

② 생명과학의 성과

- 난임 부부에게 자녀 출산의 기쁨을 안겨 주었다.
- 질병으로 장기가 손상된 환자의 건강을 회복시켜 준다.
- 안전한 신약 개발에 도움을 주고 있다.
- 우수한 동식물의 품종을 개발·유지하고 있다.
- 유전병이나 난치병과 같은 인류의 질병 퇴치와 생명 연장, 삶의 질 향상 등에 기여하였다.

③ 생명윤리의 필요성

- 생명과학의 연구 및 활용 과정에서 생명의 존엄성을 지키기 위해서 필요하다.
- 생명과학 기술은 파급력이 매우 크며 악용될 위험도 있기 때문에 생명윤리가 필요하다.

(2) 생명윤리의 방향

① 생명의 속성과 특징

- 생명의 속성

  ㉠ 물질이 아니지만, 물질을 떠나 있지도 않다.

  ㉡ 자연으로부터 나왔으나 자연으로 돌아간다.

  ㉢ 모든 생명은 서로 상호 작용하면서 공동체를 이룬다.

- 생명 현상의 특징

  ㉠ 생명은 일회적이다.

  ㉡ 생명은 내재적 · 본질적 가치를 지닌다.

  ㉢ 생명은 체험을 통해서만 이해될 수 있다.

② 슈바이처(Albert Schweitzer)의 생명 존중 사상

- 생명 존중의 근거 : 모든 생명은 내재적 가치를 지닌다.

- 윤리의 의미 : 윤리는 살아 있는 모든 것에 책임지는 것이다.

02 장기(臟器) 이식의 윤리적 쟁점

(1) 장기 이식의 필요성 : 장기 이식은 인간의 생명을 구할 수 있고, 삶의 질을 개선하는 윤리적 의의를 지닌다.

(2) 장기 공급과 관련된 윤리적 문제

윤리적 문제	관련 내용
죽음의 판정을 어떻게 할 것인가?	• 현재 한국의 죽음 판정 기준은 심폐사(뇌사는 당사자의 사전 동의와 가족의 동의가 필요하다)
장기 기증에 대한 동의를 어떻게 인정할 것인가?	• 뇌사자의 자기 결정권에 입각한 동의 • 유가족의 사망자 보호권에 입각한 동의 • 명시적인 거부가 없을 경우 인정하는 동의 • 유가족에게 문의하여 인정하는 동의 • 공공 기관이 문의하여 인정하는 동의

윤리적 문제	관련 내용
살아 있는 장기 기증자의 장기를 이용할 경우 무엇을 고려해야 하는가?	• 장기를 이식받을 사람의 절박함의 정도 • 기증자에게 나타날 수 있는 심각한 위험을 피할 가능성 • 기증자의 동의 능력 여부(미성년자의 장기기증 문제) • 기증자와 수혜자의 관계와 이에 따른 물리적 · 심리적 압박
복제 동물의 장기를 이용한 장기 이식에는 어떤 문제가 있는가?	• 안전성의 문제 : 동물로부터 질병이 전염될 수 있음. • 정체성 혼란의 문제 : 이식받은 사람이 자신의 정체성에 혼란을 겪을 수 있음. • 동물의 권리나 복지의 문제 : 동물의 고통이나 희생이 정당화될 수 없음. • 생태계 보존의 문제 : 생태계의 질서를 파괴할 수 있음.

(3) 장기분배와 관련된 윤리적 문제

① 장기분배의 원칙

- **효율성의 원칙** : 조직형이 일치하고, 이식이 절박하며, 성공 가능성이 높은 환자에게 이식하는 것이 효율적이다.
- **공정성의 원칙** : 조직형이 일치하는 사람이 많을 경우 오래 기다린 사람이 이식을 받는 것이 공정하며, 대기자의 잔여생명, 위급성도 고려해야 한다.

② 장기분배와 관련된 문제점 해결 방안

- 장기분배와 관련된 원칙 간의 갈등을 해결하기 위해서는 사회적 합의가 필요하다.
- 장기밀매와 같은 불법적인 행위를 차단해야 한다.

③ 장기매매에 대한 찬반 입장

- **찬성 입장** : 병을 앓고 있는 환자들을 도울 수 있고, 경제적 궁핍에 시달리는 기증자와 그 가족들을 도울 수 있으며, 장기 기증을 활성화할 수 있다.
- **반대 입장** : 인간의 육체를 목적이 아닌 수단으로만 생각하는 것으로, 인간의 존엄성을 위배하는 일이고, 조작과 강요와 협박 등의 위험을 배제할 수 없다.

03 인체(人體) 실험의 윤리적 쟁점

(1) 인체실험의 정당화 근거

① 동물 실험만으로는 그 효능을 파악하기 어렵다.

② 의료 기술의 발달과 신약 개발을 통해 수많은 사람들의 생명을 건질 수 있다.

(2) 인체실험에 따른 윤리적 문제

① 인간의 자율적 결정 능력 존중 : 충분한 정보에 입각한 자발적 동의가 필요하다.

② 적절한 보상 필요 : 보상이 부족할 때에는 착취의 문제가 따르고, 과도할 때에는 유혹의 문제가 발생한다.

(3) 인체실험의 필요성

① 인체실험의 의미

• 인체실험이란 살아 있는 사람을 직접 실험과 연구 대상으로 삼는 일이다.

• 의학이나 약학 분야에서는 새로운 신약이나 치료법을 개발하는 과정에서 인체 실험을 시행한다.

• 최근에는 심리학 연구 및 설문도 포함된다.

② 인체실험의 필요성

• 인간의 질병을 치료하고 건강을 증진시키기 위해 필요하다.

• 의료 기술을 발전시키려면 사람을 대상으로 실험하는 것이 불가피하다.

• 결국은 사람을 대상으로 한 동물 실험을 아무리 많이 해도 결국은 새로운 의학 지식과 의학 기술이 인정받기 때문이다.

③ 인체실험의 범위

• 의학 및 약학분야의 연구뿐만 아니라 인간을 대상으로 하는 모든 실험을 포함한다.

• 우리나라 '생명윤리 및 안전에 관한 법률'에서는 사람을 대상으로 물리적으로 개입하거나 의사소통, 대인 접촉 등의 상호 작용을 통하여 수행하는 연구를 의미한다. 또한 개인을 식별할 수 있는 정보를 이용하는 연구를 모두 인간 대상 연구에 포함시킨다.

(4) 인체실험과 관련된 윤리적 문제

① 실험 대상자의 사전 동의와 관련된 문제

- 인체실험에 참여하는 실험 대상자는 실험과 관련된 내용을 숙지한 후 실험 참여 여부를 결정한다.
- 실험대상자의 사전동의가 문제됨. 자율성이 어느 정도 보장되었는지 실험에 대한 이해도는 어떠한지 파악이 어렵다.

② 실험 대상자에게 줄 피해와 관련된 문제

- 인체실험 자체는 결과가 불분명한 실험이므로 실험 대상자가 어느 정도 피해를 받을 개연성 있다.
- 실험 대상자가 받을 피해와 그 실험을 통해 얻는 혜택을 비교해야 하는데, 그 혜택이 피해를 감수할 만한 것인지 분명하게 판단하기 어렵다.

③ 실험 대상자에게 제공하는 보상이 유인책이 될 수 있다는 문제

- 인체실험에 참여하는 것 자체가 실험 대상자에게 신체적·정신적으로 불편을 끼치므로 대부분의 경우 실험 대상자에게 소정의 보상을 제공한다(보상을 한다면, 보상의 적절성 판단이 어려움).
- 보상이 실험에 참여하게 하는 유인책이 되어 실험 참가자의 인권을 훼손할 수 있다.

※ 인체실험 관련 의료윤리 : 뉘른베르크강령, 헬싱키선언

04 생명 복제(複製)와 유전자(遺傳子) 조작의 윤리적 쟁점

(1) 생명 복제의 윤리적 쟁점

① 생명 복제의 의미 : 동일한 유전 형질을 가진 생명체를 만들어 내는 기술

② 동물 복제

찬성	• 우수한 품종을 개발·유지할 수 있음. • 희귀 동물을 보존 • 멸종 동물을 복원할 수 있음.

| 반대 | • 자연의 질서를 위배
• 종의 다양성 훼손
• 동물의 생명을 수단으로 여김. |

③ 배아(胚芽) 복제 : 배아 줄기세포를 얻기 위해 복제를 통해 배아 단계까지만 발생을 진행시키는 것

| 찬성 | • 배아는 완전한 인간 생명체가 아님.
• 배아 줄기세포를 활용해 난치병 치료, 자기 이식이 가능할 것으로 예상 |
| 반대 | • 여성의 난자를 이용 → 여성의 인권과 건강권을 훼손
• 복제 및 추출 과정에서 배아가 파괴됨 → 배아도 인간 생명체이므로 보호 |

④ 개체(個體) 복제 : 체세포 복제술을 통해 새로운 인간 개체를 탄생시키는 것.

| 찬성 | 불임 부부의 고통을 덜어줄 수 있음. |
| 반대 | 생명 경시 풍조 확산, 인간 생명의 도구화, 인간 존엄성 및 고유성 훼손, 인간 정체성 혼란, 인간관계 및 자연스러운 질서에의 혼란 야기 등
(한국은 개체복제 금지) |

※ 일반적으로 '인간복제'라 하면 '개체복제'를 의미한다고 보면 되고, '배아복제'는 '인간배아복제'라고 구체적으로 명명하고 있다.

(2) 유전자 조작의 윤리적 쟁점

① 유전자 조작 : 생명 공학 기술을 이용하여 특정한 동식물의 유전자를 다른 동식물에 삽입하여 재조합 하는 것 (GMO)

② 윤리적 쟁점

| 찬성 | • 의학적 효과 : 난치병 치료, 질병 퇴치, 의약품 개발에 도움.
• 경제적 효과 : 수확량이 높고 병충해에 강한 농축산물 개발, 식량 생산 증대를 통한 기아 문제 해결되어 경제적 이윤 창출 증대 |
| 반대 | • 인간 유전자 조작에 따른 문제 : 유전자 풀(Pool)의 다양성 훼손, 열성 인류의 존재 권리 박탈 등
• 농축산물 유전자 조작에 따른 문제 : 인간 건강과 생명에의 위협, 환경 파괴와 생태계 교란, 식량 안보에의 위협 등
• 사회정의 훼손 : 전통적인 환경 친화적 농업 파탄 |

핵심체크 ① **생명복제의 윤리적 쟁점**

찬성 논거	반대 논거
• 생식의 자유 • 치료를 위한 복제	• 종의 구성원 논증 • 연속성 논증 • 동일성 논증 • 잠재성 논증

핵심체크 ② **장기이식과 관련된 윤리적 문제**

장기분배의 공정성 문제	장기 기증자의 자율성 보장
죽음 판정 기준의 문제	본인의 사전 동의와 가족 동의 필요
기증자 보상의 문제	적절한 보상이 필요
장기 확보의 문제	장기는 부족, 이식 대기자는 많음.
장기분배의 공정성 문제	공정하고 투명하게 분배할 수 있는 제도 → 장기이식관리센터 운영

핵심체크 ③ **헬싱키 선언(Declaration of Helsinki)**

1. 연구 대상자의 이익에 대한 고려는 과학 발전과 사회의 이익에 앞서야 한다.
2. 약자의 입장에 있는 연구 대상자들은 특별히 보호해야 한다.
3. 연구 대상자가 연구자와 종속 관계에 있는 경우 특히 주의해야 한다.
4. 연구 자체의 목적과 방법, 예견되는 이익과 내재하는 위험성 등에 관하여 연구 대상자에게 사전에 충분히 알려 주어야 하며, 그들로부터 충분한 설명에 근거한 자발적인 동의를 받아야 한다.

　헬싱키 선언(Declaration of Helsinki)은 뉘른베르크 강령(Nurenberg Code)의 정신을 이어받고 있으며, 인체실험에 관련된 윤리적 원칙의 모범으로 인정된다. 이러한 헬싱키 선언은 인간의 건강 증진, 피험자의 권익과 안전 등의 보장을 강조한다.

01

최근 생명 공학 기술의 발달에 따라 제기된 윤리적 문제가 <u>아닌</u> 것은?

① 동물 복제

② 오존 구멍의 등장

③ 인간 복제 가능성

④ 배아 줄기세포의 활용

정답 : ②

해설 : 오존 구멍은 생명공학 기술발달과 관련이 멀다.

02

다음에서 강조하는 인체실험의 요건으로 가장 적절한 것은?

> 인체실험 참가자는 실험에 대해 명확한 이해와 지식에 근거하여 결정할 수 있도록 충분한 지식과 실험 요소들을 제공받아야 한다. 그리고 어떠한 폭력, 사기, 속임, 협박, 술책의 요소도 개입되지 않고 배후의 압박이나 강제가 존재하지 않는 가운데 스스로 자유롭게 선택할 수 있는 권한이 주어진다.

① 인체실험 전에 충분한 동물 실험을 필요로 한다.

② 충분한 정보에 근거한 피험자의 자발적 동의가 필요하다.

③ 과학적으로 적절한 자격을 갖춘 자만 실험을 수행해야 한다.

④ 유용한 결과를 예견할 수 있을 때에만 이루어져야 한다.

정답 : ②

해설 : 인체실험의 요건으로 충분한 정보에 근거한 피험자의 자발적 동의가 필요함을 강조하고 있다.

03

다음의 밑줄 친 내용과 관련하여 옳지 <u>않은</u> 것은?

> 장기 이식은 인간의 생명을 구할 수 있고 삶을 개선할 수 있다는 점에서 필요하지만, 그것을 필요로 하는 환자에 비해 심각하게 부족한 상황이다. 그래서 장기 이식과 관련해서 여러 가지 <u>윤리적 문제</u>가 생겨나는 것이다.

① 장기 기증자에 대해 가능한 많은 보상을 제공해야 한다.

② 장기를 기증하려는 사람의 동의 능력을 고려해야 한다.

③ 장기를 이식받고자 하는 사람의 절박성을 검토해야 한다.

④ 장기 기증을 위해서는 본인의 사전 동의와 가족의 동의가 필요하다.

정답 : ①

해설 : 장기 이식이 필요한 환자의 수는 많지만 그에 비해 이식할 수 있는 장기는 턱없이 부족하여 장기 이식과 관련하여 많은 문제가 발생하고 있다는 내용이다.

04

윤재의 관점에서 슬아의 주장에 대해 제기할 수 있는 견해로 가장 적절한 것은?

> 윤재 : 행위에 대한 도덕적 판단은 행위의 결과와 무관하게 요구되는 의무에 따라 이루어져야 해 삶에는 올바른 도리가 있고, 그것에 따르는 것이 도덕적 삶이기 때문이야.
>
> 슬아 : 인간 복제의 종류에는 치료용 인간 복제와 생식용 인간 복제가 있어. 특히 치료용 인간 복제를 통해서 인간의 질병 치료에 많은 기회를 줄 수 있지. 기술이 더 발달하여 간암 환자에게 간 복제품을 만들어 이식해 주거나 심장에 문제가 있는 환자에게 심장을 복제해서 이식해 줄 수도 있어.

① 인간 복제로 인해 사회적 도덕성이 증가하므로 옳은 일이다.

② 인간 복제를 통해 환자를 회복시킬 수 있기 때문에 옳은 일이다.

③ 인간 생명을 존중해야 한다는 도덕적 원칙은 반드시 지켜져야 한다.

④ 불임이나 난치병 치료에 도움을 줄 수 있으므로 적극적으로 권장해야 한다.

정답 : ③

해설 : 윤재의 의견은 의무론적 윤리론에 해당한다. 의무론적 윤리론은 도덕 법칙을 지키려는 동기에서 비롯된 행위만을 옳은 행위로 간주하며, 누구나 이러한 도덕 법칙을 지켜야 하는 의무를 지닌다고 본다. 슬아의 의견은 생명 복제를 이용한 의료 행위에 대한 내용이다.

05

다음 글을 통해 생명과학자들이 가져야 하는 자세는?

> 생명과학의 발전과 더불어 생명의 가치를 경제적으로만 활용하려 하거나 목적이 아닌 수단으로 여긴다면 엄청난 재앙을 가져올 수도 있다.

① 개성
② 책임감
③ 창의성
④ 정치 의식

정답 : ②

해설 : 고귀한 생명과 관련된 것이므로 생명과학 분야의 과학 기술자들은 특히 윤리 의식과 책임감이 요구된다.

06

다음 글의 밑줄 친 부분의 이유로 가장 옳은 것은?

> 생명 공학의 발달로 수정된 지 얼마 되지 않은 인간 배아를 복제하는 기술을 통해 장기 이식, 치료 등에 사용하는 것이 가능해지고 있다. 하지만 배아를 만들기 위한 '난자 매매가 문제로 대두되고 있다.'

① 난자 매매를 통해 유통되는 난자는 배아를 만들 만큼 건강하지 않다.
② 난자 매매는 자칫 생명을 돈으로 사고 팔 수 있다는 물질 만능주의적 생각을 심어줄 수 있다.
③ 수정된 지 14일이 지나지 않은 배아는 생명체로 볼 수 없다.
④ 난자 매매는 배아를 만들기 위해 필요한 난자의 수요를 다 채우지 못하고 있다.

정답 : ②

해설 : 제시문은 난자 매매가 문제가 되고 있다는 주장으로, 자칫 생명을 돈으로 사고 팔 수 있다는 물질 만능주의적 생각을 심어줄 수 있다는 것과 관련 있다.

07

인간을 대상으로 하는 실험과 관련하여 다음이 의미하는 것으로 가장 적절한 것은?

> 노숙자, 일용직 노동자 등과 같은 사회 형편이 어려운 사람들과 희귀 질병을 앓고 있는 절박한 상황의 환자들은 위험 부담을 안고서라도 새로운 치료법이나 수술법을 수용하기 쉽다.

① 다수를 한 소수의 희생은 불가피한 것이다.

② 생명과학의 연구 결과물들을 비교대상으로 검토해야 한다.

③ 인체실험은 안전한 의약품 개발을 해 꼭 필요한 과정이다.

④ 형편이 어렵거나 절박한 사람들은 실험에 노출되기 쉬울 수 있다.

정답 : ④

해설 : 인간을 대상으로 하는 실험에 사회적 약자들이 쉽게 노출될 수 있음을 시사한다.

08

다음 대화에서 ㉠에 들어갈 내용으로 가장 적절한 것은?

> 지율 : 경제적 이익을 위해서 신체 장기를 제공하는 행위에 대해 넌 어떻게 생각해?
>
> 소진 : 절대로 있어서는 안된다고 생각해. 왜냐하면 그 행위는 인격을 훼손하는 거야. 왜냐하면 ㉠ ＿＿＿＿＿＿＿ ＿＿＿＿＿＿＿＿.

① 인간을 수단으로 취급하는 행위이기 때문이야.

② 많은 사람에게 이익을 주는 행위이기 때문이야.

③ 남을 도우려는 동기에서 비롯되는 행위이기 때문이야.

④ 다른 사람의 생명 연장에 도움을 주는 행위이기 때문이야.

정답 : ①

해설 : 제시문은 장기 이식에 관한 윤리적 문제점을 비판하는 대화의 일부이다. 경제적 이익을 위해 신체 장기를 제공하는 행위는 인간의 신체를 수단으로 취급하여 인격을 훼손하는 그릇된 행위이다.

09

다음 (가)와 (나)의 공통된 입장으로 옳은 것을 〈보기〉에서 고른 것은?

> (가) 헬싱키 선언이나 (나) 뉘른베르크 강령은 모두 인간을 대상으로 하는 실험이 허용될 수 있는 조건을 명시하고 있다

〈보기〉

ㄱ. 실험을 이해하고 결정하도록 충분한 정보를 제공해야 한다.
ㄴ. 실험 결과의 효율성이 환자의 건강보다 우선되어야 한다.
ㄷ. 자율 선택 능력이 있는 사람에게 참여의사를 물어야 한다.
ㄹ. 환자의 안정을 위해 실험이 끝난 후에 위험사항을 알려야 한다.

① ㄱ, ㄴ

② ㄱ, ㄷ

③ ㄴ, ㄷ

④ ㄴ, ㄹ

정답 : ②

해설 : 인간을 대상으로 한 실험에서 참여자의 의사가 중요함을 시사한다.

10

그림은 인체실험과 관련한 선언문 중 일부이다. 선언문의 내용과 일치하는 주장을 〈보기〉에서 고른 것은?

- 연구 대상자의 이익에 대한 고려는 과학 발전과 사회의 이익에 앞서야 한다.
- 연구 자체의 목적과 방법, 예견되는 이익과 내재하는 위험성 등을 연구 대상자에게 사전에 충분히 알려 주어야 하며, 그들로부터 충분한 설명에 근거하여 자유로이 이루어진 동의를 받아야 한다.

〈보기〉

ㄱ. 참가 대상자의 사전 동의를 받아 연구를 진행해야 한다.
ㄴ. 최소의 비용으로 최대의 효율성을 얻도록 노력해야 한다.
ㄷ. 실험을 이해하고 결정하도록 충분한 정보를 제공해야 한다.
ㄹ. 실험의 안정적 진행을 위해 부작용은 추후 공지해야 한다.

① ㄱ, ㄴ
② ㄱ, ㄷ
③ ㄴ, ㄷ
④ ㄴ, ㄹ

정답 : ②

해설 : 제시문은 인체실험과 관련한 헬싱키 선언문의 일부이다. 선언문에 따르면 인체실험 연구자는 인체실험 연구 대상자의 이익을 보호하고, 연구 대상자에게 연구와 관련된 정보를 사전에 충분히 제공하고 자발적 동의를 얻어야 한다.

정답과 해설

도덕　　02. 생명과학과 윤리

11

(가)의 문장에서 〈문제 상황〉에 대해 내릴 도덕 판단으로 가장 적절한 것은?

(가) 도토리는 한 그루의 나무와 다름없다.

> **〈문제상황〉**
>
> 최근 난치병 치료를 위해 줄기 세포를 추출하는 과정에서 배아가 파괴되거나, 실험이 완료된 후에 폐기되는 문제가 발생하고 있다.

① 배아는 인간이 될 존재이므로 배아 실험은 정당하지 않다.
② 과학 개발을 한 순수한 연구이므로 배아 실험은 정당하다.
③ 유전자 결함을 치료하기 한 것이므로 배아 실험은 정당하다.
④ 배아는 신성한 생명권을 갖지 않으므로 배아 실험은 정당하다.

정답 : ①

해설 : 배아는 배아 그자체만으로도 이미 인간과 같다고 할 수 있다.

12

다음은 인간 배아 세포 실험에 한 찬성과 반대 입장에 대한 서술이다. (가)~(라) 중 옳지 **않은** 것은?

인간배아 세포실험을 찬성하는 입장	(가) 참나무가 도토리에서 시작하지만, 도토리를 참나무라고 하지 않는다. (나) 배아의 생명권이 난치병 환자의 행복 추구권보다 우선한다.
인간배아 세포실험을 반하는 입장	(다) 배아를 단순한 세포 덩어리가 아닌 생명체로 본다. (라) 배아세포 실험이 인간의 존엄성을 훼손한다.

① (가)　　　　　　　② (나)
③ (다)　　　　　　　④ (라)

정답 : ②

해설 : 배아세포실험을 찬성하는 입장이긴 하지만 난치병 환자의 행복보다 우선한다고 볼 수는 없다.

13

다음 중 생명공학 시대의 윤리적 쟁점으로 보기 <u>어려운</u> 것은?

① 체세포 이식에 의한 생명복제

② 배아줄기세포 연구

③ 안락사의 인정 여부

④ 사후 장기기증

정답 : ④

해설 : 생명복제, 배아, 안락사, 뇌사 등은 윤리적 쟁점이지만 사후 장기기증은 윤리적 쟁점이 아니다.

14

지민이와 혜정이의 관점에 대한 옳은 설명을 〈보기〉에서 고른 것은?

지민 : 인간 배아*는 인간으로서의 존엄성을 지니고 있다. 따라서 인간 배아를 의학 실험의 대상으로 삼아서는 안 된다.

혜정 : 인간 배아는 단순한 세포 덩어리에 불과하다. 따라서 인간 배아를 얼마든지 의학 실험의 대상으로 삼을 수 있다.

* 배아 : 수정 후 신체 기관이 형성되는 8주까지의 조직체

ㄱ. 지민은 배아가 도구적 가치를 지닌다고 본다.

ㄴ. 혜정은 배아가 인간으로서의 지위를 갖지 않는다고 본다.

ㄷ. 지민은 배아의 생명권을 존중하고, 혜정은 이를 부정한다.

ㄹ. 지민, 혜정은 배아 복제가 지닌 의학적 유용성을 부정한다.

① ㄱ, ㄴ

② ㄱ, ㄷ

③ ㄴ, ㄷ

④ ㄴ, ㄹ

정답 : ③

해설 : 지민이는 배아 실험을 반대, 혜정이는 찬성하는 입장이다. 지민이는 배아가 인간으로서의 지위를 가지므로 배아의 생명권을 존중해야 한다고 주장한다. 반면 혜정이는 배아가 인간으로서의 지위를 갖지 않으므로 의학적 유용성을 위해 도구적으로 사용될 수 있다고 주장한다.

15

다음 중 생명공학의 시대의 특징으로 틀린 것은?

① 생명공학이 사회발전의 주도적인 동력으로 부상한다.

② 생명공학이 윤리학, 철학, 종교학 등의 인문학의 발전에 지대한 영향을 미친다.

③ 가치관의 혼란이 증대된다.

④ 삶의 문화가 전반적으로 변화될 가능성이 낮다.

정답 : ④

해설 : 생명공학 시대가 열리면 삶의 문화가 성장한다.

3. 성과 사랑의 윤리

01 성과 사랑의 의미

(1) 성과 사랑

① 성(性)의 의미

- **생물학적 성(sex)** : 성염색체의 작용에 따라 생식작용을 중심으로 나타나는 육체적인 특성의 차이에 따른 구분

- **사회 문화적 성(gender)**

  ㉠ 사회 안에서 형성되고 습득된 남성다움이나 여성다움
    (보바르 Simone de Beauvoir – '여자는 태어나는 것이 아니라, 만들어지는 것.')

  ㉡ 한 사회 안에서 남성이나 여성이 마땅히 따라야 할 것으로 여겨지는 일련의 특성 및 행동 양식을 익히는 과정에서 구분된다.

② 성(性)의 가치

- **생식적 가치** : 자녀를 출산하는 기능, 임신 및 출산 등의 가능성을 예상하고 책임 있는 자세가 필요하다(종족 보존의 기능).

- **쾌락의 가치** : 인간이 누릴 수 있는 대표적인 쾌락 중의 하나이다.
  (쾌락의 역설 – 절제가 없는 쾌락은 불쾌감과 고통을 야기함)

- **인격적 가치** : 사랑하는 사람과 신체적 · 정신적으로 하나가 됨. 상대와 나의 인격을 표현해 주고 인간의 품위를 유지해야 한다.

③ 사랑의 본질

- **사랑의 의미** : 애정, 인간의 근원적인 정서로, 인간과 인간 사이의 인격적인 교제를 가능하게 한다.

- **사랑의 속성** : 사랑은 보호, 책임, 존경, 이해하는 것을 의미한다.

㉠ 에리히 프롬(Erich Fromm)이 제시한 사랑의 4요소

　ⓐ 보호 : 사랑하는 사람의 생명과 성장에 관심을 가지고 돌봄.

　ⓑ 책임 : 상대의 욕구에 성실하게 반응

　ⓒ 존경 : 상대를 있는 그대로 인정

　ⓓ 이해 : 상대의 고유한 특성을 알고 상대의 입장에서 생각

④ 성과 사랑의 관계

• 사랑과 성은 밀접한 관계를 맺고 있지만 항상 일치하는 것은 아니다. 사랑과 무관하게 생리적 욕구 충족을 위한 성적 욕망도 나타난다.

• 사랑은 성을 도덕적으로 가치있게 만든다.

(2) 성과 관련된 윤리적 문제

① 인간의 존엄성 훼손

• 상대방의 입장과 감정을 고려하지 않고 자신의 성적 욕구만을 채우기 위한 일방적인 행동은 상대방과 자신의 존엄성을 해치는 행위이다.

• 인격적 존재로서의 존엄성을 유지하기 위해서는 성적으로 성숙함을 갖추고 있어야 한다.

② 책임 의식의 약화

• 성에 대한 잘못된 시각은 성을 쾌락의 대상이나 물질적 가치로 인식하게 하여 성적 행위에 대해서 책임을 지지 않아도 된다는 잘못된 성 의식을 심어 준다.

• 책임이 따르지 않는 성행위나 성적 욕망 충족은 원치 않는 임신, 무분별한 낙태 등의 사회적 문제를 일으킬 수 있다.

• 윤리적 문제를 예방하고 해결하기 위해서는 성에 대해 올바르게 인식하는 것이 중요하다.

(3) 성과 사랑의 다양한 견해

① 보수주의 입장

• 성은 부부간에 신뢰와 사랑을 전제할 때만 도덕적이라고 본다.

• 결혼을 통해 이루어지는 성적 관계만 인정한다.

② 중도주의 입장

- 사랑이 동반된 성적 관계만을 허용한다.
- 사랑이 없는 성적관계는 육체적, 정신적 교감이 이루어지는 것으로 본다.

③ 자유주의 입장

- 성과 사랑은 별개로 본다.
- 자발적 동의에 따른 성적 관계를 옹호하는 입장이다.

④ 공통점

- 성과 사랑은 인격적 가치와 관련이 있다고 본다.
- 자신과 상대방의 인격을 표현하고 품위를 지킨다.

02 성 차별과 성적 소수자 문제

(1) 성차별

① 성차별의 의미 : 여성 혹은 남성이라는 이유로 부당한 대우를 하는 것(남녀간의 차이를 잘못 이해하여 차별이 발생함)

② 유형 : 고정된 성 역할 강요, 불평등한 대우(여성의 능력과 업적무시 – 유리천장)

③ 성차별의 문제점

- 자아실현과 인권침해
- 국가 차원의 인력 낭비 초래

(2) 성적 소수자에 대한 인권 침해

① 성적 소수자의 의미 : 인간 사회에서 다수를 구성하는 이성애자와는 다른 성적 성향을 지닌 사람들

  예 동성애자, 양성애자, 성전환자 등

② 성적 소수자에 대한 문제점

- 성적 소수자에 대한 편견과 차별이 사회 전반에 퍼져 있다.
- 불합리한 대우를 받거나 괴롭힘을 당하는 경우가 많다.

(3) 성적 소수자에 대한 이해

① 성적 소수자를 옹호하는 사람들의 견해

- 성 정체성과 모든 질병은 서로 무관하며, 성 정체성은 자기 의지에 관계없이 만들어진다. 따라서 성적 소수자는 정상이다.
- 성적 소수자는 다른 사람들처럼 자신의 성 정체성에 따라 행동하는 것일 뿐이므로 성적 소수자는 도덕적으로 문제가 없다.
- 사랑하는 사람끼리 결합하는 것은 행복 추구권에 속하는 내용이므로 성적 소수자도 다른 사람들처럼 가족 구성권을 인정받고 자녀를 입양할 수 있어야 한다.

② 성적 소수자 문제의 해결 방향

- 성적 소수자를 이해하고 인정하기 위한 관심과 노력이 필요하다.
- 국가인권위원회법 : 성적 성향 때문에 성적 소수자가 차별받는 것을 법률로 규제 → 고용, 교육 등의 영역에서 발생하는 차별을 바로 잡을 수 있는 근거가 된다.

(4) 성적 소수자 문제

① 쟁점 : 동성애도 다양한 성적 지향의 하나 VS 동성애는 비정상적인 행동

- 용인하는 입장

"성적 지향(누군가를 성적으로 사랑하는 것)"에는 다양한 형태가 있을 수 있으며, 동성애는 이러한 다양한 성적 지향의 하나일 뿐. 이렇게 보면 성적 소수자는 잘못한 것이 없으므로, 성적 소수자는 차별받아서는 안 되고, 성적 소수자의 인권도 존중되어야 한다.

- 반대하는 입장

성적 지향은 오직 남녀 간의 사랑만이 있을 뿐이다. 동성애는 남녀 간의 사랑이 아니므로 잘못된 것이다. 타고난 생물학적인 성과 성 정체성은 일치하여야 한다.

(5) 성적 소수자에 대한 다양한 견해

① 프로이트(Sigmund Freud) : 일종의 질병이므로 치료를 요한다는 입장

② 칸트(Kant, Immanuel) : 동물적이고, 인간을 능멸한다고 보는 입장

③ 미셸푸코(Paul Michel Foucault) : 선천적 성향이며 바꾸는 것이 불가능하고, 인정해야 할 대상으로 보는 입장

④ 세계인권선언 제 2조 : "모든 사람은 인종, 피부색, 언어, 종교 등 어떤 이유로도 차별받지 않으며, 이 선언에 나와 있는 모든 권리와 자유를 누릴 자격이 있다."

03 성의 자기 결정권(決定權)과 상품화(商品化) 문제

(1) 성의 자기 결정권

① 의미 : 개인이 사회적 관행이나 타인에 의해 강요받거나 지배받지 않으면서, 자신의 의지나 판단에 의해 자율적이고 책임 있게 자신의 성적 행위에 대해 거부하고 저항 할수 있는 모든 권리를 포함한다.

② 내용
  • 자신이 원하지 않는 성적 행위에 저항할 수 있는 능력을 포함한다.
    → 성적 수치감이나 모욕감을 느꼈다면 상대에 대한 분명한 거부 의사 표현
  • 타인의 성적 자기 결정권도 소중함을 인정한다.
    → 상대가 원하지 않는 성적 행위는 사소한 것이라도 강요해서는 안됨.
  • 생명을 훼손하는 비도덕적 행동을 초래할 수 있다.

③ 유의점
  • 성범죄의 판단 기준은 성적 자기 결정권의 침해여부로 정해진다.
  • 성적 자기 결정권은 타인의 자유와 권리를 해치지 않는 선에서 행사되어야 하고, 자기 자신의 인격을 손상하지 않는 범위 안에서 사용되어야 한다.
  • 성적 자기 결정권이 성적인 방종을 정당화하는 수단으로 악용되어서는 안된다.
  • 스스로 원하기만 하면 어떠한 성적인 행동도 무제한적으로 할 수 있다는 사고 방식은 옳지 않다.

(2) 성의 상품화

① 의미 : 인간의 성을 직접 혹은 간접적으로 이용하여 이윤을 추구하는 모든 활동을 말한다.

② 구분

- 성 자체 혹은 성과 직접 관련된 것을 판매하는 행위
- 특정 제품에 성적 이미지를 부여함으로써 판매 촉진을 추구하는 행위

③ 문제점

- 인간의 성이 지닌 본래의 가치와 의미를 변질시킨다.
- 여성 혹은 남성을 성적 상품으로 포장하여 비인격적 존재로 비하한다.
- 자신의 육체를 상품화하는데 몰두, 타인의 성적 판단에 따라 자신의 가치를 평가한다.

(3) 성의 상품화 문제

① 쟁점 : 성의 인격적 · 본래적 가치 왜곡 VS 경제적 자유(이윤 · 이익 추구의 정당성)

- 성의 상품화를 찬성하는 입장

  ㉠ 자본주의 사회에서 "이익 추구"는 정당한 것이다.

  ㉡ 성 상품화도 일종의 이익 추구 행위일 뿐이다.

  ㉢ 성의 상품화도 소비자의 선호를 반영한 결과이다.

- 성의 상품화를 반대하는 입장

  ㉠ 성 상품화는 인간의 성을 목적이 아닌 수단으로 간주함으로써, 성의 인격적 · 본래적 가치를 훼손하고 변질시킨다.

  ㉡ 왜곡된 성 의식을 갖게 만든다.

  ㉢ 외모지상주의 조장(외모가 개인 간 우열 성패를 가른다고 믿어 지나치게 외모에 집착하는 행위)

핵심체크 ❶ 성의 가치

가치	내용
생식적 가치	새로운 생명을 탄생시켜 종족 보존의 기능 수행
쾌락의 가치	• 인간이 누릴 수 있는 대표적 쾌락 중 하나 • 무절제한 쾌락은 오히려 불쾌감과 고통을 느끼게 함(쾌락의 역설).
인격적 가치	성적 활동을 통해 신체적 · 정신적 · 정서적으로 상대방과 하나가 된다.

핵심체크 ❷ 성적 소수자에 대한 편견과 차별

커밍 아웃 (coming out)	일반적으로는 가족이나 직장 · 학교 또는 일반 사회에서 자신이 동성애자임을 공개적으로 밝히는 것을 의미하는 경우가 많다. 커밍아웃은 동성애자들에 대한 사회적 시각을 극복하고, 동성애자들 스스로가 확실한 자아 정체성을 확립하기 위해 공개적으로 자신을 드러내려는 의도에서 비롯되었다.
아웃팅(outing)	아웃팅(outing)이란, 타인의 성적 지향이나 성 정체성이 본인의 동의없이 밝혀지는 행위를 말한다.

핵심체크 ❸ 성의 상품화 문제

성의 상품화는 성의 자기 결정권과 표현과 예술의 자유에 근거하여 자본주의 원리로 만들어진 것으로 긍정적인 부분도 있지만, 성 자체를 매매하거나 성적 이미지를 이용하여 매출을 상승시킴으로써 성의 도구화를 가져올 수 있다. 나아가 성의 본래적 가치와 의미를 훼손하고 인간 존엄성에 반하는 외모 지상주의 등의 문제를 초래하기도 한다.

핵심체크 ❹ 성의 자기 결정권

• 의미 : 개인이 사회적 관행이나 타인에 의해 강요받거나 지배받지 않으면서, 자신의 의지나 판단에 의해 자율적이고 책임 있게 자신의 성적인 행동을 결정하고 선택할 권리
• 유의점 : 자신이 원하지 않는 성적 행위에 대한 거부, 자신 뿐 아니라 타인의 성적 결정권의 소중함도 인정, 타인의 성적 결정권 침해가 성폭력 여부의 판단 기준이다.

II. 생명 · 성 · 가족윤리

01

(가)와 (나)는 각기 다른 성(性)의 의미를 제시한 것이다. 이에 대한 설명으로 옳은 것은?

> (가) 성(性)은 사회 안에서 형성되고 습득된 남성다움이나 여성다움이다. 남성다움, 여성다움에 관한 통념에는 머리 모양, 옷차림, 행동 양식 등의 다양한 요소가 포함된다. 이러한 성은 양육이나 교육을 통해 자연스럽게 사회 전체로 퍼지는 것이 일반적이다.
>
> (나) 성(性)은 성염색체의 작용에 따라 신체 구조에 드러난 외적 차이를 바탕으로 구분되는 성별이다. 이러한 성은 태어나는 순간 구분된다.

① (가)는 생물학적 차이로 구분되는 성이다.

② (가)는 지지되는 성별에 따른 행동 양식을 익히는 과정에서 형성된다.

③ (나)는 사회 도덕적인 의미의 성이다.

④ (나)는 개인이 속한 시대나 사회에 따라 다른 방식으로 나타난다.

정답 : ②

해설 : (가)는 사회 문화적 의미의 성(gender)에 대해 설명하고 있고, (나)는 생물학적 의미의 성(sex)에 대해 설명하고 있다.

02

성 역할에 대한 설명으로 옳은 것은?

① 성 역할은 집단에 관계없이 같은 형태로 나타난다.

② 성 역할에 대한 편견은 개인의 발전을 가로막는다.

③ 성 역할에 대한 고정 관념은 분업으로 이해해야 한다.

④ 과거에는 성 역할이 엄격하게 구분되지 않았다.

정답 : ②

해설 : 성 역할에 대한 고정 관념은 개인의 발전을 가로막을 뿐만 아니라 사회 국가적인 면에서도 큰 손해이다.

03. 성과 사랑의 윤리   도덕

03

현대 사회의 성 역할관으로 옳은 것은?

① 남성은 사회적인 일에만 전념해야 한다.

② 여성들은 자기 희생을 미덕으로 여겨야 한다.

③ 남녀의 역할은 엄격하게 구분하지 말아야 한다.

④ 모든 여성은 사회로 진출해야 한다.

정답 : ③

해설 : 현대 사회에서는 남녀의 역할을 엄격하게 구분하지 않는다. 누구나 자기의 소질과 적성을 최대한 발휘하여 자아실현을 위해 노력하는 것을 삶의 이상으로 삼는다.

04

㉠에 들어갈 내용으로 가장 적절한 것은?

> 보아 : 성(性)을 이윤 추구에 이용하는 것은 인간을 목적이 아닌 수단으로 취급하는 것입니다.
>
> 진주 : 성적인 이미지를 이용한 성의 상품화는 더 이상 금기의 대상이 아닙니다. 따라서 그러한 방법을 이용한 기업의 이윤 추구를 비난해서는 안 됩니다.
>
> 효성 : 제 생각에 당신의 주장은 [㉠   ]

① 성의 인격적 가치를 존중해야 함을 간과하고 있습니다.

② 성적 표현의 자유를 제한해야 함을 강조하고 있습니다.

③ 성이 지닌 쾌락적 가치의 중요성을 경시하고 있습니다.

④ 성도 일반적인 상품과 동일한 것임을 간과하고 있습니다.

정답 : ①

해설 : 보아의 입장에 근거할 때, 성의 상품화를 통한 이윤 추구는 인간을 수단으로 간주하는 것이다. 따라서 성의 상품화에 대해 성의 인격적 가치를 존중하지 않는 것이라고 비판할 수 있다.

05

성적 소수자에 대한 입장을 뒷받침해 줄 수 있는 설명으로 옳은 것은?

> 의미 : 인간 사회에서 다수를 구성하는 이성애자와는 다른 성적 성향을 지닌 사람들

옹호 입장	반대 입장
(가)	(나)

① (가) : 성적 지향은 선천적이지 않으며 성적 소수자는 성문화를 문란하게 한다.

② (가) : 성적 소수자는 성 정체성에 혼란을 일으키고 가족 제도를 위태롭게 할 수 있다.

③ (가) : 성적 소수자는 타인처럼 자신의 성 정체성에 따라 행동하는 것일 뿐이다.

④ (나) : 사랑하는 사람끼리 결합하는 것은 행복 추구권에 속하는 것이다.

정답 : ③

해설 : 성적소수자에 대한 옹호 입장을 고르는 문제로서 ①, ②, ④는 반대입장 ③은 찬성입장 이다.

06

다음 중 외모 중시 풍조의 원인으로 옳지 <u>않은</u> 것은?

① 심한 경쟁으로 인한 스트레스를 물질적인 것을 통해 보상받으려고 해서

② 자신의 개성을 표현하고자 하는 욕구 못지않게 인격 완성에 대한 욕구가 강해서

③ 연예인을 앞세우는 기업들의 판매 전략 때문에

④ 상업주의와 결탁한 일부 광고업자들의 외모와 관련된 소비 촉진 전략

정답 : ②

해설 : 외모 중시 풍조 현상은 인성이나 실력보다 외모를 더 중요하게 여기는 가치전도 현상의 하나이다.

07

다음 글의 빈칸에 들어갈 말로 옳은 것은?

> 아무리 외모가 매력적이고, 지식이 많은 사람이라 할지라도 바른 (　　)과 도덕적 실천 능력을 갖추지 못했다면 인간으로서의 진정한 아름다움을 갖추었다고 보기 어려울 것이다.

① 품성　　　② 교양　　　③지식　　　④ 개성

정답 : ①

해설 : 품성은 품격과 성질을 아우르는 것으로, 사람의 말과 행동에서 드러난다.

08

다음 중 성적 욕망에 대한 설명으로 옳지 <u>않은</u> 것은?

① 성적 욕망은 모든 사람에게서 나타나는 공통된 특성이다.

② 성적 욕망의 증가는 청소년기의 자연스러운 특 성은 아니다.

③ 성적 욕망은 항상 뚜렷한 대상 없이 마음의 안정을 잃고 흥분하는 상황으로 나타난다.

④ 성적 욕망은 이성에 대한 관심, 이성과 사귀고 싶은 욕망 등 성적인 관심을 말한다.

정답 : ②

해설 : 성적인 관심을 성적 욕망이라고 한다. 성적 욕망이 생기는 것은 청소년기의 자연스러운 특성으로 개인 차가 크다.

09

소수자 보호를 위한 방안으로 옳지 <u>않은</u> 것은?

① 소수자도 인간 존엄성을 가지는 인간임을 인식한다.

② 소수자의 인간답지 못한 삶에 대한 동정이 필요하다.

③ 약자에 대한 배려의 분위기가 형성되어야 한다.

④ 차별받는 사람들을 보호할 수 있는 제도적 보완 책이 필요하다.

정답 : ②

해설 : 소수자에 대한 배려는 제도적 차원과 개인적 차원으로 살펴볼 수 있다. 다만 이들의 인권을 보호하고 존중하는 측면에서 이루어져야 함을 유의해야 한다.

10

그림은 신문 칼럼의 일부이다. ㉠에 해당하는 적절한 내용만을 〈보기〉에서 있는 대로 고른 것은?

> 　오늘날 우리 사회에는 광고, 영화, 대중음악 공연 등에서 성(性)적 이미지를 과도하게 표현하는 경우를 자주 볼 수 있다. 이는 성적인 자극을 이용하여 상업적으로 이윤을 추구하는 대표적인 사례이다. 이러한 현상이 우리 사회 전반으로 확산되면 ㉠여러 가지 문제점을 낳을 수 있다

> ㄱ. 성적 자기 결정권이 침해될 수 있다.
> ㄴ. 성이 갖는 인격적 가치가 왜곡될 수 있다.
> ㄷ. 성이 지닌 쾌락적 가치가 무시될 수 있다.
> ㄹ. 성을 상품화하여 인간 존엄성이 훼손될 수 있다.

① ㄱ, ㄷ

② ㄴ, ㄷ

③ ㄴ, ㄹ

④ ㄱ, ㄴ, ㄹ

정답 : ④

해설 : 성 상품화란 성 자체를 상품처럼 사고팔거나 다른 상품을 팔기 위한 수단으로 성을 이용하는 행위를 말한다. 성 상품화는 인간의 성을 상품으로 대상화하여, 인간의 성이 가지는 인격적 가치와 의미를 변질시키고 인간의 존엄성을 훼손한다. 뿐만 아니라 성 상품화 경향을 무비판적으로 수용할 경우, 외부의 강요 없이 스스로 자신의 성적 행동을 결정할 수 있는 권리인 자기결정권이 침해될 수 있다.

11

소수자의 인간 존엄성을 존중하는 태도로 옳은 것은?

① 공개적으로 특별 대우한다.

② 은혜를 베푼다고 생각하고 도와준다.

③ 인격적으로 존중하고 이웃으로 받아들인다.

④ 개인에게 관심을 두지 않고 물질적인 도움만을 준다.

정답 : ③

해설 : 소수자를 우대한다는 것은 인간 존엄성을 실현하는 것이다. 이는 무조건적인 동정이나 공개적인 특별 대우를 의미하는 것이 아니라, 그들의 인격을 존중하고 보호하는 것이다.

12

현대 사회에서 성역할의 변화를 초래하는 요인으 로 보기 어려운 것은?

① 여성의 사회적 지위가 높아졌다.

② 농업 사회에서 산업 사회로 진행되었다.

③ 남아 선호 사상이 여아 선호 사상으로 바뀌었다.

④ 핵가족이 늘어나 가사 활동에 가족이 함께 참여한다.

정답 : ③

해설 : 현대 사회는 산업 사회로 이행되면서 핵가족화, 여성의 사회 진출 등의 변화를 겪었다. 이러한 변화는 상호 보완적이고 평등한 남녀 사이를 공고히 하는 역할을 하였다.

13

양성 평등을 위한 근본적인 사회 대책으로 보기 어려운 것은?

① 법과 제도의 마련

② 사회 전반에 대한 교육

③ 남성에 비해 우월한 여성의 사회적 지위 확보

④ 다양한 매체의 양성 평등 표현

정답 : ③

해설 : 양성 평등은 여성 해방 운동이 아니다. 일시적으로 여성의 사회적 지위를 높일 수는 있으나 궁극적으로 남성과 여성은 동등하고 존중하는 방향을 지향한다.

14

성역할의 의미 혹은 특징으로 옳은 것은?

① 사회 구성원들의 합의로 특정인에게 요구되어지는 정체성이다.

② 전통적으로 '씩씩하다.', '용감하다.'는 여성의 특징으로 여겨졌다.

③ 어떤 성을 가진 사람에게 사회적으로 기대되는 행동양식이나 역할이다.

④ 태어날 때부터 결정된 성역할은 성장과정에 따라 빈번하게 변한다.

정답 : ③

해설 : 성역할은 생물학적 성에 기반 하여 사회 문화적 성 의 개념까지 포함된 특정 성에게 기대되는 행동 양식을 의미한다.

15

진정한 양성 평등을 이루기 위한 자세로 옳지 <u>않은</u> 것은?

① 상대방 성에 대한 이해

② 성의 차이로 인한 다름을 존중

③ 성차별에 대한 거부와 감시

④ 법과 제도적 해결에 대한 전적인 의지

정답 : ④

해설 : 양성 평등은 개인의 인식 전환과 더불어 제도의 개선이 도모되어야 한다.

4.가족 관계의 윤리

01 결혼의 윤리적 의미와 부부간의 윤리

(1) 결혼의 윤리적 의미

① 결혼의 의미

- 성장한 남녀가 부모와 사회의 인정을 받아 장가를 들고 시집을 가서 한 가정을 꾸리는 것.
- 남녀 간의 사랑의 결실이자 그 사랑을 영원히 지키겠다는 약속
- 부부로서의 도리와 책임을 다짐하는 의식을 치르는 것.

② 결혼의 성격

- 모든 인간관계의 출발점이며, 생명이 태어나는 시작점
- 정서적 안정감을 형성하고, 가족 간에 친밀감을 느끼며, 자녀를 통해 가계를 보존

③ 결혼의 윤리적 의미 : 서로의 차이를 존중하고 사랑을 지키겠다는 약속이자 의지의 표현

(2) 부부간의 윤리

① 음양론(陰陽論) : 부부는 음양의 관계처럼 부부도 각자의 역할을 수행하며 조화롭게 가정을 이뤄야 한다.

② 전통적 부부관

- 전통적으로 부부는 여성성의 음과 남성성의 양이 함께 어우러져 있는 것으로 본다.
- 음양이 서로의 역할을 무시할 수 없듯이, 남편과 아내도 서로의 역할을 배척하거나 무시할 수 없다.

③ 부부의 올바른 관계

- 유교의 부부관

  ㉠ 부부는 모든 사회 관계의 시작이며, 부부 사이에 예를 지키는 것에서 군자의 도(道)가 시작된다고 생각

  ㉡ **부부유별(夫婦有別)** : 부부가 서로 손님같이 공경하면서 분별 있게 행동할 것을 강조한다.

  ㉢ **부부상경(夫婦相敬)** : 부부가 서로의 인격과 역할을 존중할 것을 강조

- 바람직한 부부 관계

  ㉠ 우리 조상들은 부부간의 관계는 절대적인 것이 아니며 시간과 상황에 따라 달라진다고 이해

  ㉡ 일방적으로 상대를 지배하거나 희생해야 한다는 편견과 고정 관념을 버려야 한다.

  ㉢ 서로의 다름을 바탕으로 한 대등한 관계임을 알고 서로 인격적으로 대우해야 한다.

  ㉣ 상호 협력하여 공동의 목표인 사랑과 행복을 달성하도록 노력해야 한다.

  ㉤ 배우자를 아끼고 사랑하여 자신의 사랑을 실천하는 자세를 가져야 한다.

  ㉥ 바람직한 가족 공동체 유지를 위해 함께 노력해야 한다.

02 가족의 가치와 부모 자녀간의 윤리

(1) 가족의 가치

① 가족의 주요 기능

- **사회유지** : 자녀를 출산하고 양육하여 다음 세대를 이루게 한다.
- **생계유지** : 재화를 생산하고 소비하여 구성원의 생계 유지와 풍요로운 삶을 추구한다.
- **심신안정** : 사랑하는 사람들과 함께 의지하고 안식할 수 있는 공간을 형성한다.

- 사회화 : 사랑하는 가족 속에서 다른 사람과 더불어 사는 예절과 도리를 배운다.

- 문화 전승 : 지난 시대의 생활양식을 배우고 익히며, 현재의 생활양식을 더한다.

② 가족 간의 사랑

- 아리스토텔레스(Aristoteles) : 부모는 자녀를 사랑하고 자녀는 부모를 사랑하며 형제는 한 부모의 동기로서 서로를 사랑한다.

- 맹자(孟子) : 부모에 대한 효도와 형을 공경하는 가족 윤리의 확대가 왕도 정치의 바탕이 된다.

- 헤겔(Hegel, Georg Wilhelm Friedrich) : 가족생활에서 얻은 인륜, 즉 사랑과 양보, 배려, 헌신, 상호성, 이타주의 등이 시민 사회를 원활히 작동시킨다.

(2) 부모 자녀간의 윤리

① 부모(자애)

- 자신의 모든 것을 다 바쳐 자식을 사랑하면서도 대가를 바라지 않는 사랑

- 자녀의 신체적 건강과 올바른 가치관 형성을 도움

- 자녀를 독립된 인격체로 존중

② 부모의 의의

- 자녀에게 가장 의미 있게 상호 작용하는 가족 구성원

- 삶에서 처음 만나는 교사이고, 가정은 인간다움을 처음 가르치는 학교

③ 부모됨의 목적 : 부모 역할을 통해 자녀를 건강하고 인격을 가진 독립된 인간으로 양육하는 것

④ 자녀(효)

- 유학 : 인의 구체적 실천 덕목으로 강조, 모든 윤리생활의 뿌리

- 효 정신의 사회적 확장 : 가족에 국한되지 않은 타인에 대한 사랑으로 확대

- 의로움을 추구하되 부모에게 간언할 때에는 예를 다함.

- 입신양명(立身揚名) : 수양을 통해 얻은 덕을 세상에 떨쳐 후세에까지 이름이 빛나게 한다.

03 형제자매의 윤리와 친족간의 윤리

(1) 형제자매 관계

① 평등한 관계 : 형과 아우의 순서가 있지만, 한 부모 아래의 동기간(同氣間)이라는 점에서 수평적 관계이다.

② 경쟁적 관계

- 부모의 사랑을 경쟁적으로 추구하는 관계이다.
- 어려서부터 타인과의 공정한 경쟁을 경험하는 기회가 된다.

③ 상대적인 상하 관계와 이성 간의 관계

- 상대적인 상하 관계 : 동생은 형을 통해 겸손을 배우고, 형은 아우를 대하면서 사회적 약자에 대한 돌봄과 인간애를 배운다.
- 이성 관계와 동성 관계 : 남매 관계를 통해 이성에 대한 비현실적 환상에서 벗어나고, 동성 간 형제 관계를 통해 동료 관계를 미리 경험할 수 있다.

(2) 우애(友愛)

① 우애의 성격

- 형우제공(兄友弟恭) : 형은 아우를 잘 대우하고 아우는 형을 공경한다.
- 효제(孝悌) : 인간은 부모의 자애로운 사랑에 대한 보답으로 효를 실천하고, 형제자매 간에 우애가 있도록 서로 공경하는 제(悌)를 실천해야 한다.
- 수족지애(手足之愛) : 부모님이 돌아가시면 서로 손발처럼 의지할 수 있는 관계이다.
- 서로 공경하고 인격적 발전에 진정한 관심을 가져 애정과 화목을 유지해야 한다.

(3) 친족(親族)의 의미와 관계

① 친족의 의미 : 혼인과 혈연을 기초로 하여 상호 간에 관계를 맺는 사람으로, 친척이라고도 한다.

② 친족관계 : 전통적으로 한동네에 살던 이웃으로서 대단히 친밀하였으나 현대에 이르러 친족의 결속력이 약화되었다.

③ 친족의 구성 : 혈족, 배우자, 인척

- 혈족(血族) : 아버지 쪽의 친가를 말하는 내척(內戚), 어머니 쪽의 외가를 지칭하는 외척(外戚)으로 구분한다.
- 인척(姻戚) : 혼인으로 인해 생겨난 처가(妻家)와 시가(媤家)를 의미한다.

(4) 공동체로서의 친족

① 친족의 기능

- 긍정적 기능 : 같은 조상 또는 집안이라는 생각을 바탕으로 일체감을 느낀다.
- 부정적 기능 : 공적인 영역에서 사적 친분을 강조하여 합리적인 업무처리가 어렵다.

② 친족 간의 예절

- 친소구분 : 촌수와 호칭을 알고 정성과 공경을 다해야 한다.
- 존비구분 : 세대와 항렬의 높고 낮음에 따른 예절을 지켜야 한다.

04 고령화 사회의 가족 윤리

(1) 오늘날 노인의 현실

① 고령화 사회의 도래

- 고령화 사회 : 총 인구 중 65세 이상 인구 비율이 7% 이상인 사회
- 고령화 사회의 원인 : 의료·과학 기술의 발달로 인해 인간의 평균 수명 연장

② 노인 문제의 발생

- 상당수의 노인들이 절대 빈곤 또는 상대적 빈곤 상태에 놓여 있다.
- 상당수의 노인들이 질병에 걸려 있으며, 치료비로 인해 어려움을 겪고 있다.
- 노동이나 사회 참여를 하지 못함으로써 고독이나 무료함을 겪고 있다.

③ 노인 문제의 극복

- 개인적 측면 : 노인을 우리 사회의 한 구성원으로 바라보고 공경해야 한다.
- 사회적 측면 : 노인 복지 정책과 노후 생활 준비를 위한 사회 제도를 마련해야 한다.

(2) 고령화에 따른 가족 윤리 문제의 극복 방안

① 노인 부양에 대한 책임 의식

- 노인 부양의 문제를 사회적으로 해결하기 위해 노력하고 있지만 노인의 심리적 고통까지 경감시키는 데에는 한계가 있다.
- 각 가족 단위에서도 최선을 다해 노인을 공양하는 것이 바람직하다.

② 개인적 측면의 노력

- 어른공경의 태도를 지닌다.
- 노인을 사회의 구성으로 바라보고 존중해야 한다.

③ 제도적 장치의 마련

- 노인 복지를 해결하기 위한 장치가 보완되어야 한다.
- 노인이 인간다운 삶을 누릴 수 있도록 국민연금을 비롯한 사회적·제도적으로 다양한 지원 방안이 함께 마련되어야 한다.

핵심체크1 부부간의 윤리

음양론 (陰陽論)	음양은 자연 속에서 상반되면서 동시에 상호 보완적인 것으로, 천지만물은 음양의 결합에 의해 생김.
전통적 부부관	• 전통적으로 부부는 여성성의 음과 남성성의 양이 함께 어우러져 있는 것 • 음양이 서로의 역할을 무시할 수 없듯이, 남편과 아내도 서로의 역할을 배척하거나 무시하지 못함.
올바른 부부 관계	유교의 부부관 : 부부유별(夫婦有別), 별은 차별의 의미가 아니고 남녀 간의 차이를 의미 • 바람직한 부부 관계 : 서로의 다름을 바탕으로 한 대등한 관계

01

전통 사회에서 노인을 존중하였던 까닭으로 적절하지 <u>않은</u> 것은?

① 노인에게는 공동체를 발전시킨 공로가 있기 때문이다.

② 노인의 수명이 길지 않았기 때문이다.

③ 가정 및 사회에서 노인의 역할이 컸기 때문이다.

④ 효도의 정신이 확고했기 때문이다.

정답 : ②

해설 : 노인의 수명과는 관련이 없다.

02

다음과 같은 노인 문제에 대한 해결책으로 가장 적절한 것은?

> '우리 단지에 한 노인이 경제적으로 어렵게 살고 있어 도우려 하지만 한 사람의 양심과 공경으로는 돕는 일이 힘들고 어렵습니다.'

① 자신의 부모님을 생각하여 힘을 내어 돕는다.

② '나도 늙으면 노인이 된다'는 역지사지(易地思之)의 마음을 갖는다.

③ 사회 제도적 측면에서 노인을 돕는 사회 제도를 마련한다.

④ 노인에 대한 공경하는 마음을 갖도록 노력한다.

정답 : ③

해설 : 개인의 노력만으로는 문제 해결이 쉽지 않으므로 사회 제도적 측면의 노력이 필요하다.

정답과 해설

정답 : ②

해설 : 화목한 가정을 만들려면 원활한 의사소통을 바탕을 바탕으로 가족 구성원이 함께 노력해야 한다. 가족 안에 문제가 생기면 다른 사람에게 책임을 묻기 전에 먼저 자신을 돌아보아야 하며, 상대방이 잘못한 경우에도 이를 이해하고 감싸 줄 수 있어야 한다.

정답 : ④

해설 : 현대 사회에서의 노인은 역할이 감소함에 따라 할 일 없이 무료하게 보내는 시간이 많아졌다.

정답 : ④

해설 : 음양론에 대한 설명이다. 음양론에 따르면, 음과 양은 고정된 실체가 아니라, 서로 의존하며 통합되어 하나의 완전함을 이루게 된다.

03

가족 간의 갈등을 해결하려는 자세로 바르지 못한 것은?

① 서로 예의를 갖춘다.

② 상대방이 자신의 잘못을 인정할 때까지 말을 안 한다.

③ 상대방의 감정을 살피며 이해하려고 노력한다.

④ 서로 처지를 바꾸어 생각한다.

04

현대 사회에서의 노인 문제의 원인으로 바르지 못한 것은?

① 건강 악화

② 경제적 어려움

③ 사회적 상실감

④ 시간적 여유의 부족

05

다음 사상의 관점에서 제시한 부부 관계로 가장 적절한 것은?

　음과 양은 상대에 따라 정해지고 존재하므로 하나의 사물이라도 상대에 따라 음이 되기도 하고 양이 되기도 한다. 따라서 음은 양을 품고 있고 양은 음을 품고 있다.

① 아내는 남편보다 낮은 존재이다.

② 남편과 아내의 역할은 정해져 있다.

③ 남편과 아내의 관계는 수직적이다.

④ 부부는 동등한 입장의 관계이다.

06

노인 문제를 해결하기 위한 방법으로 바람직하지 <u>못한</u> 것은?

① 노인 공경의 전통을 보존한다.

② 노인 의료 서비스를 위한 시설을 만든다.

③ 불우 노인을 위한 복지 대책을 마련한다.

④ 젊은이를 위해 직장에서의 정년을 단축한다.

정답 : ④

해설 : 젊은이의 일자리를 위해 정년을 단축하면 노인들이 무위고(無爲苦)를 겪게 되므로 바람직하지 못하다.

07

다음의 빈 칸에 들어갈 덕목으로 알맞은 것은?

> 나의 부모를 (　　)하여 그 마음씨를 다른 사람의 부모에게 미치게 하고, 나의 어린 아이를 사랑하여 그 마음씨를 다른 사람의 어린 아이에게까지 미치게 하면 천하도 손바닥 위에서 움직일 수 있다.
> 　　　　　　　　　　　　　　－맹자

① 겸손

② 봉사

③ 공경

④ 절제

정답 : ③

해설 : 제시문은 공경에 대한 설명이다.

08

(가), (나)에 대한 설명으로 가장 적절한 것은?

> (가) 형과 아우는 부모가 남겨 준 몸을 함께 받았으니, 한 몸과 같은 것이다. 한 몸의 사지(四肢) 중에서 어느 한 편이 병든다면 어찌 편안함을 얻겠는가? 형제끼리 사랑하지 않는 것은 자기 부모를 사랑하지 않기 때문이다.
>
> (나) 우리의 몸은 부모로부터 물려받은 것이다. 감히 상하게 하거나 훼손하지 않는 것이 효의 시작이다. 몸을 세워서 도리를 행하고 이름을 후세에 떨쳐 부모를 빛나게 하는 것이 효의 마지막이다.

① (가)는 형제 간은 우애가 불필요하다고 본다.

② (가), (나)는 효가 덕스러운 행실의 근본이라고 본다

③ (나)는 신체의 건강함과 부모에 대한 효가 무관하다고 본다.

④ (나)는 정신적 공경보다 물질적 봉양이 더 중요하다고 본다.

정답 : ②

해설 : (가)는 형제자매 간의 윤리에 대한 내용이고 (나)는 "효경"의 일부로 효에 대한 내용이다.

09

노인들이 어려움을 극복할 수 있도록 지원하는 제도적 차원의 방법이 <u>아닌</u> 것은?

① 버스에서 자리 양보를 한다.

② 노약자 우선 좌석을 지정한다.

③ 독거노인들에게 생활 안정 자금을 준다.

④ 버스나 지하철 등 대중교통 이용 요금을 면제해 준다.

정답 : ①

해설 : ①은 제도적 차원이 아닌 개인적 차원의 방법이다.

10

다음 중 노인 공경의 이유로 적절하지 <u>않은</u> 것은?

① 노인은 경제적으로 풍요롭기 때문에

② 노인은 우리 사회에 많은 기여를 하였기 때문에

③ 노인은 다양한 삶의 지혜를 가지고 있기 때문에

④ 노인의 경험은 젊은 세대가 가지기 어렵기 때문에

정답 : ①

해설 : 노인은 우리 사회에 발전에 많은 기여를 하였고, 다양한 삶의 지혜를 가지고 있기 때문에 공경해야 하는데, 경제적인 풍요로움과는 관계가 없다는 것이다.

11

다음에서 가장 강조하는 효도의 핵심적 의미는?

> "요즈음 부모에게 물질로써 봉양하는 것을 효도라고 한다. 그러나 개나 말도 집에 두고 먹이지 않는가? 공경하는 마음이 여기에 따르지 않는다면 무엇으로 구별하랴?"   −공자

① 공경하는 마음을 갖는다.

② 건강한 신체를 유지한다.

③ 물질로서 봉양을 많이 한다.

④ 입신양명하여 명예를 얻는다.

정답 : ①

해설 : 효도의 핵심은 물질적 봉양 뿐만 아니라 정신적 마음이 뒤따라야 한다

12

화목한 가정을 이루기 위해 내가 할 일로 바르지 <u>못한</u> 것은?

① 집안일이 있으면 기꺼이 돕는다.

② 가족에게 고맙다는 말을 자주 한다.

③ 가족의 물건을 빌릴 때에는 허락을 받는다.

④ 싸울 때에는 책임을 따져야 하므로 서로의 잘잘못을 분명하게 가린다.

정답 : ④

해설 : 화목한 가정을 이루려면 서로의 잘잘못을 따지기 전에 먼저 자기 자신을 돌아보고 상대를 이해시키기 위한 작은 일부터 실천해야 한다.

정답과 해설

13

바람직한 가정의 모습으로 보기 어려운 것은?

① 어려움이 생겼을 때 서로의 탓을 하며 원망하는 가정

② 효, 자애, 우애를 소중히 생각하는 가정

③ 서로 사랑과 배려하는 가정

④ 대화를 많이 하는 가정

정답 : ①

해설 : ①번은 어려울 때 갈등을 심화시키는 내용이므로 정답이 아니다.

14

오늘날 우리나라 가정 생활에서 발생하는 도덕 문제의 성격을 바르게 설명한 것은?

① 형제 자매에 관련된 것이 거의 대부분의 문제이다.

② 서양 가정의 문제와는 전혀 공통점이 없다.

③ 현대적 요소와 전통적 요소가 전혀 갈등없이 처음부터 융화되었다.

④ 세대 간의 갈등, 가족구성원 간의 역할갈등, 가족공동체의 유대감 약화가 도덕문제의 원인이다.

정답 : ④

해설 : 가정생활에서 발생하는 도덕적문제를 통합적으로 기술하고 있다.

15

현대 사회에서 노인들이 겪고 있는 어려움으로 적절하지 않은 것은?

① 일자리가 없어 경제적 어려움을 겪는다.

② 노인 공경의 약화로 사회로부터 소외받는다.

③ 노인은 노화로 인해 각종 질병에 시달린다.

④ 고령화 사회로 인해 노인 복지가 크게 향상되었다.

정답 : ④

해설 : 고령화 사회로 인해 노인 인구가 늘어나면서 여러 가지 노인 문제가 증가하고 있다.

5. 친구·이웃관계의 윤리

01 친구관계와 윤리 문제

(1) 친구관계의 중요성

① 친구관계 : 서로를 믿고 자신의 진실한 마음을 보여 주고 의지할 수 있는 관계

- 정서적 교감 : 사회적 관계이면서도 가족과 같은 깊은정을 나누는 관계이다.
- 바람직한 인격형성 : 서로 성장에 도움이 되고 인격이나 품행이 서로 비슷해진다.

② 친구 사이의 믿음[信]은 옳음[義]을 전제로 함 : 신의(信義)는 바람직한 신뢰 관계를 바탕으로 한다.

③ 권면 정신에 근거한 사귐이 필요하다.

※ 권면 : 옳은 행동을 했을 때는 지지와 격려를 보내주고, 잘못된 행동을 했을 때에는 이를 깨달아 돌이키도록 돕는 것.

④ 청소년기 친구관계의 특징

- 성인기의 사회적 관계 및 이성관계의 기초가 된다.
- 친구들 간에 같은 문화를 공유하여 의사소통을 한다.
- 정신적 유대감을 갖고, 서로 성장에 도움을 주는 관계를 맺는다.

⑤ 친구 사이를 나타내는 말

- 금란지교(金蘭之交) : 친구 사이가 너무 친밀하여 그 사귐이 쇠보다 굳고 그 향기가 난초와 같이 짙다는 말
- 죽마고우(竹馬故友) : 어릴 때 대나무 말을 타고 놀며 같이 자란 친구
- 수어지교(水魚之交) : 고기와 물과의 관계처럼 떨어질 수 없는 특별한 친분
- 도원결의(桃園結義) : 유비, 관우, 장비가 도원(桃園)에서 의형제를 맺은 데에서 비롯된 말로, 뜻이 맞는 사람끼리 하나의 목적을 이루기 위해 행동을 같이 할 것을 약속

- 관포지교(管鮑之交) : 관중과 포숙의 사귐과 같은 친구 사이의 허물없는 교제
- 백아절현(伯牙絶絃) : '친한 친구의 죽음을 슬퍼한다.'
- 지음(知音) : 백아(伯牙)와 종자기(鍾子期) 사이의 고사로부터 거문고 소리를 알아듣는다는 뜻에서 유래
- 붕우유신(朋友有信) : 친구에게 바른 길로 가라고 충고하고 그가 바른 길로 돌아오기를 곁에서 지켜주는 믿음

(2) 건전한 이성 교제

① 남녀 관계 : 남녀가 상호 보완적인 관계로 서로를 필요로 함을 강조한다.

② 남녀 간의 역할 차이는 인정하지만 차별과 불평등은 인정하지 않는다.

③ 건전한 이성교제 : 같음과 다름을 동시에 고려하여 같음을 존중하고 다름을 이해하고 배려해야 한다.

(3) 친구 간의 윤리적 문제와 해결방안

① 친구 간의 윤리적 문제

- 친구를 자신의 이익을 위한 수단으로 여기는 문제(존엄성 존중에 위배됨)
- 친구를 자신의 이익이나 발전을 위해 이용(존엄성 존중의 보편적 윤리에 위배)

② 친구 간의 갈등 예방 및 해결

- 용서와 화해의 자세 : 부정적 감정을 버린다.
- 관용의 정신 : 친구의 가치관을 이해하고 존중한다.
- 대화와 타협 : 갈등을 해결할 수 있다.
- 중재 : 중재자가 갈등 당사자들 입장을 전달하여 합의점에 도달 가능하도록 돕는다.

02 이웃 생활과 윤리 문제

(1) 상부상조 전통과 공동체 정신

① 전통 사회의 이웃 : 농경과 공동 생활을 위해 이웃 간 상부상조의 전통이 발달하였다.

② 상부상조(相扶相助)의 전통

- 계 : 이해관계에 따라 만들어진 협동 조직
- 두레 : 마을 공동체의 노동 조직(하층민 중심)
- 품앗이 : 일대일 노동 교환 방식
- 향약 : 향촌 사회의 자치 규약(양반 주도)

(2) 이웃 사이의 경애와 자비

① 경애 : 부모와 형에 대한 공경의 정신을 다른 윗사람에게 확대하고[敬], 가족과의 자연스러운 사랑을 모든 사람에게로 확대하였다[愛].

② 자비 : 순수하고 평등한 우정[慈]과 고통을 덜어주려는 마음[悲]으로 동정과 연민의 정을 나타낸다.

(3) 바람직한 이웃 관계를 위해 지켜야 할 규범

① 예의와 염치

- 예의 : 상대방을 존중하는 정신을 행동으로 표현하는 것
- 염치 : 자신의 잘못된 행동을 부끄러워할 줄 아는 것
- 예의를 지킴으로써 서로를 존중하는 정신을 실천하고, 염치를 지킴으로써 서로에게 불의를 행하지 않는 것
- 글로벌 에티켓 : 세계화로 인해 세계 각각의 다양한 이웃을 접하면서 필요

핵심체크❶ 전통사회와 상부상조(相扶相助)

향약	마을의 자치 규약
두레	마을의 공동 노동 조직
품앗이	일 대 일 교환 방식의 노동 협동
계	친목 도모 등 특정 목표를 이루기 위한 모임
동제	마을의 공동 안녕 기원

01

다음 설명에 가장 적합한 우리 전통의 상부상조의 조직은?

> 이번 겨울 농한기에는 마을의 공동 우물을 손질해야 한다. 마을 우물은 물이 잘 나왔는데, 이번 가을부터 물이 예전만큼 나오지 않아서 마을 사람들이 애를 먹었다. 모두 모여서 우물을 어떻게 할 것인지 의논하고, 함께 우물 문제를 해결하기 위해 힘을 합쳐야 한다.

① 두레   ② 동호회(同好會)

③ 향약(鄕約)   ④ 품앗이

정답 : ①

해설 : 공동으로 힘을 합치는 조직은 두레이다.

02

다음 글에서 파악할 수 있는 전통 사회 이웃 공동체의 성격은?

> 전통 사회에서는 이웃과 사이좋게 지냈고 이를 중요하게 여겼는데, 이는 은덕, 공덕, 학덕 등과 같은 덕(德)을 닦아서 서로 베풀기 때문이라고 보았다.
>
> 보통 반갑고 고마운 사람을 만났을 때 "덕분에 잘 지내고 있습니다."라고 말하곤 하는데 이는 "내가 당신의 덕을 나누어 받아서 지금처럼 잘 지내고 있습니다."라는 감사의 마음을 나타내는 것이다.

① 생활 공동체   ② 이념 공동체

③ 도덕 공동체   ④ 종교 공동체

정답 : ③

해설 : 도덕공동체에 대하여 설명하고 있다. 전통사회에서 이웃공동체는 도덕공동체의 성격이 강하다.

03

다음 대중가요의 가사에 담긴 의미에 대한 설명으로 가장 적절한 것은?

> 전라도와 경상도를 가로지르는 섬진강 줄기 따라 화개 장터엔 아랫마을 하동 사람 윗마을 구례사람 닷새마다 어우러져 장을 펼치네. 구경 한 번 와 보세요. 오시면 모두 모두 이웃사촌 고운 정 미운 정 주고받는 경상도와 전라도의 화개 장터

① 지역감정과 지역 갈등을 극복하고 화합을 이루려는 노력

② 전라도와 경상도 간의 상거래 질서를 확립하기 위한 노력

③ 이웃 간의 정을 나누는 공간으로서 전통 시장의 의미를 복원하기 위한 노력

④ 수도권과 지역 간의 불균형을 해소하여 국토의 균형적인 발전을 이루려는 노력

정답 : ①

해설 : '화개장터'는 지역감정과 지역갈등이 심각했던 전라도와 경상도 두 지방의 화합을 바라는 마음을 담은 노래이다.

04

다음 중 이웃과 갈등 없는 생활을 위해 필요한 태도가 <u>아닌</u> 것은?

① 합리적인 대화

② 서로의 입장을 생각하는 자세

③ 예의 바른 말씨와 행동의 실천

④ 사생활 보호를 위한 무관심한 생활

정답 : ④

해설 : 사생활 보호와 무관심은 관계가 없다.

05

정답 : ③

해설 : 이성 친구는 나와 다른 특성을 지니기 때문에 동성 친구보다 다가가는 것이 힘들지만. 동성 친구에게서는 찾기 힘든 다양한 면을 접할 수 있고, 상대방의 성을 이해하는 통로가 되기도 한다.

다음 중 이성 친구와의 만남을 바르게 설명한 것은?

① 이성과의 만남은 성 문제에만 해당되는 것이다.

② 이성 친구를 사귀면 바람직하지 않는 인격을 형성하게 된다.

③ 이성 친구는 자기의 상대가 되는 성을 이해하는 통로가 된다.

④ 이성 친구를 또래 친구 중의 하나로 생각하는 것은 옳지 않다.

06

다음에서 강조하고 있는 친구관계의 도리로 가장 적절한 것은?

> 너를 칭찬하고 따르는 친구도 있을 것이며, 너를 비난하고 비판하는 친구도 있을 것이다. 너를 비난하는 친구와 가까이 지내도록 하고, 너를 칭찬하는 친구를 멀리하라.

정답 : ④

해설 : 진정한 친구는 서로 간의 믿음을 바탕으로 친구의 잘못된 점을 충고해 주고 옳은 행동을 할 수 있도록 적극적으로 권면(勸勉)하는 친구를 말한다.

① 친구 사이에는 기본적인 예절을 지킬 필요가 없다.

② 차이를 인정하지 않고 서로 하나가 되도록 노력한다.

③ 친구를 경제적 이익이나 자기 발전의 발판으로 삼는 것은 무방하다.

④ 믿음을 바탕으로 옳은 행동을 하도록 적극적으로 권면(勸勉)한다.

07

다음 중 이웃에 대한 설명으로 옳지 <u>않은</u> 것은?

① 좁은 의미의 이웃은 지리적으로 인접해 사는 사람들을 말한다.

② 넓게 보면 나의 삶과 직접 혹은 간접적으로 관계를 맺으며 살아가는 모든 사람들이다.

③ 나의 가족을 제외한 공동체 구성원으로서 나와 영향을 주고 받으며 살아가는 사람들이다.

④ 개인의 행복은 이웃과의 교류에서 벗어나 자기 혼자만의 삶을 영위하는 데에서 얻을 수 있는 것이다.

정답 : ④

해설 : 이웃 간의 교류를 통해 사람은 더 큰 행복을 얻을 수 있다. 내가 원하는 사람과 나의 행복은 나와 내 가족의 노력에 의해서만 이루어지는 것이 아니다.

08

진정한 친구의 의미로 바르지 <u>못한</u> 것은?

① 나를 충고하고 격려하는 사람

② 나와 선의의 경쟁을 하는 사람

③ 언제나 나의 편을 들어주는 사람

④ 즐거운 체험을 나와 함께하는 사람

정답 : ③

해설 : 진정한 친구라면 내가 잘못했을 때 나의 잘못을 지적해 줄 수 있어야 한다.

09

전통사회의 상부상조를 설명하는 내용으로 옳은 것은?

① 임금을 직접 주는 대신에 일대일로 노동력을 교환하는 한민족 고유의 풍습을 '두레'라고 한다.

② '품앗이'는 노동을 교환하던 제도로써 일대일 노동 교환 방식이다.

③ 모내기나 추수 등 농사일 뿐 아니라 음식을 장만하고 옷을 만드는 일을 서로 도와주는 것을 '계'라고 한다.

④ 덕을 서로 권하고 잘못을 고쳐주거나 나쁜 행실을 서로 규제한다는 내용의 향약은 하층민이 주도하여 시행되었다.

정답 : ②

해설 : '품앗이'는 노동을 교환하는 제도로써 일의 시기와 관계없이 주로 품을 빌리고 갚아주는 형태로 행해진다.

10

우정에 대한 내용으로 바르지 못한 것은?

① 삶에 행복을 주는 중요한 요소이다.

② 중학생에게 꼭 필요한 기본적인 감정이다.

③ 이해관계가 있기 때문에 깊고 오래 사귈 수 있다.

④ 자신의 고민이나 약점까지 말할 수 있게 된다.

정답 : ③

해설 : 우정에는 이해관계, 즉 이익과 손해를 따지는 사람 간의 관계가 개입되어 있지 않기 때문에 친구 간의 깊고 오랜 사귐이 가능하다.

11

친구 관계의 특성으로 옳지 않은 것은?

① 이해관계에 따라 그때그때 변한다.

② 지속적으로 유지된다.

③ 옷차림, 말투 등을 따라서 하는 경향이 강하다.

④ 또래 집단을 중심으로 형성된다.

정답 : ①

해설 : 이해관계에 따라 변하는 것은 친구관계의 특성이 아니다.

12

다음에서 나타나는 문제점들을 해결하기 위해 필요한 자세와 거리가 먼 것은?

- 서로 자기 지역에 지하철역을 만들려는 주민
- 우리 경제발전의 발목을 잡고 있는 노사 간의 반목과 대립
- 자기 지역에 고아원이나 장애인 복지시설의 건립을 반대하는 마을 사람들

① 양보와 타협을 한다.

② 공동체 정신을 발휘한다.

③ 타당한 이유가 있으면 끝까지 주장한다.

④ 이웃에 대한 관심을 확대한다.

정답 : ③

해설 : 누구나의 주장에는 옳다고 생각하는 타당성이 밑바탕 되어있을 텐데, 양보와 타협이 없는 주장은 갈등을 심화시킨다.

13

이웃에 대한 설명으로 옳지 않은 것은?

① 나와 직접, 간접적으로 인간관계를 맺고 살아가는 사람들이다.

② 이웃의 본래 의미는 공간적으로 가까이 사는 사람들이다.

③ 교통과 통신이 발달한 현대 사회에는 이웃의 범위가 점차 좁아지고 있다.

④ 친구들, 선생님, 동네 아저씨 등 나와 관계를 맺고 살아가는 사람들이다.

정답 : ③

해설 : 점차 이웃의 범위는 교통과 통신이 발달한 현대 사회에서 넓어지고 다양해지고 있다.

14

다음 중 학교 폭력의 유형으로 옳지 않은 것은?

① 신체 폭력

② 집단 따돌림

③ 금품 갈취

④ 또래 상담

정답 : ④

해설 : 또래 상담은 상담 훈련을 받은 또래 친구가 동등한 입장에서 친구의 어려움을 들어주고 함께 고민하는 것으로 학교 폭력 예방을 해결하는 방안이다.

15

학교폭력을 예방하기 위한 학생들의 노력으로 거리가 먼 것은?

① 학교폭력의 심각성을 깨닫는다.

② 생명존중의 정신을 배운다.

③ 폭력이 발생했을 때를 대비하여 무술을 연마하여 내 존재를 알린다.

④ 자치활동으로 규칙을 만든다.

정답 : ③

해설 : 학교폭력을 예방하기 위한 내면적인 노력에 대해 묻는 문항이므로 ③번은 정답이 아니다.

III

과학기술·환경·정보윤리

과학기술의 발달과 정보화에 따라 발생하는 과학기술 윤리, 환경윤리, 정보윤리와 관련된 윤리적 쟁점을 파악하고, 바람직한 가치관과 윤리적 평가의 기준을 확립한다.

Congratulations!

새로워진 2009개정 검정고시

검단기가 여러분의 합격을 응원합니다

1.과학기술과 윤리

01 과학기술의 본질과 윤리의 관계

(1) 과학기술과 가치중립성

① 과학기술

- 객관적인 방법으로 얻어낸 자연 현상에 대한 체계적인 지식과 그 지식을 활용하여 무엇인가를 만들어 내는 과정
- 자연 과학, 공학 및 생산 기술 등이 포함된다.

② 과학기술을 가치 중립적인 것으로 보는 입장

- 과학기술에는 주관적인 가치가 개입될 수 없으므로 그 자체로 독립적인 영역.
  → 과학기술의 가치는 사용하는 사람에게 달려 있다.
- 과학기술 그 자체는 좋은 것도 나쁜 것도 아니다.
- 과학기술은 외부의 간섭이나 규제로부터 자유로워야 한다.

(2) 과학기술의 가치 중립성 논쟁

① 과학기술의 정당화 맥락과 발견 및 활용의 맥락을 구분하지 않았기 때문에 발생한다.

② 과학기술의 가치 중립성 논쟁

가치 중립성을 인정하는 입장	• '과학기술에 대한 도덕적 평가와 비판을 유보해야 한다. • 야스퍼스(Jaspers, K.) : "기술은 그 자체로 선하지도 않고 악하지도 않은 수단이다. 그것은 인간이 기술로부터 무엇을 만드느냐, 기술이 인간의 무엇을 위해 기여하느냐, 그리고 어떤 조건하에 기술이 만들어지느냐에 달려 있다."

가치 중립성을 부정하는 입장	• 과학기술의 연구 목적 설정이나 연구 결과 적용시에 가치 판단이 개입됨. • 하이데거(Heidegger, M.) : "과학기술을 가치 중립적인 것으로 고찰할 때 우리는 무방비 상태로 과학기술에 내맡겨진다."

　　과학기술의 가치 중립성을 인정하는 입장은 과학기술이 가치가 개입되지 않는 객관적인 연구 과정임을 강조한다. 반면에 과학기술의 가치 중립성을 부정하는 입장에서는 과학기술이 사회나 국가, 인류에 미치게 될 영향을 내다보면서 과학기술에 대한 비판적 성찰이 필요함을 강조한다.

02 　과학기술의 성과와 윤리적 문제

① 과학기술의 발전으로 인한 긍정적 측면

- 인간의 물질적 풍요와 편리함 증진
- 기아 문제 해결에 도움, 복지 증진, 생명 연장
- **시 · 공간의 물리적 제약을 줄여줌** : 짧은 시간에 긴 거리를 이동할 수 있게 되었고, 누가 어디에 있더라도 원격으로 바로 접촉 가능한 생활 방식 도입
- 예전보다 자연과 기후에 대한 의존도는 낮아지면서 이를 극복

② 과학기술의 발전으로 인한 부정적 측면

- **환경윤리적 측면** : 자연에 대한 지배 강화로 인한 자원 고갈, 생태계 파괴, 기상 이변 등으로 인해 인류는 생존의 위기라는 대가를 치른다.
- **생명 윤리적 측면** : 낙태, 안락사, 생명 복제 등 생명의 존엄성을 훼손하거나 인간의 정체성 규정에 부정적 영향을 미치는 윤리적 문제가 부각되었다.
- **정보 윤리적 측면** : 인격적 인간관계의 파괴, 개인 정보 유출 등 사생활 침해 가능성 증대, 판옵티콘(panopticon)과 같은 거대한 감시 체제의 운영에 대한 우려를 낳았다.
- 국가 간, 계층 간의 부(富)의 격차 심화 가능성이 증대되었다.
- 인간의 소유욕을 자극하여 소비문화가 확산될 가능성이 증대되었다.

※ 판옵티콘(panopticon)의 의미와 쟁점

> 판옵티콘은 그리스 어로 '모두'를 뜻하는 'pan'과 '보다'를 뜻하는 'opticon'의 합성어로, 영국의 공리주의자 벤담(Bentham, J.)이 죄수를 효과적으로 감시할 목적으로 고안한 이중 구조로 된 원형 감옥이다. 여기에서는 중앙에 감시탑을 세우고 감시탑 둘레에 죄수들의 방을 배치함으로써, 감시자는 피감시자를 볼 수 있지만 피감시자는 감시자를 볼 수 없게 된다. 이로 인해 피감시자들은 스스로 감시받고 있다는 느낌을 갖게 되고 결국 그들은 규율과 감시를 내면화하게 됨으로써, 항구적인 자기 감시 효과가 발생한다고 보았다.

현대 사회에서 판옵티콘은 사회 구성원들에 대한 감시와 조정 및 통제 능력이 강화될 수 있음을 지적하는 용어로 사용되고 있다. 정보통신 기술이 발달하면서 권력 기관이 이러한 기술을 이용하여 사람들을 마음대로 감시하고 통제할 수 있다는 우려가 제기되고 있다.

03 과학기술의 윤리적 과제와 책임 윤리

① 과학기술과 사회

- 과학기술은 당대의 시대적 배경, 지적 활동, 사회의 요구와 불가분의 관계를 맺으며 발전하였다.
- 기술결정론 : "기술이 사회를 구성한다."
- 기술의 사회적 구성론 : "기술이 사회에 의해 구성된다."
- 기술과 사회의 공동구성론 : "기술과 사회는 상호구성한다."

② 과학기술자의 책임 한계에 대한 견해 차이

- 과학기술 자체에 대한 책임만 강조하는 견해 : 오펜하이머(Oppenheimer, J. R.) "내가 원자 폭탄을 만든 것은 사실이지만, 원자폭탄의 사용에 대한 결정은 정치인이 내린 것이며, 나는 주어진 역할에 충실했을 뿐이다."
- 과학기술과 관련한 사회적 책임까지 강조하는 견해 : 하이젠베르크(Heisenberg, W. K.). "히틀러의 손에 원자 폭탄이 들어가 인류에게 씻을 수 없는 죄를 지을 수는 없다. 우리의 연구는 평화로운 원자 에너지 활용 방안에 한정되어야 한다."

III. 과학기술 · 환경 · 정보윤리

③ 과학기술의 악영향을 최소화하기 위한 노력

- 과학기술의 근본적 가치 : 인간의 존엄성 구현과 행복을 추구하였다(삶의 질 향상).

- 과학기술자 개인적 차원의 노력

  ㉠ 자신의 연구 개발과 관련한 사회적 책임을 다해야 한다.

  ㉡ 자신의 연구가 가져올 수 있는 사회적 부작용을 인지하고, 연구 과정과 결과를 적극적으로 사회에 알려야 한다.

- 사회 제도적 차원의 노력

  ㉠ 과학기술의 연구·개발 과정과 결과를 평가·감시·통제할 수 있는 국가 또는 기관 단위의 윤리 위원회 활동과 기술 영향 평가 제도를 시행한다.

  ㉡ 과학기술 연구·개발에 대한 개별적·집단적 책임을 물을 수 있는 제도를 마련한다.

  ㉢ 일반 시민도 과학기술 연구·개발과 관련된 토론에 참여할 수 있는 제도를 마련한다.

핵심체크 ① **과학기술의 악영향을 최소화하기 위한 노력**

과학기술자	• 자신의 연구 · 개발과 관련한 사회적 책임감을 가진다. • 자연환경과 미래 세대가 존속할 수 있는 범위를 고려한다. • 자신의 연구가 가져올 부작용을 주의하고, 연구 과정과 결과를 사회에 적극적으로 알려야 한다.
사회 제도	과학기술의 연구 · 개발과 결과를 평가·감시·통제할 수 있는 윤리 위원회 활동 강화 및 기술 영향 평가 제도를 시행한다.

핵심체크 ② **현대 과학기술의 양면성**

긍정적 측면	• 물질적 풍요 • 건강 증진과 생명 연장 • 시공간의 물리적 제약 극복
부정적 측면	• 생태계 파괴, 판옵티콘과 같은 거대 감시 체제 등장 • 인간 소외 현상 및 기술 지배 현상

핵심체크 ③ **인간소외(人間疎外) 및 기술지배현상**

인간소외 (人間疎外)	존엄성을 지닌 개인이 아닌 대체 가능한 기능인으로 취급받게 되었고, 경제적 효율성을 달성하는 수단으로 취급당하게 되었다.
기술지배	자동화된 기계를 사용하면서 이성을 사용할 기회가 점차 줄어들게 되고, 그에 따라 인간은 비판적 사고 능력이 약해져 기계 문명을 반성적으로 활용하지 못하고 오히려 그에 지배당하게 되었다.

과학기술의 발전은 산업화의 토대가 되었고, 산업화에 따라 기계 문명이 고도로 발달하면서 인간 소외 및 기술 지배 현상이 나타났다. 이와 같은 문제를 해결하기 위해서는 과학기술이 인간의 존엄성 구현 및 삶의 질 향상이라는 윤리적 목적에 기여하는지에 대한 끊임없는 성찰이 필요하다.

01

다음 입장에 부합하는 주장으로 가장 적절한 것은?

> 과학기술은 가치와 무관한 사실의 영역이다. 즉 과학기술은 현실의 인식을 추구하고, 진리와 객관성을 요청하는 이론을 산출할 뿐이다. 따라서 과학기술은 윤리적 관점에서 평가되어서는 안 되며, 사회적 책임으로부터도 자유로워야 한다.

① 과학기술의 연구 목적에는 가치가 개입된다.

② 과학기술의 연구 및 활용 과정은 도덕적 판단의 대상이다.

③ 과학기술자는 자신의 연구 결과의 활용에 대한 책임을 져야 한다.

④ 과학기술은 가치 중립적이다.

정답 : ④

해설 : 과학기술이 가치와 무관한 사실의 영역이기 때문에 윤리적 평가나 사회적 책임으로부터 자유로워야 한다고 보고 있다. 이는 과학기술을 가치중립적인 것으로 보는 관점이다. 이러한 관점에서는 과학기술이 사실 판단의 영역이므로 가치 판단의 대상이 될 수 없으며 이에 따라 주관적 가치가 개입될 수 없다고 본다.

02

지식 정보사회의 긍정적인 면은?

① 생명공학 발달

② 정보의 상업화

③ 악성 정보의 유포

④ 익명성으로 인한 악성 댓글

정답 : ①

해설 : 지식 정보사회에서는 생명공학의 발달로 생명에 대한 과학적 지식과 정보가 대폭 증가하게 되었다.

03

다음 중 생명과학 발전의 부정적인 면에 대한 설명으로 가장 적절한 것은?

① 생명과학의 발전은 생명 연장의 꿈을 가능하게 한다.

② 생명과학의 발전은 난치병 환자에게는 재활의 희망이 될 수 있다.

③ 생명과학의 발전은 생명 산업의 발전으로 이어져 경제 성장에도 도움이 된다.

④ 복제 기술과 같은 생명과학의 발달은 생명의 존엄성에 대한 의식을 약화시킬 수도 있다.

정답 : ④

해설 : 생명과학기술의 발전은 경제 발전의 동력이 될 수 있으며, 난치병 치료를 가능하게 한다는 것은 생명과학의 긍정적인 면이지만 동시에 생명 및 인간 존중 의식을 약화시킬 수 있다는 부정적인 면도 있다.

04

다음 글에 나타난 입장에 대한 설명으로 가장 적절한 것은?

> 현대의 기술은 자연스럽게 얻을 수 있는 에너지를 자연스럽지 않은 방식으로 무리하게 얻으려고 한다. 과거의 풍차는 바람의 힘으로 돌아가며 바람에 전적으로 자신을 내맡겼지만, 수력 발전소는 강물의 흐름을 발전소에 맞추어 버렸다. 즉, 수력 발전소가 세워진 그 강은 발전소의 요구에 맞추어 수압 공급자로서 존재하게 되었다.

① 현대의 기술이 자연의 고유한 존재 방식을 변질시킨다고 본다.

② 현대의 기술이 사회의 발전 방향을 결정해야 한다고 본다.

③ 현대의 기술은 효율성의 관점에서 평가되어야 한다고 본다.

④ 현대의 기술은 그 자체로서 선도 아니고 악도 아니라고 본다.

정답 : ①

해설 : 현대의 기술이 자연의 고유한 존재 방식을 변질시킨다는 의미로 해석한다.

05

밑줄 친 '새로운 사회'를 일컫는 말을 고르면?

> 현대 사회는 과학기술의 눈부신 발달로 인하여 매우 빠른 속도로 변화하고 있다. 특히 정보통신 기술과 생명 공학의 급격한 발달로 <u>새로운 사회</u>로 진입하게 되었다. 이 사회에서는 정보통신 기술의 기반 위에 정보와 지식이 융합되어 부와 명예, 권력 등의 사회적 가치를 창출한다.

정답 : ②

해설 : 제시문은 지식 정보사회에 대한 설명이다.

① 농업 사회　　　　② 지식 정보사회

③ 공업 사회　　　　④ 생명 공학 사회

06

다음 글을 읽고 과학자에게 요구되는 자세는?

> 오펜하이머는 핵무기 개발 경쟁에서 미국이 독일보다 앞서야 한다고 생각하여 핵무기 개발에 몰두했다. 최초의 원자 폭탄이 개발되어 실제 사용된 후 사람들이 그에게 책임을 묻자 "우리가 몰두했던 문제는 단지 '연구작업'이었지, '무기개발'은 아니었다."고 말하며 회피했다.

정답 : ④

해설 : 평화는 단순히 전쟁과 같은 물리적 폭력이 없는 상태를 넘어 모든 종류의 구조적 폭력이 없는 사랑의 가치가 바르게 실현된 상태를 가리킨다.
① 소극적 평화에 머물러 있다.
② 적극적 평화를 지향해야 한다. ③ 소극적 평화에 대한 설명이다. ⑤ 적극적 평화에 대한 설명이다.

① 인류와 사회의 선(善)을 위해 어떠한 연구도 허용된다.

② 좋은 의도의 연구라면 결과가 나쁠지라도 책임지지 않는다.

③ 관찰 및 탐구의 과정에서 과학기술의 가치중립성을 인정해야 한다.

④ 과학기술의 부작용이나 해악에 대해서 반성하는 태도를 가져야 한다.

07

가치중립성에 대한 비판적인 시각이라고 볼 수 없는 것은?

① 과학기술의 영역에서 윤리적인 사고를 배제할 필요가 있다.

② 연구 목적 설정, 연구결과 적용에 이미 가치판단이 개입되어 있다.

③ 과학기술은 순수하게 학문적인 관심에서만 연구되는 것이 아니다.

④ 현대 과학기술의 연구는 인간에 대한 실험이 많기 때문에 이를 고려해야 한다.

정답 : ①

해설 : ①은 가치중립성에 대한 설명이다.

08

과학기술에 대한 다음과 같은 입장을 비판하는 설명으로 옳은 것을 〈보기〉에서 모두 고른 것은?

> 기술은 그 자체로 선하지도 악하지도 않은 수단이다. 그것은 인간이 기술로부터 무엇을 만드느냐, 기술이 인간의 무엇을 위해 기여하느냐, 그리고 어떤 조건하에서 기술이 만들어지느냐에 달려 있다.

〈보기〉

ㄱ. 과학기술은 그 자체가 목적이 되어야 한다.

ㄴ. 과학기술에 대한 가치의 중립성을 인정해야 한다.

ㄷ. 현대 과학기술이 인간과 자연에 미치는 막대한 영향을 고려해야 한다.

ㄹ. 인간 생명을 도구화함으로써 인류가 파멸의 길로 접어들 수 있음을 고려해야 한다.

① ㄴ ② ㄷ ③ ㄱ, ㄴ ④ ㄷ, ㄹ

정답 : ②

해설 : 과학기술과 자연과의 관계에 대해 고르는 문제이다.

정답과 해설

정답 : ②

해설 : 과학기술 발달의 문제점은 기술 지배 현상, 인간의 개성과 자기반성 능력의 약화, 간접적 접촉으로 인한 피상적 인간관계 증가, 세대 간 격차 심화 등을 들 수 있다. 교통과 통신의 발달로 생활공간은 확대되었다.

정답 : ②

해설 : 과학기술자는 자신이 개발한 기술이 인간의 삶에 어떤 영향을 미치게 되는지를 도덕적 측면에서의 문제는 없는지를 검토할 줄 아는 도덕적 상상력이 필요하다.

정답 : ①

해설 : 과학기술의 바람직한 발전을 위해서는 개인적으로는 과학기술의 장단점 파악과 문제 해결에 대한 도덕적 책임이 요구된다.

정답 : ①

해설 : 과학기술이 발달하면서 인간은 이전에 누릴 수 없었던 풍요로움을 누리고 있다.

09

다음 중 오늘날 과학 기술의 발달로 인한 문제점으 로 보기 어려운 것은?

① 기술 지배 현상
② 생활 공간 축소
③ 반성 능력 약화
④ 세대 간 격차 심화

10

과학기술자의 책임 있는 연구 자세를 위해서 꼭 필요한 상상력은?

① 과학적 상상력
② 도덕적 상상력
③ 예술적 상상력
④ 언어적 상상력

11

과학기술의 바람직한 발전을 위해 가져야하는 자세는?

① 인류의 공동선 추구에 기여하기 위해 노력한다.
② 부와 명예만을 추구한다
③ 오직 학문적 지식 탐구에 몰두한다.
④ 과학기술의 결과에 대한 책임을 회피한다.

12

과학기술의 발달로 얻을 수 있는 점과 거리가 가장 먼 것은?

① 인간의 자연 친화적인 삶을 도와줄 것이다.
② 먼 거리를 짧은 시간에 자유롭게 다니게 되 었다.
③ 항공기 조종 훈련을 가상 기계를 통해 조종 훈련을 할 수 있다.
④ 당도가 높은 토마토를 먹을 수 있게 되었다.

13

과학기술이 바람직한 방향으로 발전하기 위한 자세가 <u>아닌</u> 것은?

① 먼저 과학자의 노력이 필요하다.

② 과학자 개인의 양심에만 맡겨도 문제가 없다.

③ 과학자는 봉사자로서의 마음가짐을 가져야 한다.

④ 새로운 이론을 창출하여 사회에 필요한 지식을 공급한다.

정답 : ②

해설 : 과학기술의 바람직한 방향으로 나아가기 위해서는 먼저 과학자들의 노력이 필요하다. 과학 기술이 개발에만 치우치지 않고 인간과 자연의 가치를 진정으로 높이는 방향으로 나아갈 수 있도록 전 사회적, 전 지구적 공감대를 형성해야 한다.

14

과학기술에 대한 낙관적인 태도가 <u>아닌</u> 것은?

① 과학기술을 통해 인류의 문제가 해결될 수 있다.

② 과학과 과학적 사고 방식만이 최고이다.

③ 과학적이지 않은 것은 가치가 없다.

④ 인간의 삶에서 도덕적 가치를 마비시켰다.

정답 : ④

해설 : 과학기술이 발전하면 할수록 우리는 물질적 풍요와 혜택을 더 많이 누릴 수 있게 되었다.

15

다음 중 오늘날 과학기술의 발달로 인한 문제점으로 보기 <u>어려운</u> 것은?

① 기술 지배 현상

② 생활 공간 축소

③ 반성 능력 약화

④ 세대 간 격차 심화

정답 : ②

해설 : 과학기술 발달의 문제점은 기술 지배 현상, 인간의 개성과 자기반성 능력의 약화, 간접적 접촉으로 인한 피상적 인간관계 증가, 세대 간 격차 심화 등을 들 수 있다. 교통과 통신의 발달로 생활 공간은 확대되었다.

2. 인간과 자연의 관계

01 도구적(道具的) 자연관과 인간중심주의(人間中心主義) 윤리

① 인간중심주의의 의미 : 자연의 도덕적 가치를 인정하지 않고, 자연을 순전히 인간의 욕구 · 이익 · 필요에 따라 평가하는 것

② 인간중심주의의 내용

- 인간은 모든 물질을 비롯한 다른 생물과 구분되는 유일한 존재
- 오직 인간만이 자율적 존재이며 가치를 선택하고 도덕적 행위를 결정할 수 있는 윤리적인 동물
- 자연은 인간에게 있어 도구적이며 수단적인 가치를 지님.
- 자연에 대한 인간의 직접적인 의무는 인정하지 않고, 인간 상호 간의 의무만을 인정

③ 인간중심주의의 역사

- 아리스토텔레스(Aristoteles)의 자연관 : "식물은 동물을 위해서, 동물은 인간을 위해서 존재한다."
- 아퀴나스(Thomas Aquinas)의 자연관 : "신의 섭리에 의해 동물은 자연의 과정에서 인간이 사용하도록 운명지어졌다."
- 데카르트(Descartes)와 베이컨(Francis Bacon) 의 자연관 : 자연은 인과법칙에 따라 작동되는 기계와 같다. 자연은 인간의 욕구와 목적, 의지에 종속되고 과학적 관찰과 분석이 가능한 가치중립적 세계이다.
- 칸트(Kant, Immanuel) : 인간만이 도덕적 존재이다. 직접적 도덕적 고려의 대상은 인간뿐이다. 하지만 인간의 도덕성 완결을 위해 동식물이 간접적인 도덕적 고려의 대상이 될 수도 있다고 본다.

④ 인간중심주의 윤리의 문제점

- 인간의 필요에 의해 자연을 남용하거나 훼손하는 것을 정당화하였다.

- 생태계 전체를 위협하는 환경문제가 발생하였다.

⑤ 인간중심주의 환경윤리

- **전통적인 윤리 이론의 환경문제에의 적용 강조** : 자연에 대한 인간의 의무와 책임을 설명하기 위한 별도의 생태 이론 도입에 반대하였다.

- 자연에 대한 도덕적 의무는 오직 인간의 권리를 존중하고 인류의 복지에 기여하는 한에서 부과된다고 여겼다.

- **동물의 권리를 부정** : 동물에게 권리가 부여된다고 할 경우 동물이 자기의 도덕적 권리를 어떻게 행사할 수 있는지에 대해 우리는 아무런 지식도 가질 수 없다. 동물은 권리를 행사할만한 아무런 능력도 지니지 못하고 있기 때문이다.
  – 맥클로스키(McCloskey)

- 동식물과 자연 환경의 보존을 주장하지만, 그것이 인간의 권리를 침해할 경우 인간의 권리를 우선시 한다.

- 인간의 무절제하고 근시안적인 이익 추구 태도를 개선하여 환경문제를 해결할 수 있다고 보았다.

⑥ 인간중심주의의 문제점

- 자연에 대한 지배와 착취를 정당화 하였다.

- 인간 이외의 다른 생명과 생태계를 도덕적으로 배려하지 못하게 되었다.

- 오늘날 환경문제가 전지구적 차원의 문제로 부상하였는데 이것은 인간의 생존 자체를 위협하는 지경에 이르게 되었다.

02 동물중심주의 윤리와 환경문제

(1) 동물중심주의

① 특징

- 인간 이외의 동물도 도덕적 고려의 대상이 된다.

- 동물이 부당한 고통을 당해선 안 된다고 주장하였다.
  → 공장식 동물 사육 금지, 동물 학대 금지, 동물 실험 반대 요구 등

② 주요 사상가

싱어 (Peter Albert David Singer)	인간을 특별하게 우대하고 쾌고 감수 능력을 지닌 동물을 차별하는 태도는 이익의 평등한 고려 원칙에 근거해 볼 때 종 차별주의이다(동물 해방론).
레건 (Tom Regan)	동물도 하나의 삶의 주체라고 할 수 있으므로 인간을 위한 수단으로 취급 해서는 안된다(동물 권리론).

※ 싱어(Peter Albert David Singer)의 동물 해방론

> 고통과 쾌락의 감수 능력이 이익 관심을 갖는 전제 조건이 된다. 그것이야말로 누군가 이익 관심을 갖고 있다고 말해질 수 있기 때문이다. 고통과 즐거움을 느낄 수 있는 능력은 어떤 존재가 이익 관심을 갖는다고 말할 수 있기 위한 필요 조건일 뿐만 아니라 충분조건이기도 하다.

싱어는 이익의 평등한 고려 원칙에 근거하여 인간과 동일한 쾌고 감수 능력을 지닌 동물을 인간과 다르게 대우해서는 안된다고 보았다.

(2) 동물중심주의 윤리의 한계

① 인간과 동물 사이의 이익 충돌 시 해결이 어렵다.

> 예 농작물 보호라는 인간의 이익과 야생 동물의 생존 중 어느 것이 우선인지 판단하기 어렵다.

② 생태계의 조화와 균형 간과 : 한 종의 개체 수가 지나치게 늘어나 생태계가 파괴되었을 때 해결할 수 없다.

③ 동물 이외의 생명은 고려하지 못함 : 다른 생명체를 도덕적 고려의 범위에서 제외하는 근거를 명확히 제시할 수 없다.

④ 현실적으로 실천하기가 어려움 : 육식이나 동물 실험 등은 인간의 삶을 위해 불가피하다는 의견도 많아 현실적으로 금지하기 어렵다.

03 생명중심주의 윤리와 환경문제

(1) 생명중심주의

① 인간과 다른 생명체가 도덕적으로 서로 다르지 않다.

② 슈바이처(Schweitzer, A.)의 생명외경사상 : 모든 생명체는 신성하고 동등한 가치를 지니며, 생명을 유지하고 증진하며 고양하는 것이 선이고, 생명을 파괴하고 억압하는 것은 악이다.

- 생명의 동등성 : 인간 동물 식물 모두가 동등하다는 입장
- 생명의 차등성 : 인간의 생존을 위해 불가피할 때 에는 예외를 허용

③ 테일러(Taylor) : 모든 생명체는 '목적론적 삶의 중심'임. 즉 모든 생명체에는 내재적 가치가 있다는 입장

04 생태중심주의 윤리와 환경문제

① 생태중심주의

- 인간중심주의적 환경윤리에 대한 비판

  ㉠ 환경문제를 인간의 방만한 생활 태도와 무분별한 환경 정책으로 인한 것이라고 진단하는 것을 반대한다.

  ㉡ 환경기술과 환경 산업을 부흥시키고 인간의 생활 태도를 개선하는 것만으로는 훼손된 환경을 복원할 수 없다고 주장한다.

- 생태중심주의의 문제 제기가 힘을 얻게 된 배경 : 오늘날의 환경문제는 지구적 차원의 문제가 되었으며, 인간의 생존 자체를 위협하게 되었다.

② 생태중심주의의 내용

- 자연의 가치가 인간의 필요와 유용성을 기준으로 판단되어서는 안된다.
- 자연이 본래 갖고 있는 본성과 권리를 인간의 것과 동등하게 여긴다.
- 인간과 자연은 평등한 윤리적 관계를 맺을 수 있다.
- 생태중심주의 환경윤리
- 인간이나 자연의 다른 생명체는 상호 관련되어 있다.
- 인간은 전체 생태계의 일부분에 불과함 → 모든 생명체는 동등한 권리를 지니고 있다.
- 자연의 모든 생명은 각각 자기 나름의 방법으로 자신에게 가장 바람직한 것을 추구한다.

③ 탈인간중심주의적 환경윤리

- 감정 중심주의

  ㉠ 쾌고(快苦) 감수 능력을 도덕적 고려의 기준으로 삼는다.

  ㉡ 인간을 포함해 고통을 느낄 수 있는 모든 존재를 도덕적 고려의 대상으로 삼는다.

  ㉢ 인간과 동물 모두 고통을 느낄 수 있으므로 인간과 동물을 다르게 대우하는 것은 정당화 될 수 없다.

  ㉣ 싱어(Peter Albert David Singer)의 주장 : '이익의 평등한 고려원칙'에 근거하여 인간과 동일한 감정을 느낀다.

- 생태중심주의

  ㉠ 인간은 자연으로부터 독립된 존재가 아니라 자연의 일부

  ㉡ 자연은 도덕적으로 존중받을 가치를 지닌다.

  ㉢ 생태계를 이루는 무생물도 도덕적 고려의 대상이 된다.

  ㉣ 전일주의(全一主義)적 입장에 근거해 도덕적 고려의 대상을 자연 전체로 확대하여 인간은 자연 전체에 대해 직접적인 도덕적 의무를 지닌다고 주장한다.

④ 생태중심주의의 문제점

- 개별 생명체나 종보다 자연 전체의 이익을 우선시하는 '환경 파시즘'적 성격이 있다.
- 인간의 문화 활동 자체를 거부하는 비현실적 입장으로 흐르기 쉽다.
- 비판에 대한 반론

  ㉠ 개별 생명체 또는 개별 종의 이익은 자연 전체와의 연관성 속에서 평가할 필요가 있다.

  ㉡ 인간은 '좋은 세상의 실현'을 위해 어떤 종류의 문화적 활동을 할 것인지를 결정하는 것이 중요하다.

05 환경문제 해결을 위한 윤리적 자세

(1) 자연과의 조화를 위한 태도 변화의 필요성

① 인간

- 자연의 이분법적 자연관을 지녀야 한다.
- 전체로서의 자연과 구성원으로서의 인간

② 자연을 기계로 이해하는 기계론적 자연관을 지녀야 한다.

(2) 윤리적 자세

① 인간중심주의에 대한 반성

- 생태계의 순환 과정과 자연의 질서 원리를 깨달아야 한다.
- 인간이 자연의 구성원이며, 자연은 인간과 더불어 존재한다는 사실을 깨달아야 한다.

② 생태 공동체 의식의 함양

- 생태계 전체에 도덕적 지위를 부여하고 확대된 도덕 공동체 의식을 함양해야 한다.
- 생태계 전체의 안녕과 조화를 위해 자신의 욕구를 스스로 절제해야 한다.

③ 생태계 보전을 위한 노력

- 미래 세대에 대한 책임 : 미래 세대가 생명력 있는 자연에서 살아갈 권리를 존중해야 한다.
- 미래에 일어날 수 있는 부정적 결과를 고려하여 책임 있는 행동을 해야 한다.

III. 과학기술 · 환경 · 정보윤리

핵심체크 ❶ 인간중심주의(人間中心主義) 윤리

이분법(二分法)적 세계관	• 인간과 자연을 분리 • 이성을 지닌 인간만이 목적 • 데카르트 : 동물 기계론
도구적 자연관	• 자연＝수단적 · 도구적 가치일 뿐 → 인간의 행복을 위한 수단 • 베이컨 : 정복 지향적 자연관

핵심체크 ❷ 데카르트(Descartes, René)의 도구적 자연관

근대 합리론의 대표자인 데카르트는 모든 존재를 정신과 물질로 구분하였다. 즉 인간의 정신은 물질로 환원할 수 없는 존엄한 것이지만, 자연은 의식이 없는 단순한 물질이며 하나의 기계에 지나지 않는다는 것이다. "나는 생각한다. 그러므로 나는 존재한다."라는 데카르트 철학의 제1원리 역시 정신을 소유한 인간을 인식의 주체로, 그렇지 못한 자연을 인식의 대상으로 바라보게 한다. 이러한 인식은 자연을 이용하고 정복하는 사유의 출발점이 된다.

핵심체크 ❸ 유,불,도의 자연관

공통점	• 인간은 자연의 한 부분일 뿐 • 인간과 자연의 조화로운 관계 지향.
유교	하늘(자연) : 도덕 원리 내재
불교	만물이 인연에 의해 상호 연결되어 존재
도가	하늘(자연) : 자연 그 자체일 뿐

핵심체크 ❹ 도가의 무위자연(無爲自然)

• 도(道)를 언어로 표현하면 이미 본래의 도가 아니다. 이름을 언어로 표현하면 이미 본래의 이름이 아니다.

• 도는 늘 하는 것이 없다. 그러면서도 하지 않는 것이 없다.

• 사람은 땅을 본받고, 땅은 하늘은 본받고, 하늘은 도를 본받으며, 도는 자연을 본받는다.
　－"도덕경(道德經)"－

02. 인간과 자연의 관계　　도덕

정답과 해설

01

다음 입장에 부합하는 주장으로 가장 적절한 것은?

> 인간과 마찬가지로 동물들도 즐거움과 고통을 느낄 수 있는 존재이므로 도덕적 고려의 대상이 된다. 동물들의 도덕적 지위를 인정하지 않는 것은 일종의 종(種) 차별주의에 해당한다. 따라서 동물의 도덕적 지위를 인정하지 않고 행하는 동물 대량 사육, 동물에게 고통을 주는 동물 실험 등은 옳지 않다.

① 쾌고 감수 능력을 지닌 존재를 도덕적으로 고려해야 한다.

② 이성과 자율성을 지닌 존재만이 사회적인 지위를 지닌다.

③ 무생물을 포함한 생태계 전체를 도덕적 고려의 대상으로 간주해야 한다.

④ 동물을 학대하지 말아야 하는 것은 인간의 간접적 의무에 해당한다

정답 : ①

해설 : 싱어는 이익 평등 고려의 원칙에 근거하여 쾌고 감수 능력, 즉 즐거움과 고통을 느낄 수 있는 능력을 지닌 존재의 이익을 인간의 이익과 동등하게 도덕적으로 고려해야 한다고 보았다.

02

환경문제를 해결하기 위한 가장 근본적인 방법은?

① 개인의 양심에 호소한다.

② 농경 사회 제도로 바꾸어 간다.

③ 친환경적 사고방식과 행동을 생활화한다.

④ 강화된 법안을 만들어 엄격하게 적용한다.

정답 : ③

해설 : 인간을 포함한 모든 생명체를 사랑하는 따뜻한 마음과 우리의 삶의 터전인 지구의 자원을 소중히 아끼는 마음을 갖는 것이 환경 보전을 실천하기 위한 첫 걸음이다.

정답과 해설

도덕   02. 인간과 자연의 관계

03

환경 친화적 생활을 하기 위해 필요한 자세로 옳지 않은 것은?

① 물질적 편리함을 고집한다.

② 생태주의적 삶을 실천한다.

③ 인간중심적 사고방식을 지양한다.

④ 인간과 자연의 조화를 위해 노력한다.

정답 : ①

해설 : ①은 인간중심적 자연관의 특징을 의미한다.

04

환경 친화적 삶의 모습으로 볼 수 없는 것은?

① 패스트푸드 음식 먹기 운동

② 쓰레기 분리수거

③ 재활용품 분리수거

④ 환경 보호 제품 구입

정답 : ①

해설 : 현대에는 패스트푸드로 인한 비만과 성인병이 많이 발생하므로, 전통적인 식생활 문화에 기초한 슬로푸드에 대한 관심이 많다.

05

다음 환경윤리의 입장을 〈보기〉에서 고른 것은?

> 인간은 모든 물질을 비롯한 다른 생물과 구별되는 유일한 존재로서, 오직 인간만이 자율적 존재이며 가치를 선택하고 도덕적 행위를 결정할 수 있는 윤리적 존재이다. 따라서 인간 이외의 존재들은 직접적인 윤리적 고려의 대상이 되지 못한다.

〈보기〉
ㄱ. 인간 뿐만 아니라 동물도 도덕적 지위를 지닌다.
ㄴ. 자연이 갖는 가치는 도구적이며 수단적인 가치일 뿐이다.
ㄷ. 자연의 모든 존재들은 인간의 목적을 위한 수단으로 활용할 수 있다.
ㄹ. 환경을 보전해야 하는 이유는 자연이 내재적 가치를 지니기 때문이다.

① ㄱ, ㄴ   ② ㄱ, ㄷ   ③ ㄴ, ㄷ   ④ ㄴ, ㄹ

정답 : ③

해설 : 제시문은 인간중심주의 윤리의 입장이다. 지문은 자연을 도구로써 바라보고 있다.

06

러브록의 가이아가설과 가장 밀접한 관련을 가지는 것은?

① 인간중심주의　　　　② 동물복지주의

③ 생명중심주의　　　　④ 생태중심주의

정답 : ④

해설 : "지구상의 생명을 보는 새로운 관점"이라는 저서를 통해 주장함으로써 소개된 이론이다. 가이아란 그리스 신화에 나오는 '대지의 여신'을 가리키는 말로서, 지구를 뜻한다.

07

다음 중 생태계 파괴의 원인 중 철학적 차원과 거리가 먼 것은?

① 인간중심주의　　　　② 과학기술주의

③ 동물복지주의　　　　④ 생태중심주의

정답 : ④

해설 : 철학적 차원의 원인
1) 인간중심주의적 환경인식
• 인간과 생태계(자연)를 이분법적으로 구분하여 인간이 주체이고 중심 목적이며 생태계는 대상이고 주변 수단으로 봄
• 인간의 과도한 생태계 개입을 정당화하여 생태계 파괴 초래
2) 과학기술에 대한 과도한 낙관론(과학기술주의)
• 과학기술에 의해 생태계파괴 문제 해결될 것으로 낙관

08

다음 사상가의 주장과 일치하는 견해로 가장 적절한 것은?

> 돌멩이는 고통을 느낄 수 없기 때문에 이익 관심을 가지고 있다고 할 수 없다. 고통과 즐거움을 느낄 수 있는 능력은 어떤 존재가 이익 관심을 갖는다고 말할 수 있기 위한 필요조건일 뿐만 아니라 충분조건이기도 하다. 예를 들어, 쥐는 발에 채이지 않을 이익 관심을 갖는다. 발에 차인다면 그는 고통을 느낄 것이기 때문이다.

① 자연은 생명이 없는 재료에 불과하다.

② 생태계를 이루는 무생물도 도덕적 고려의 대상이 된다.

③ 모든 생명체는 도덕적으로 존중받을 만한 내재적 가치를 지닌다.

④ 고통을 느끼는 동물의 이익도 고려하여 도덕적 판단을 내려야 한다.

정답 : ④

해설 : 동물중심주의를 주장한 피터 싱어의 주장이다. 싱어는 '이익의 평등한 고려의 원칙'에 근거하여, 인간과 동일한 쾌고 감수 능력을 지닌 동물을 인간과 다르게 대우하는 것은 종 차별주의라고 비판하였다. 따라서 쾌락과 고통을 느낄 수 있는 동물의 이익도 고려하여 도덕적 판단을 내려야 한다.

정답과 해설   도덕   02. 인간과 자연의 관계

09

다음 사상가가 긍정의 대답을 할 질문으로 가장 적절한 것은?

> 윤리적인 인간은 이 생명 혹은 저 생명이 얼마나 값진가를 묻지 않으며, 그것이 나에게 얼마나 이익이 되는가를 묻지 않는다. 그에게는 생명 그 자체가 거룩하다. 그는 나무에서 나뭇잎 하나를 함부로 따지 않고, 어떤 꽃도 망가뜨리지 않으며, 어떤 곤충도 밟아 죽이지 않도록 항상 주의한다.

① 모든 생명은 무목적적 존재인가?

② 인간과 다른 생명체는 도덕적으로 서로 같은가?

③ 도덕적 고려와 숙고의 영역에 생태계 관계 및 과정이 포함되는가?

④ 고통을 느낄 수 있는 모든 존재를 도덕적 고려 대상으로 보아야 하는가?

정답 : ②

해설 : 슈바이처를 비롯한 생명 중심주의자들은 모든 생명체가 그 자체만으로도 도덕적으로 존중받을 내재적 가치를 지닌다고 본다.

10

인간과 자연의 관계로 옳은 것은?

① 인간은 자연의 지배자이다.

② 인간과 자연은 서로 영향을 주고받는 관계이다.

③ 인간의 행동에 자연은 영향을 받는다.

④ 인간은 자연의 일부로 자연의 영향을 맺는다.

정답 : ②

해설 : 인간과 자연은 서로 영향을 주고받는 관계이다.

11

다음 글에서 자연을 보는 관점으로 옳은 것은?

> 나는 자연은 인간의 풍요를 위한 수단이고, 인간이 지식을 활용하여 자연을 정복할 수 있다고 생각한다.

① 인간중심주의   ② 생태중심주의

③ 상호 배타주의   ④ 자연에 대한 존중의 태도

정답 : ①

해설 : 제시문은 자연을 인간을 풍요를 위한 수단으로 보는 인간중심주의적 관점이다.

12

다음 글에서 자연을 보는 관점으로 옳은 것은?

> 나는 자연은 그 자체로 소중한 가치를 지니고 있으며, 인간은 자연의 일부분일 뿐이라고 생각한다.

① 자연 정복주의

② 인간중심주의

③ 생태중심주의

④ 자연에 대해 인간이 주인이라는 생각

정답 : ③

해설 : 자연의 본래적 가치를 중시하며, 자연을 중심으로 인간과 자연의 관계를 바라보는 생태중심주의적 관점을 보여주고 있다.

13

다음을 통해 얻을 수 있는 가르침으로 가장 옳은 것은?

> 감나무와 그 밖의 과일 나무의 열매를 수확할 때, 모두 다 따지 않고, 일부를 까치나 그 밖의 동물의 먹이로 남겨 놓는다.

① 자연 자원을 각 개인이 소유할 수 있도록 해야 한다.

② 인간은 생태계의 성원들을 관리하고 통제해야 한다.

③ 자연과의 공존을 추구하는 자세를 가져야 한다.

④ 자연은 거대하고 복잡한 기계 장치임을 알아야 한다.

정답 : ③

해설 : 까치밥은 날짐승이 먹 으라고 감과 같은 과일을 몇 개 남겨 두는 것으로, 까치밥을 통해 자연과의 공존을 추구했던 우리 조상들의 자세를 볼 수 있다.

정답과 해설 　　도덕 　　02. 인간과 자연의 관계

14

인간과 자연의 조화를 추구하는 관점으로 옳지 않은 것은?

① 스토아의 로고스(Logos)

② 천인합일(天人合一)의 자연관

③ 도가의 무위(無爲)

④ 도구적 자연관

정답 : ④

해설 : '도구적 자연관'은 자연을 인간을 위한 목적으로 보는 자연관으로 조화를 추구하는 관점과는 거리가 멀다.

15

다음 관점에 부합하는 내용으로 옳지 않은 것은?

> • 과학자의 목적은 자연의 비밀을 파헤치는 데 있다.
> • 자연을 사냥해서 노예로 만들어 인간에게 봉사하도록 해야 한다.
> 　　　　　　　　　　　　　　　　　　　　　　　　 －베이컨

① 인간중심적 사고

② 인간과 자연 및 우주와의 조화

③ 환경오염이나 자연 파괴의 정당화

④ 인간과 자연의 이분법적 사고

정답 : ②

해설 : 베이컨은 인간과 자연을 대립적 관계로 보고, 인간이 과학적 지식으로 자연을 이용할 수 있음을 정당화하였다. 이는 인간중심적 사고를 가지게 하였고, 환경오염이나 자연 파괴를 정당화하는 요인으로 작용하였다.

3.환경문제에 대한 윤리적 고려

01 현대 환경문제의 유형과 특징

(1) 현대 환경문제의 유형

① 공기오염

- 원인 : 공장의 매연, 자동차의 배기가스 등
- 문제점 : 산성비, 오존층 파괴로 인해 인간의 건강 위협과 생태계 파괴

② 수질오염

- 원인 : 공장 폐수, 생활 오수, 유조선의 기름 유출 사고 등
- 문제점 : 정화 비용 증가, 물 부족 사태 발생, 건강 위협

③ 토양오염

- 원인 : 화학 비료와 농약의 과다 사용, 각종 폐기물 등
- 문제점 : 중금속 중독으로 인한 건강 위협

④ 사막화 현상, 삼림 지역 감소, 지구 온난화, 생물 다양성 감소 등

⑤ 현대 환경문제 → 생태계를 파괴하여 동식물과 인간의 생존 위협

(2) 현대 환경문제의 특징

① 자정 능력 초과

- 환경은 자정 능력이 있어 심하지 않은 환경 파괴에 대해서는 어느 정도 탄력적으로 대응할 수 있다.
- 현대에는 자정 능력을 초과하여 회복할 수 없는 상태에 이르는 경우 발생

② 전 지구적 영향(방아쇠 효과와 부메랑 효과)

- 전 세계가 속도 위주의 경제 개발로 인해 선진국 뿐만 아니라 개발 도상국까지 확대

  예 중국의 공장에서 배출한 중금속이 포함된 황사에 의한 우리나라의 대기 오염

- 한 지역의 환경문제는 주변 지역에도 영향을 준다.

  예 아마존의 파괴가 지구 전체의 생태계에 영향을 준다.

02 기후 변화의 윤리적 문제

(1) 기후 변화에 따른 문제

① 지구 생태계 파괴

- 기후 변화로 인해 환경이 바뀌어 생태계 파괴
- 다양한 생물 종이 감소하거나 멸종

② 인간의 삶 위협

- 농토가 사막화되거나 물에 잠김.
- 홍수, 해수면 상승 등으로 생활 기반을 잃어버리는 사태 발생

③ 저개발 국가에 더 큰 피해 초래

(2) 기후 변화 방지를 위한 국제적 대응과 윤리적 쟁점

① 기후 변화 협약(1992, 브라질 리우)

- 지구온난화 방지를 위해 온실가스 배출 억제를 규정하는 국제적 협약
- 온실 가스 배출 감축량에 대한 강제성 있는 목표를 설정하고 이행하기 위해 교토 의정서(1997) 채택
- 교토 메커니즘(Kyoto Mechanism) : 경제적 유인을 제공함으로써 국제적으로 온실가스를 효과적으로 감축하기 위한 방안

배출권 거래 제도 (Emissions Trading)	제도국가마다 할당된 감축량 의무 달성을 위해 자국의 기업별·부문별로 배출량을 할당하고, 기업은 할당된 온실가스 감축 의무를 이행하지 못할 경우 다른 나라 기업으로부터 할당량을 매입할 수 있도록 하는 제도청정
청정 개발 체제	체제선진국인 A 국가가 개발 도상국 B 국가에 투자하여 발생한 온실가스 배출 감축분을 자국의 감축 실적에 반영할 수 있도록 함으로써 선진국은 효과적으로 온실가스를 저감하는 반면 개발 도상국은 기술적·경제적 지원을 얻는 제도 공동
공동 이행 제도	제도선진국 A 국가가 다른 선진국에 투자하여 얻은 온실가스 감축분을 A 국가의 감축 실적으로 인정하여 선진국끼리 온실가스 저감 기술을 교환하는 제도

② 교토 의정서의 예상 효과

- 향후 에너지 절약 및 에너지 이용 효율 향상
- 신·재생 에너지 개발 등 온실가스 배출량을 줄일 수 있는 새로운 기술 분야에 대한 투자 및 무역 확대 예상

③ 교토 의정서에 대한 비판적 시각

- **환경문제를 비용으로 접근하면 안됨 :** 비용 지불로 환경 파괴도 정당화된다는 사고방식으로는 환경문제를 해결할 수 없다.
- 선진국은 돈을 지불함으로써 환경 보전의 의무에서 벗어나거나 자본과 환경기술을 바탕으로 자국의 이익을 우선시 한다.
- 미래 세대에 대한 책임과 환경문제

(3) 환경문제와 미래 세대의 생존

① 환경문제는 미래 세대의 생존 및 삶의 질 문제와 직결

- 기후 변화, 자원 고갈, 환경 오염이 지속되면 자손들은 건강하게 살 수 없다.
- 미래 세대도 비옥한 토양, 깨끗한 물과 공기, 에너지 등을 필요로 한다.

② 인류 존재에 대한 현세대의 책임(요나스, Hans Jonas)

- 미래 세대의 존재 보장 : 책임 원칙의 정언 명령 "너의 행위의 귀결이 미래에도 인간이 존속할 수 있는 가능성을 파괴하지 않도록 행위하라."
- 미래 세대의 삶의 질 보장

III. 과학기술·환경·정보윤리

- 현세대가 지녀야 할 덕목 : 미래 세대가 생존할 수 없을지도 모른다는 두려움을 가지고 겸손하게 행동
- 회의적 관점 : 현 시점에서 미래 세대의 도덕적 권리를 인정하는 것이 어렵다.

03 환경적으로 건전하고 지속가능한 발전

① 성장과 보존의 딜레마

개발론	• 인간의 복지와 풍요를 위해서는 경제 성장이 필요하다. • 환경 파괴의 가능성
보존론	• 온건한 인간중심주의와 생태중심주의의 입장, 자연환경을 유지하고 보존할 수 있음. • 경제 성장을 제약하고 둔화

② 환경적으로 건전하고 지속 가능한 발전

의미	• 환경 보존과 현세대의 필요를 동시에 충족시키는 지속 가능성에 기초한 패러다임. • 미래 세대의 필요를 충족시킬 수 있는 가능성을 손상시키지 않는 범위에서 현세대의 필요를 충족시키는 개발 방식
도덕적 의의	• 자연의 자정 능력 범위 내에서 환경을 개발하여 인간과 자연이 더불어 살아갈 수 있다. • 국가 간 공정 발전을 도모하여 성장에 따른 혜택을 정당하게 분배

- 개인 : 환경친화적 소비
- 사회 : 녹색성장추진, 환경기술발전
- 국제 : 국제협력체제

핵심체크 1 탄소 배출권 거래제 장단점

장점	(온난화의 주범) 온실가스 배출 억제
단점	환경문제를 시장의 논리로만 접근

핵심체크 2 환경적으로 건전하고 지속 가능한 발전

- 개발과 자연 보전의 갈등의 해결책으로 등장한 개념
- 개발과 보전의 딜레마를 극복하고 성장과 보전의 조화와 양립을 통해 인간과 자연이 더불어 할 수 있도록 한다.
- 미래 세대에 남겨 주어야 할 환경을 파괴하지 않으면서도 현세대의 필요를 충족시킬 수 있도록 지속 가능성에 기초하여 경제 성장, 사회 안정과 통합, 환경 보전 등이 균형을 이루는 발전

핵심체크 3 배출권 거래제도의 관련 쟁점

의의	• 시장식 해법(경제적 유인 제공)을 통한 현실적 협력 방안 • 비교적 공평하고 효율적인 탄소 배출 감소 방안
비판	• 기후 변화 책임이 큰 선진국에 도덕적 면죄부 부여 • 인간중심주의적 사고방식 • 환경문제에 대한 인류 공동의 책임감 약화

　배출권 거래 제도는 설정된 할당량을 국가간 거래할 수 있도록 한 조치이다. 배출 할당량이 적은 약소국은 남은 배출권을 선진국에 팔아 금전적 이득을 취하고 선진국은 경제적 부담을 줄이기 위해 배출량을 줄일 것으로 기대된다. 하지만 기후 변화 문제 해결에는 공리주의적 효용성이나 분배 정의 이상의 윤리적 고려가 필요하다.

정답과 해설

정답 : ④

해설 : 생태중심적 관점에서는 인간과 자연의 공존을 강조하므로 환경문제를 해결하는 데 실마리를 제공한다고 할 수 있다.

정답 : ②

해설 : ②는 자연 현상으로 발생하는 환경문제이고, 나머지는 모두 인간에 의한 환경문제이다.

정답 : ②

해설 : 개발을 최우선으로 추구하면 환경이 파괴될 수 있으며, 환경을 보전하기 위해 개발을 하지 않는다면 개발이 안 된 지역은 빈곤 상태를 벗어나지 못할 것이다. 그러므로 환경 보전과 개발이 조화를 이루는 것이 바람직하다.

정답 : ①

해설 : 지속 가능한 발전은 인간 중심주의와 생태 중심주의의 조화에 대한 낙관적 견해이다.

01

환경 오염의 원인으로 볼 수 없는 것은?

① 산업화　　　　　　② 인구 증가

③ 인간의 욕망　　　　④ 생태중심적 관점

02

인구 증가, 산업화, 도시화에 따른 환경문제가 아닌 것은?

① 대기오염　　　　　② 지진과 태풍

③ 자원 고갈　　　　　④ 지구 온난화

03

환경문제를 해결하기 위한 태도로 가장 바람직한 것은?

① 개발을 최우선으로 한다.

② 환경 보전과 개발을 조화시킨다.

③ 환경을 보전하기 위해 모든 개발을 멈춘다.

④ 환경과 개발은 조화를 이룰 수 없다고 생각한다.

04

지속 가능한 발전으로 볼 수 없는 것은?

① 모든 개발을 멈추고 원시 상태로 산다.

② 환경 보전과 인류의 발전을 함께 이룬다.

③ 후손도 자원과 환경을 누릴 수 있게 한다.

④ 인간과 환경이 조화를 이루도록 환경을 개발한다.

05

친환경적 소비를 실천하는 방법이 <u>아닌</u> 것은?

① 최대한 쓰레기를 적게 배출한다.

② 환경 마크가 있는 제품을 구입한다.

③ 오염 물질을 배출하는 제품을 덜 사용한다.

④ 쓰던 제품은 새로운 제품이 나올 때마다 교체한다.

정답 : ④

해설 : 아껴 쓰고, 다시 쓰고, 나누어 쓰는 것이 친환경적 소비의 실천 방법이라고 할 수 있다.

06

올바른 녹색 구매 생활을 〈보기〉에서 모두 고른 것은?

> **〈보기〉**
> ㉠ 재활용이 어려운 상품을 선택한다.
> ㉡ 자원과 에너지 소비가 과다한 상품을 선택한다.
> ㉢ 동일한 물품을 산다면 재생 제품을 구입한다.
> ㉣ 구매하기 전에 꼭 필요한 상품인가를 다시 한 번 생각한다.

① ㉠, ㉡   ② ㉢, ㉣

③ ㉡, ㉢   ④ ㉡, ㉣

정답 : ②

해설 : 오늘날과 같이 지구 환경이 파괴되어 인류의 장래마저 불투명해지고 있는 시대에는, 합리적인 소비생활뿐만 아니라 환경친화적이고 동물 사랑도 포함된 소비 생활이 요구된다.

07

환경문제 해결을 위한 노력으로 옳지 <u>않은</u> 것은?

① 쓰레기 분리수거를 생활화한다.

② 헌 물건도 손질해서 다시 사용한다.

③ 쓰다 남은 공책이나 연습장은 버린다.

④ 가까운 거리는 도보나 자전거로 이동한다.

정답 : ③

해설 : ③번은 재활용을 하지 않은 사례이기에 적절하지 않다.

정답과 해설   도덕   03. 환경문제에 대한 윤리적 고려

08

지속 가능한 발전에 해당하는 것은?

① 대규모 골프장을 건설한다.

② 경제 성장 중심의 국가 정책을 운영한다.

③ 모든 개발을 중단하여 자연 친화를 지향한다.

④ 도시의 기능을 충족하면서 동시에 자연과 조화를 이루는 도시를 개발한다.

정답 : ④

해설 : 환경과 개발의 조화에 대한 낙관적 견해를 가지고, 인류의 발전과 환경 보전을 함께 성취하려고 하는 것이 지속 가능한 발전이다.

09

환경문제를 해결하려는 노력으로 볼 수 없는 것은?

① 개인, 기업, 국가 모두가 협력한다.

② 환경에 관한 충분한 지식을 습득한다.

③ 전 세계적인 문제이므로 개인이 할 일은 없다.

④ 환경을 보호하려는 강한 의지를 가진다.

정답 : ③

해설 : 일상 속의 친환경적 생활이야말로 근본적인 환경 운동이라고 할 수 있다.

10

환경문제가 발생한 가장 근본적인 원인이라고 할 수 있는 것은?

① 도시화

② 산업화

③ 자연현상

④ 인간의 무한한 욕망

정답 : ④

해설 : ①, ②, ③도 모두 환경문제의 원인이지만, 가장 근본적인 원인은 물질을 최고로 생각함으로써 인간과 자연을 분리시키는 결과를 초래한 인간의 무한한 욕망이다.

11

지구 온난화에 대한 설명으로 올바르지 <u>못한</u> 것은?

① 기후 변화와 기상 이변을 가져온다.

② 온실가스의 과도한 배출로 발생한다.

③ 생물종의 다양성이 급속하게 증가한다.

④ 오존층이 파괴되어 자외선이 증가한다.

정답 : ③

해설 : 지구 온난화로 생물종의 다양성이 감소하고 있다.

12

'기후 변화에 관한 유엔 기본 협약(기후 변화 협약)'에 대한 설명으로 맞는 것은?

① 비가입국에 대한 통상 제재를 처음으로 국제 협약에 채택하였다.

② 지구의 오존층을 파괴하는 물질인 프레온 가스를 규제하는 것이 주요 내용이다.

③ 에너지의 사용 억제 등을 통하여 온실 기체의 배출을 규제하는 것을 목적으로 한다.

④ 과학적 이론에 의하여 주장된 가상적인 위험으로부터 보호하기 위하여 서명국들에게 상당한 비용부담을 단기적으로 부과하였다.

정답 : ③

해설 : 온실가스의 배출을 규제하는 것이 유엔기본협약에 명시되어 있다.

정답과 해설   도덕   03. 환경문제에 대한 윤리적 고려

13

지속 가능한 발전에 대한 설명으로 옳지 않은 것은?

① 환경 친화적 삶을 통해 이루어 나갈 수 있다.

② 경제 성장을 하면서도 환경을 보존하려는 것이다.

③ 지속적 발전을 위한 환경 파괴의 불가피성을 강조한다.

④ 현세대의 필요와 미래 세대의 필요가 조화를 이루도록 하는 것이다.

정답 : ③

해설 : 지속적 발전을 위해서는 환경 파괴를 피하고 환경과 조화를 이루는 가운데 발전을 이루어 나가야 한다.

14

지구 온난화 현상으로 나타날 수 있는 피해로 옳지 않은 것은?

① 이상 기후 현상

② 생물 종의 감소 및 멸종

③ 해수면 상승으로 인한 침수

④ 강이나 바다 등의 수질 오염

정답 : ④

해설 : 수질 오염은 지구 온난화로 인한 직접적인 피해라고 보기 어렵다.

15

환경문제를 해결하기 위한 노력으로 옳지 않은 것은?

① 정부 및 국제적 협력에 위임한다.

② 녹색 생활과 녹색 구매에 앞장선다.

③ 환경 보호 단체에 가입하여 활동한다.

④ 사회적 차원에서 '지속 가능한 발전'을 추구한다.

정답 : ①

해설 : 환경문제 해결을 위해서는 개인적 차원의 노력과 사회, 국가적 차원의 노력과 협력이 반드시 필요하다.

4. 정보 사회와 윤리

01 정보 통신 기술의 발전과 윤리적 문제

(1) 정보 통신 기술 사회

① 정보 통신 기술 사회의 특성

- 정보의 특성과 그에 따른 사회 변화 양상

  ㉠ 정보의 특성

  ⓐ 무한한 복제 가능성

  ⓑ 애매 모호함이 배제된 정보 처리 방식

  ⓒ 저렴한 정보 처리 비용

  ㉡ 사회적 변화 양상

  ⓐ 정보 양의 기하급수적 팽창이 가능

  ⓑ 정확한 정보의 신속한 확산

  ⓒ 엘리트 전유물이 아니라 일반인들에게 일상 생활에서의 필수적인 재화가 되었다.

- 인간관계의 폭과 다양성 확대 : 사이버 커뮤니티, 사이버 동호회 활성화

- 평범한 개인이 가질 수 있는 영향력이 비교할 수 없을 정도로 확대되었다.

② 정보사회의 특성

- 정보를 수집 · 처리 · 전달하는 일이 경제 활동의 중심이 되었다.

- 정보를 만들어 낼 인간의 지식이 가치를 창출하는 주요 요인이 되었다.

(2) 정보통신 기술 사회의 부정적 현상

① 개인적 문제

　⊙ 사이버 공간에서 맺어진 인간관계를 더욱 편안히 여긴다.

　ⓒ 현실 공간보다 사이버 공간에서의 자기 자신을 더 사랑한다.

　ⓒ 인터넷 게임에 과도하게 몰입하는 경향이 있다.

② 사회적 문제

　⊙ 지적 재산권 분쟁 및 사생활 보호와 관련된 많은 문제들이 증가하였다.

　ⓒ 정보 격차 및 정보를 둘러싼 경제적 경쟁과 정치적 갈등이 발생하였다.

　ⓒ 사이버 공간에서의 민주주의 구현 및 질서 유지가 문제로 대두되었다.

(3) 정보통신 기술의 윤리적 의미와 문제

① 정보통신 기술 사회의 윤리적 문제

• 정보의 진위와 관련된 문제 : 정보의 가치는 정확한 사실의 반영 여부에 달려 있어 정확한 정보를 파악하는 것이 중요해졌다.

　⊙ 정확하고 참인 정보 : 이익 창출을 기대할 수 있다.

　ⓒ 부정확한 거짓 정보 : 피해를 초래할 수 있다.

　ⓒ 데이터 스모그현상 : 거짓 정보의 홍수를 의미한다.

• 정보의 소유와 관련된 문제 : 정보를 통해 창출하는 가치가 커짐에 따라 정보 소유권에 대한 관심과 갈등이 점차 커졌다.

카피라이트(copyright)	카피레프트(copyleft)
정보 사유론(copyright) : 정보와 정보를 통해서 나온 것들을 개인의 재산으로 인정하고보호해야 한다고 보는 입장	정보 공유론(copyleft) : 정보와 같은 지적 재산은 인류가 누려야 할 소중한 자산이기 때문에 모두가 공유해야 한다고 보는 입장

• 정보 처리 과정에서 발생하는 윤리적 문제

　⊙ 생산 단계 : 모든 사람들이 정보 생산 능력을 지니게 됨.

　　→ 부정확한 정보의 유통이 가능해졌다.

ⓒ 가공 단계 : 표절과 도용 등의 윤리적 문제가 발생할 수 있다.

ⓒ 전달 및 폐기 과정 : 확실하고 안전하게 처리해야 할 과제가 생겼다.

• 정보격차

　ⓐ 새로운 정보기술에 접근 가능한 능력에 차이가 생겼다.

　ⓑ 경제적, 정치적 격차가 발생되고 심화되었다.

② 정보통신 기술 사회에 필요한 윤리적 태도

• 자유와 권리, 책임과 의무에 대한 윤리적 고려

　ⓐ 자유 : 말하고 싶은 것을 표현할 수 있는 자유

　ⓑ 권리 : 정보를 접하고 자유롭게 사용할 수 있는 권리

　ⓒ 책임 : 책임 있는 자세로 정보 가공 및 전파

　ⓓ 의무 : 행동의 결과에 대해 진지하게 고려해야 한다.

• 합리적 이성과 양심에 비추어 자신의 행동을 숙고하려는 태도 함양이 필요하다.

02 사이버 공간과 자아 정체성

(1) 사이버공간

① 사이버 공간(cyber space)의 의미와 특징

• 의미 : 컴퓨터 네트워크로 연결된 새로운 형태의 소통 공간
• 특징

　ⓐ 성별, 국적, 연령과 무관하게 자유롭게 접근할 수 있다.

　ⓑ 정보의 교류 뿐만 아니라 인간적인 교류도 가능해졌다.

　ⓒ 신체적 · 사회적 조건과 시 · 공간의 제약에서 벗어나 활동할 수 있다.

② 사이버 공간의 특성이 인간 심리에 끼치는 영향

사이버 공간의 특성	긍정적 영향	부정적 영향
익명성	• 다양한 자아 탐색 • 적극적 · 개방적 자기 표현	• 여과 없는 감정과 욕망 표출 • 무책임한 행동을 하게 됨.
몰입의 체험 → 채팅, 게임, 동호회 활동	• 행복감을 느끼고 성장 • 다양한 체험을 통한 욕구 발산	현실과 연계되지 못하면 중독으로 나아갈 우려 발생

- 익명성의 유혹을 극복해야 한다.
  - ㉠ 인터넷에서는 의사소통의 기록이 남고 시간이 지난 후에도 추적이 가능하다.
  - ㉡ 비대면성 때문에 자신이 드러나지 않을 것이라는 생각은 착각에 불과하다.
- '집단행동의 논리'에서 벗어나야 한다.
  - ㉠ 군중 속에서 도덕적인 심사숙고를 하지 않으려 한다.
  - ㉡ 착한 개개인이 모여서 몰염치하고 참을성 없는 집단을 구성할 수 있다.
- 사이버 공간에 대한 올바른 이해와 태도를 가진다.
  - ㉠ 사이버 공간에서도 개인의 자유와 그에 따른 책임이 중요하다.
  - ㉡ 개인 행동의 파급력이 커짐에 따라 더 큰 책임과 의무가 따른다.

③ 사이버 공간에서의 자아 정체성 문제
- 현실의 자아와 사이버 공간의 자아 사이에 혼돈을 느낄 수 있다.
- 현실 도피 가능성 : 사이버 공간의 자아로 영원히 살아가고 싶어한다.
- 일회적 인간관계에 집착 : 충동적 행동 성향을 보이기 쉽고, 지속적인 인간관계가 어렵다.
- 사소한 관심사에 열정적으로 몰두, 일시적 유행에 열광 : 어두운 욕망을 표출하는 파괴적 성향으로 흐를 수 있다.
- 주체적 자아와 객체적 자아 형성의 어려움 : 확고한 자아 정체성 형성이 어렵다.

④ 건전한 자아 정체성 확립
- 현실에서 드러내지 못하는 욕구나 감정, 의견의 자유로운 표현을 가능하게 한다.
  → 현실에서 불가능한 다양한 정체성의 경험이 가능하다.

- 다양한 정체성의 표출은 사이버 공간에 적응하는 정상적인 과정이다.
- 미래에 해야 할 역할, 갖추어야 할 신념과 가치관을 찾는 계기가 된다.
  → 다양한 정체성을 실험해 볼 수 있는 좋은 기회를 얻을 수 있다.
- 자신의 말과 행동에 책임질 수 있는 윤리적 주체가 되어야 한다.

※ 사이버 공간의 다양한 정체성

> 사이버 공간의 '나'는 다양한 정체성을 갖는다. 사이버 공간의 대표적 특성으로 '익명성'을 꼽지만, 사실 투명 인간이 된 것은 육체만이다. 오히려 하나의 몸에 9개의 머리를 가진 히드라처럼 복합적 정체성을 스스럼없이 만끽한다. 사이버 공간에서는 전사가 되고, 댄서가 되고, 친구가 되고, 애인이 되어 현실보다 많은 사람이 넘쳐난다. 이곳의 사람들은 자신을 감추는 것이 아니라 마음 속에 원하던 어떤 사람으로 자유롭게 넘나들 뿐이다.
> — 한겨레신문, 2006. 7. 31

03 사이버 공간에서의 표현의 자유와 한계

(1) 사이버 공간에서의 표현의 자유와 한계

① 표현의 자유의 중요성

- **개인적가치** : 표현의 자유는 개인의 기본적 권리로 자아실현에 기여할 수 있다.
- **사회적가치** : 민주주의 사회 발전에 중요한 참여와 연대로 이어질 수 있다.

② 사이버 공간에서의 표현의 자유의 허용 범위

- 타인의 인권을 침해하지 않는 범위에서 허용된다.
- 사회 질서를 훼손하지 않는 범위 안에서 허용된다.

③ 인터넷 실명제와 관련된 논란

- **인터넷 실명제** : 인터넷 사용자의 실명과 주민등록번호가 확인되어야만 인터넷 게시판에 글을 올릴 수 있는 제도

- 인터넷 실명제와 관련된 논란

찬성	• 인터넷의 익명성, 표현의 자유에서 오는 부작용(욕설, 사생활 침해, 명예 훼손, 유언비어 유포 등) 방지 가능 • 신원 확인 가능 → 인터넷 상거래 사기, 사이버 폭력 등의 사이버 범죄 예방 효과 • 건전한 인터넷 문화 형성 가능
반대	• 개인 정보 남용 우려 • 헌법으로 보장된 사이버 공간에서의 익명적 표현의 자유 침해 • 익명적 표현의 자유에서 오는 순기능 억제 : 인터넷 실명제는 일종의 검열이므로 국민의 자유로운 의사 표현을 위축시킬 수 있다.

04 사이버 따돌림, 괴롭힘(사이버 불링 등)의 예방책과 대응

(1) 사이버 따돌림의 의미와 특징

① 사이버 따돌림(= cyber bulling)의 의미 : 정보통신 기기를 이용해 특정인을 대상으로 지속적·반복적으로 심리적 공격을 가하거나 그의 개인 정보나 허위 사실을 유포하여 상대방이 고통을 느끼도록 하는 일체의 행위

② 사이버 불링의 문제점 및 대응 방안

사이버 불링의 문제점	• 은밀하게 발생하여 상황이 발생해도 알기 어렵고 증거 확보가 어려움 • 시공간의 제약 없이 상시적으로 발생하여 피해자들의 지속적인 고통 발생 • 정보의 복제 및 유포가 쉽고 수정 및 회수가 불가능하여 신속하고 광범위하게 확산됨. • 가해자가 심각성을 인식하기 어렵고 집단적으로 이루어져 책임 소재가 불분명한다.
사이버 불링의 예방 및 대응방안	• 예방 노력 : 피해자의 인간 존엄성을 훼손한다는 점을 인식할 것, 사회적 차원에서 법적·제도적 장치 마련 • 대응 방안 : 사이버 공간에서 자신에 대해 속이지 말고 활동할 것, 사이버 불링 발생시 주변에 알리고 증거를 확보하여 관계 기관에 도움을 요청할 것. 예 헬프콜 청소년 전화 1388(http : //1388.kyci.or.kr) : 청소년의 고민과 애로사항을 상담하고 신변에 위험이 있을 때 도움을 주는 비영리 공익단체

05 정보 이해 및 표현 능력(internet literacy)의 윤리적 접근

(1) 정보 이해 및 표현 능력의 필요성

① 정보 이해 및 표현 능력

- 의미 : 사이버 공간을 제대로 이해하면서 이용할 수 있는 능력
- '인터넷 리터러시(internet literacy)'라고도 한다.

※ 인터넷 리터러시(internet literacy)

> 하나의 거대한 컴퓨터 통신망을 뜻하는 '인터넷'과 글을 읽고 해독하는 능력을 뜻하는 '리터러시'를 결합한 신조어이다. 사이버 공간의 현실을 냉철하게 인식하고 능력을 일컫는다.

② 필요성

- 사이버 공간에서 정보를 이해하고 표현하는 능력이 부족하면 여러 사람에게 불쾌감과 피해를 준다.
- 사용자들이 주체성을 가지고 사이버 공간을 긍정적인 방향으로 이끌어 갈 수 있다.

③ 강조되는 능력

검색능력	원하는 정보를 찾고 얻어 낼 수 있는 능력
선별능력	정확하고 믿을 수 있는 정보를 취사선택할 수 있는 능력
해석 및 통찰 능력	행간의 의미, 저자의 의도와 배경을 파악할 수 있는 능력
표현 능력	관심을 끌면서도 원하는 내용을 담은 정보를 만들 수 있는 능력
전달 능력	필요한 시기에 필요한 사람들에게 정보를 전달할 수 있는 능력

(2) 정보 이해 및 표현 능력을 갖추기 위한 노력

- 비판적 사고를 바탕으로 한 정보 이해 : 정보에 대한 비판적 평가와 해석 능력 함양, 정보에 대한 자기 관점에서의 평가, 정보 활용이나 유통시 결과에 대한 예측
- 사이버 공간에서의 윤리적 원칙 준수

존중	사이버 공간에서 만나는 모든 사람을 자신과 같이 소중하게 여길 것
책임	사이버 공간의 익명성을 악용하여 무책임하게 행동하지 않는 것, 자기 행동의 결과에 대해 책임을 질 것
해악 금지	사이버 공간에서 만나는 사람들에게 피해를 입히지 않을 것
정의	어떤 집단이나 사회에서 공정한 기준에 의해 혜택이나 부담이 공정하게 배분되도록 할 것

핵심체크① 카피레프트(copyleft) 운동

카피레프트 운동은 1984년 미국의 리처드 스톨먼(Stallman, R.)이 소프트웨어의 상업화에서 프로그램을 자유롭게 하자는 운동을 펼치면서 시작되었다. 프로그래머이자 해커인 스톨먼은 인류의 지적 자산인 지식과 정보는 소수에게 독점되어서는 안되며, 모두가 자유롭게 사용할 수 있어야 한다고 생각하고 저작권으로 설정된 정보의 독점을 거부하였다. 그는 자유 소프트웨어 재단을 설립하고 공개 컴퓨터 운영 체제를 개발하는 그누(GNU) 프로젝트를 시작하였다.

리처드 스톨먼은 먼저 자신들이 개발한 프로그램에 저작권을 부여하고, 이에 GPL(general Public License)를 부착하였다. GPL은 누구나 자유롭게 이 프로그램을 복사, 이용할 수 있고 수정할 수도 있지만, 수정해서 배포할 경우 그 수정된 프로그램 역시 GPL을 따라야 함을 명시한다. 이를 카피레프트라고 하며, 이러한 소프트웨어를 자유 소프트웨어(freeware)라고 한다. 이는 자유 소프트웨어가 누군가에게 악용되어 독점 소프트웨어로 변질되는 것을 막기 위함이다.

핵심체크② 다양한 사이버 윤리 원칙

세버슨 (Richard Severson)	• 지적 재산권의 존중 • 프라이버시의 존중 • 공정한 표현 • 해악 금지의 원칙
스피넬로 (Richard Sphinel)	• 자율성의 원칙 • 해악 금지의 원칙 • 선행의 원칙 • 정의의 원칙

핵심체크③ 정보 자기 결정권과 잊힐 권리

정보자기결정권	자신의 개인 정보를 누구에게 어떤 범위까지 얼마 동안 어떤 형식으로 공개할 것인가, 언제 폐기할 것인가 등에 관해 정보의 주인인 개인이 알고, 정당한 처리를 요구할 수 있는 권리
잊힐 권리	개인 정보를 비롯하여 자신이 원하지 않는 민감한 정보들이 포털 사이트 등을 통하여 많은 사람에게 공개되지 않도록 정보를 통제할 수 있는 권리를 보장해야 한다는 생각이 확산되면서 등장한 권리

01

다음과 같은 현상을 극복하기 위한 방안으로 적절한 것은?

> 사회적 · 경제적 여건, 교육 수준, 컴퓨터 활용 능력에 따라 지역과 계층, 세대 간에 다양한 모습으로 나타난다.

① 인터넷 실명제를 적극적으로 도입한다.

② 컴퓨터 이용시 개인 정보 보호 수칙을 준수한다.

③ 저소득층에 대해 컴퓨터 보급 및 정보통신 요금을 지원한다.

④ 저작자의 허락 없이 정보를 게시하지 않도록 한다.

정답 : ③

해설 : 지식과 정보가 가치 생산의 원천이 되는 지식 정보 사회에서 정보 격차는 빈부 격차를 더욱 심화 되고 있다..

02

현실 공간과 비교할 때 사이버 공간이 갖는 성격으로 옳지 않은 것은?

① 새롭고 다양한 인간관계를 맺을 수 있다.

② 자신이 처한 삶의 조건을 바꾸기 어렵다.

③ 시 · 공간의 제약으로부터 비교적 자유롭다.

④ 다양한 방식으로 자신의 의사를 표현할 수 있다.

정답 : ②

해설 : 자신이 처한 삶의 조건을 상대적으로 바꾸기 어려운 공간은 현실 공간이다.

03

다음을 주장한 윤지가 긍정의 대답을 할 질문으로 가장 적절한 것은?

> 윤지 : 나는 불법 복제에 반대합니다. 불법 복제는 아무런 대가나 감사 없이 그냥 훔치겠다는 비도덕적인 생각이죠. 저작자에게 허락을 받은 후 저작물을 사용해야 하는 것입니다. 그렇다고 혼자 사용하려는 것이 아니라, 저작자의 저작물을 이용하여 더 나은 것을 만들고, 또 이를 공유하려는 것입니다.

① 저작권자에게만 배타적 권리를 인정해야 하는가?
② 정보와 지식의 공유는 창작 의욕을 저하시키는가?
③ 지식과 정보를 인류 공동의 자산으로 인정해야 하는가?
④ 지식과 정보를 온전히 개인의 소유물로 보아야 하는가?

정답 : ③

해설 : 일정 부분 저작자의 저작권을 인정하기는 하지만, 지식과 정보의 발전을 위해서는 지적 재산을 공동의 자산으로 인식하여 지속적인 수정과 발전, 자유로운 이용이 가능하도록 해야 한다는 입장이다.

04

다음과 관계 깊은 사이버 공간의 특성은?

> • 기게스의 반지 : 손가락에 낀 반지에 박힌 보석을 돌리면 자기 모습이 사라진다.
> • 해리 포터의 투명 망토 : 망토를 걸치면 다른 사람들에게 자신의 모습이 보이지 않는다.

① 개방성
② 신속성
③ 익명성
④ 자율성

정답 : ③

해설 : 사이버 공간의 특성 중 어떤 행위를 한 사람이 누구인지 드러나지 않는 익명성에 대한 사례이다.

정답과 해설

정답 : ③

해설 : 사이버 공간에서는 현실의 모습과 관계없이 원하는 모습으로 자신을 다양하게 표현할 수 있으나 현실의 나와 가상세계 속의 나 사이에서 정체성의 혼란을 겪기도 한다. 또한 사이버 공간과 현실 세계는 끊임없이 서로 영향을 주고받기 때문에 사이버 공간에서도 현실 공간과 같이 책임 있게 생활해야 한다.

정답 : ①

해설 : 제시문은 사이버 불링에 대한 설명이다. 특정인을 대상으로 지속적·반복적으로 심리적 공격을 가하거나 그의 개인정보나 허위 사실을 유포하여 상대방이 고통을 느끼도록 하는 일체의 행위.

정답 : ③

해설 : 인터넷 중독에 빠지지 않도록 계획적이고 절제된 자세이다.

05

사이버 공간에서의 바람직한 자세로 옳은 것은?

① 자기의 정체성을 잃어도 상관이 없다.

② 익명성이 보장되므로 자유를 마음껏 누린다.

③ 사이버 공간에서도 현실 공간과 같이 책임 있게 생활한다.

④ 자기 것은 물론 타인의 지적 창작물에 대한 권리를 인정하지 않고 공유한다.

06

다음 글에서 설명하는 사이버상의 권리 침해 형태는?

타당한 이유 없이 어떤 사람에 대한 욕설이나 험담을 인터넷에 올리는 행위

① 사이버 불링   ② 사이버 댓글

③ 사이버 스토킹   ④ 사이버 수사대

07

다음 중 사이버 공간에서 절제의 자세가 필요한 이유로 가장 적절한 것은?

① 자기를 다양하게 표현하기 위해서

② 전문적인 지식을 공유하기 위해서

③ 게임 중독에 빠져들지 않기 위해서

④ 자유롭게 토론하고 비판하기 위해서

08

다음 중 사이버 공간에서 필요한 대화 예절로 보기 어려운 것은?

① 상대방의 대화를 중간에 끊지 않는다.

② 욕설이나 비속어 같은 표현은 삼간다.

③ 다른 사람의 아이디(ID)로 그 사람인 척 꾸미지 않는다.

④ 비공개된 대화방일지라도 자신의 개인 정보를 상세하게 밝힌다.

정답 : ④

해설 : 사이버 공간에서는 자신의 개인 정보를 함부로 공개하면 안 된다.

09

사이버 공간에 대한 설명으로 옳지 않은 것은?

① 시간과 공간의 제약을 극복할 수 있다.

② 국경, 인종, 언어를 초월하여 활동할 수 있다.

③ 한번 퍼져 나간 정보는 자유롭게 다시 회수할 수 있다.

④ 민주주의의 발전과 시민들의 사회 참여에 기여하기도 한다.

정답 : ③

해설 : 한번 퍼져 나간 정보는 다시 회수하기 어렵다.

정답과 해설

정답 : ②

해설 : 정보통신발달에 따른 부작용에 대해 고르는 문제이다. 판옵티콘은 죄수를 감시할 목적으로 설계되었는데, 이는 현대사회에서 정보통신발달로 인한 빈부격차의 심화를 나타낸다. 판옵티콘은 죄수를 감시할 목적으로 설계되었는데 이를 현대사회에 빗대어 보면, 정보화 사회이기 때문에 판옵티콘의 이러한 구조로 개인 정보 유출이 될 수 있다. 이는 현대사회에서 자신도 모르는 사이에 특정 개인이나 기관에 의해 감시당할 수 있고 국가와 각 계층 간의 정보의 격차, 부(富)의 격차를 조장하거나 야기 시킬 수 있다.

10

정보통신의 발달에 따라 다음과 같은 상황이 만들어지게 될 경우 사회에 나타날 문제점으로 가장 적절한 것은?

> 판옵티콘은 본래 죄수를 감시할 목적으로 영국의 철학자이자 법학자인 벤담(Bentham)이 1791년에 처음 설계하였다. 이 감옥은 중앙의 원형 공간에 높은 감시탑을 세우고, 중앙 감시탑 바깥의 원 둘레를 따라 죄수들의 방을 만들도록 설계되었다. 또 중앙의 감시탑은 늘 어둡게 하고, 죄수의 방은 밝게 해 중앙에서 감시하는 감시자의 시선이 어디로 향하는지를 죄수들이 알 수 없도록 되어 있다.

① 인간의 소유욕을 자극하는 소비문화가 확산될 것이다.

② 국가 간 계층 간의 부(富)의 격차가 심화될 가능성이 커진다.

③ 과학기술이 가져다 줄 미래에 대한 맹목적 환상을 가지게 된다.

④ 권력기관이 사람들을 마음대로 통제하면서 사생활 침해가 생길 것이다.

정답 : ④

해설 : 양심만으로 해결이 어렵고, 그 사례가 점차 늘고 있어서 개인의 양심에만 맡기긴 힘들다.

11

사이버 윤리가 필요한 이유로 옳지 <u>않은</u> 것은?

① 사이버 공간에서 정보가 전달되는 속도가 빠르기 때문이다.

② 개인정보 침해 사례가 늘고 있기 때문이다.

③ 허위 정보가 유포될 때 발생하는 피해가 심각하기 때문이다.

④ 사이버 공간에서 발생하는 문제는 개인의 양심만으로 해결할 수 있기 때문이다.

12

사이버 공간에서의 사생활 보호 방법으로 옳지 않은 것은?

① 타인의 개인 정보 보호를 위해 노력한다.

② 자신의 개인 정보를 잘 관리한다.

③ 개인 정보 보호나 사생활 존중과 관련된 법률에 위배되지 않는 지 확인한다.

④ 사이버 공간에서의 사생활 문제는 개인적인 문제이므로 사생활 보호는 개인 스스로 알아서 해야 한다.

정답 : ④

해설 : 사생활 보호는 개인적 차원의 문제이기도 하지만 법적으로 보호해야 하는 국가적 차원의 문제이기도 하다.

13

인터넷에 의한 의사소통의 특징으로 옳지 않은 것은?

① 다른 사람에 대한 합리적 비판을 하는 것이 불가능하게 되었다.

② 각자가 알고 있는 정보를 제약 없이 교류하게 되었다.

③ 자유롭고 평등한 소통과 정보 교류가 가능하게 되었다.

④ 기존의 사회적 위계질서와 계층, 사회적 여건 등에서 벗어나 각자가 주장하는 바를 자유롭게 말할 수 있게 되었다.

정답 : ①

해설 : 인터넷에서는 다른 사람에 대한 합리적 비판을 하는 것이 가능하게 되었다.

정답과 해설   도덕   04. 정보 사회와 윤리

14

다음 밑줄 친 '이 사회'의 특징으로 옳은 것은?

> '이 사회'는 지식 정보를 수집 · 전달 · 생성하는 행위가 사회 활동의 중심적 기반이 되는 사회이다. 이러한 점에서 이 사회는 지식과 정보의 비중이 인간의 개인적 · 사회적 삶에 있어 지금까지의 인류의 경험으로는 상상할 수 없을 만큼 큰 사회라고 할 수 있다.

① 자신의 의견 표현에 제약이 많이 발생하였다.

② 정보통신 기술과 각종 멀티미디어가 하나의 네트워크를 형성하게 되었다.

③ 생명 경시 풍조의 확산으로 생명 공학 발달이 위축되었다.

④ 이전보다 정치적 의사 결정 과정에 참여하는 것이 어려워 참여 민주주의가 위축되었다.

정답 : ②

해설 : 제시문은 미국의 앨빈 토플러가 1980년에 정보사회 를 예견하여 쓴 책인 「제3의 물결」에 나오는 내용이다.

15

다음의 밑줄 친 부분의 구체적 사례로 옳은 것은?

> 지식 정보사회는 우리 생활을 편리하게 해주기도 하지만, 반면 그에 따른 부작용으로 과거에는 발생하지 않았던 여러 사회 윤리 문제가 발생하게 된다. 먼저 사이버 공간의 발전으로 인한 문제로, '사이버 공간에서의 표현의 자유가 논란이 되고 있다.'

① 사이버 공간에서의 언행은 수많은 사람들에게 영향을 주지 못하고 있다.

② 생명 의료 기술이 발달하면서 존엄사 문제가 제기되고 있다.

③ 사이버 공간에서의 언행은 그 파급력이 현실 공간에까지는 미치지 못하는 한계가 있다.

④ 익명성을 이용하여 사이버 공간에서 근거 없이 남을 비방하기도 한다.

정답 : ④

해설 : 사이버 공간에서의 표현의 자유가 논란이 되는 것의 구체적인 사례로는 근거 없는 타인 비방, 사이버 공간의 언행이 수많은 사람들에게 영향을 끼칠 수 있다는 점 등이 있다.

IV 사회윤리와 직업윤리

개인윤리적 관점과 사회윤리적 관점의 차이에 대한 이해를
바탕으로 사회정의 및 직업생활과 관련된 윤리적 문제들을
개인윤리적 관점과 사회윤리적 관점을 적용하여 탐구하고,
개인의 자아실현과 공동선의 조화를 추구한다.

새로워진 2009개정 검정고시

검단기

검단기가 여러분의 합격을 응원합니다

1. 사회의 도덕성과 사회윤리

01 개인윤리적 관점과 사회윤리적 관점의 차이

① 개인윤리와 사회윤리

구분	개인윤리	사회윤리
의미	개인의 도덕성을 평가하는 척도로 작용하는 규범	사회 구조나 제도와 관련된 윤리 문제 해결을 위한 도덕 규범
주안점	개인의 양심이나 윤리 의식 등 개인의 도덕성	사회의 구조, 제도, 정책의 도덕성
사회 문제의 원인	개별 구성원의 양심이나 합리적 판단의 문제 → 개인의 도덕적 의사 결정 능력, 실천 의지, 습관의 결여 등	사회 제도나 구조 또는 정책의 부조리에서 찾음.
사회 문제의 해결 방안	개인의 도덕적 양심이나 실천적 합리성의 완성을 통해 해결하려 한다.	개인의 도덕성 함양과 더불어 사회의 구조와 제도, 정책 등을 개선하여 사회 윤리적 문제를 해결하려 한다.

② 사회윤리의 필요성 – 니부어의 사회윤리적 관점

- 현대 사회에서는 개인윤리만으로는 해결하기 힘든 윤리 문제가 발생한다.
- 사회 집단의 도덕성은 개인의 도덕성보다 현저히 떨어진다.

③ 니부어(Reinhold Niebuhr)의 사회윤리

> 도덕적인 인간으로 구성된 사회일지라도 그 사회는 비도덕적일 수 있다. 개인은 양심적이고 도덕적이라 할지라도 그러한 개인들로 구성된 사회집단은 집단 이기주의로 인해 이기적이고 부도덕할 수 있기 때문이다. 집단 이기주의는 개인의 이기주의적 충동들의 복합으로써 개인의 이기주의적 충동들이 공통된 충동으로 합쳐질 때에는 이것들이 개별적으로 나타날 때보다 더욱 뚜렷하게 그리고 누적된 결과로 나타난다.

니부어는 사회를 정의롭게 만들기 위해서는 개인의 도덕성에만 의지해서는 안되며, 반드시 사회 구조와 제도의 도덕성이 필요하다고 보았다. 이를 위해 사회 구조와 제도를 개선하기 위한 노력을 강조하였다.

- 개인의 도덕성만으로는 복잡한 사회 문제를 해결하기 어렵다. (사회윤리의 필요성)

- 개인적으로 도덕적인 사람도 소속된 집단의 이익을 위해서는 이기적으로 행동할 수 있다.

02 사회 구조 및 제도와 윤리

(1) 정보 사회에서 나타나는 윤리적 문제

① 부정의한 사회 구조와 제도의 영향

- 인간의 기본적 권리 침해
  예 아파르트헤이트(Apartheid)

- 사회적 직위와 재화의 공정한 분배 방해
  예 공무원 시험 연령 상한제

- 사회 분열과 갈등 조장
  예 생계형 범죄, 부정부패로 인한 불신 등

② 사회 구조와 제도의 윤리성

- 개인의 행복 추구, 사회 발전, 도덕적 사회 실현을 위해 사회 구조와 제도는 윤리적이어야 한다.

- 사회 구조와 제도의 개선을 위한 노력

개인적 차원	부정의한 사회 구조와 제도에 대한 정확한 인식과 그에 대한 개선 의지 함양
사회적 차원	• 부정의한 사회 구조와 문제에 대한 사회적 논의 • 사회 구조와 제도의 개선을 위한 제도적 장치 마련

03 개인선과 공동선의 조화

① 개인선과 공동선의 의미와 종류

구분	개인선	공동선
의미	개인의 욕구나 가치를 실현할 수 있는 자유와 권리 등 사적으로 누릴 수 있는 이익	공동체 성원들이 공유하며 그들 모두에게 똑같이 유익한 가치
종류	자신의 목표를 추구하고 성취할 자유, 사생활을 침해받지 않을 권리 등	사회적 유대, 사회 안정, 치안, 국가 안보, 사회 통합, 평화 등
주요점	존엄한 인간의 가치 및 개인의 행복 추구와 자아실현 중시	• 공동체의 가치와 전통에 따른 구성원의 자아실현과 인격 완성 추구 • 개인의 이익보다 공동체의 이익 중시
관련 사상	자유주의	덕 윤리와 공동체주의, 공리주의

② 개인선과 공동선에 대한 주장

- 아리스토텔레스(Aristoteles) : 개인의 욕구 충족과 자아실현은 공동체를 통해 이루어지므로 공동선을 실현해야 한다.
- 밀(John Stuart Mill) : 타인에게 해악을 끼치지 않는 한 개인의 자유를 최대한 보장할 때 사회 발전이 가능하다.
- 애덤 스미스(Adam Smith) : 개인의 사적 이익 추구 행위는 시장을 통해 공동선의 증진으로 귀결된다.
- 매킨타이어(MacIntyre) : 공동체를 통해 과거 – 현재 – 미래를 연결하는 개인의 서사가 완성된다.

③ 개인선과 공동선의 지나친 추구의 문제점

- 개인선 : 타인의 자유와 권리 침해, 공동선을 훼손하여 사회적 갈등이 발생한다.
- 공동선 : 개인의 자유와 권리 위축 및 억압 우려, 사회적 가치의 실현 위해 개인의 희생을 강요하거나 정당화할 수 있다.

④ 개인선과 공동선의 조화를 위한 노력

개인적 차원	• 자발적 참여 • 타인의 자유와 권리를 침해하지 않는 범위 내에서의 자아실현과 행복 추구
사회적 차원	• 개인선과 공동선을 실현하기 위한 법과 제도 마련 • 갈등 조정 가능한 정책 수립

⑤ 개인선과 공동선이 조화를 이루기 위한 원리

- 연대성 : 상호의존을 기반으로 하여 타인을 존중하는 태도가 필요하다.
- 공익성 : 개인의 이익 뿐 아니라 공동선을 존중해야 할 책임과 의무가 존재하게 된다.
- 보조성 : 개인이나 하위 단체가 미흡할 시 상위 단체에서 보충적이고 응급적인 조취를 취한다.

핵심체크 ❶ 부정의한 사회 구조와 제도에 의한 윤리적 문제

- 개인의 자유권, 평등권, 행복 추구권 등의 인권 침해
- 공정한 분배 저해
- 사회적 분열과 갈등 조장으로 인한 사회 통합 저해

핵심체크 ❷ 님비와 핌피

- 님비(NIMBY) : 'not in my back yard'의 약칭. 자기중심적·공공 정신 결핍증상
  - 예 우리 동네 쓰레기 소각장, 화장터 설립 반대
- 핌피(PIMFY) : 'please in my front yard'의 약칭. 수익성이 있는 사업을 내 지방에 유치하겠다는 것으로 일종의 지역 이기주의 현상의 하나
  - 예 병원이나 학교 등 투자 시설 유치 경쟁

핵심체크 ❸ 니부어(Reinhold Niebuhr)의 '도덕적 인간과 비도덕적 사회'

사회적 차원을 넘어서 있는 가장 순수한 도덕적 이상이 갖는 사회적 타당성은 사회적 관계가 복잡하고 간접적으로 이루어짐에 따라 점차 약화된다. 어떤 집단이 다른 집단에 강력한 구원의 힘을 줄 만큼 이기적이지 않은 태도를 유지하는 것은 있을 수 없는 일이다. 또한 서로 경쟁하고 있는 집단들이 상대방의 도덕적 역량을 높이 평가하여 자신의 현실적 이익을 포기할 것이라고는 생각조차 할 수 없다.

정답과 해설

01

다음을 주장한 사상가의 입장으로 옳은 것은?

> • 개인의 도덕적 행위는 집단의 도덕성을 결정하지 못한다. 오히려 사회 집단의 구조와 제도가 개인 행위의 도덕성을 결정한다.
> • 사회적 차원에서 생각할 때 최고의 도덕적 이상은 정의이고, 개인의 차원에서는 이타성이다. 사회는 비록 불가피하게 비도덕적인 방법을 사용하지 않을 수 없더라도 궁극적으로는 정의를 추구해야 한다.

① 사회 집단의 도덕성은 개인의 도덕성보다 우위에 있다.

② 도덕적인 인간으로 구성된 집단은 항상 도덕적으로 행동한다.

③ 사회 문제를 해결하기 위해서는 사회 제도의 개선이 필요하다.

④ 개인의 양심은 도덕적인 사회를 만드는 것과 관련이 없다.

정답 : ③

해설 : 제시문은 니부어의 주장이다. 니부어에 의하면, 사회 집단의 구조와 제도가 개인들의 도덕성과 사회집단의 도덕성에 큰 영향을 미치기 때문에 사회 집단의 문제는 개인의 도덕성뿐만 아니라 사회 구조 및 제도적 차원에서 해결되어야 한다.

02

다음과 같은 문제에 대해 니부어가 강조한 해결책으로 옳은 것은?

> 사람들은 각자 자신의 행위를 결정할 때 다른 사람의 이익을 먼저 생각할 줄 안다. 이런 의미에서 사람들은 도덕적이다. 그러나 사회 집단은 다른 사람의 이익을 헤아릴 능력이 적어서 끝없는 이기심을 보인다.

① 개인의 양심 회복　　② 개인의 의식 개선

③ 개인의 도덕적 실천　　④ 사회 정책과 제도의 개선

정답 : ④

해설 : 제시문은 집단 이기주의에 대한 글이다. 니부어 (Niebuhr, R.)는 집단 이기주의의 해결책으로 개인의 도덕성 회복과 아울러 사회 제도와 정책의 개선을 강조하다.

03

다음과 같은 사회적 문제에 대한 설명으로 옳은 것은?

> 집값과 땅값이 비싸다고 널리 알려진 ○○지역 주민이 갑자기 술렁이기 시작하였다. 국유지인 ○○지역 옆 야산 녹지에 장애인 학교를 건립한다는 계획이 발표되었기 때문이다. 이 지역 주민은 혐오 시설로 인한 재산상의 손실 등을 이유로 플래카드를 들고 연일 반대 시위에 나섰다.

① 개인의 양심과 도덕적 실천의 문제이다.

② 개인적 차원의 이기주의보다 고치기 쉽다.

③ 개인의 양심과 도덕적 실천만이 해결책이 될 수 있다.

④ 개인의 의식 개선과 함께 사회 정책과 제도의 개선이 필요하다.

정답 : ④

해설 : 제시문은 집단 이기주의에 대한 글이다. 니부어는, 집단 이기주의는 개인적 이기주의보다 더 이기적인 모습으로 나타나며, 개인의 의식 개선만으로는 해결될 수 없다고 보았다.

04

다음 서양 사상가의 입장으로 옳지 <u>않은</u> 것은?

> 사회의 요구와 개인적 양심의 요청 사이에는 여간해서 화합하기 힘든 지속적인 모순과 갈등이 존재한다. 왜냐하면 사회는 정의를 최고의 도덕적 이상으로 삼지만, 개인은 이타성을 최고의 도덕적 이상으로 삼기 때문이다. 그래서 사회는 양심적인 사람들로부터 도덕적 승인을 받지 못하는 방법을 사용해서라도 정의를 추구해야 한다.

① 사회 부정의는 외적 강제력을 통해 타파되어야 한다.

② 개인들의 이기적 충동들은 집단 속에서 약화될 수 밖에 없다.

③ 집단들 간의 관계는 정치적이다.

④ 개인이 양심적이더라도 사회가 항상 도덕적인 것은 아니다.

정답 : ②

해설 : 니부어는 양심적인 개인이 모인 집단이라도 집단은 비도덕적일 수 있으며, 이와 같은 특성상 부정의의 타파를 위해서는 외적 강제력의 동원도 불가피하다고 보았다.

05

'도덕적 인간과 비도덕적 사회'에 대한 니부어의 생각으로 옳은 것은?

① 개인의 도덕성은 사회의 도덕성보다 떨어진다.

② 사회적 도덕 문제는 개인의 도덕성 회복을 통해서만 해결되어야 한다.

③ 개인의 노력으로 사회 집단의 도덕성을 유지하려는 노력을 계속해야 한다.

④ 사회 정책과 제도 개선을 통해 사회의 도덕적 문제를 해결할 수 있다.

정답 : ④

해설 : 니부어는 사회정책의 개선을 통해 도덕적 문제를 해결할 수 있다고 보았다.

06

니부어의 관점에서 다음의 도덕적 문제를 해결하기 위해 제시하는 방안으로 가장 우선되어야 할 것은?

> "님비"는 "내 뒷마당에는 안된다."라는 혐오 시설 기피 현상을 상징하는 표현으로, 이는 집단 이기심으로 인해 발생한 현상이라고 할 수 있다.

① 집단 구성원 간의 갈등 해결은 민주적 절차를 통한 법률 제정으로 가능하다.

② 양보와 배려의 미덕을 실천할 수 있도록 개개인의 양심에 지속적으로 호소한다.

③ 개인의 윤리 의식을 함양하기 위해 홍보와 교육을 실시한다.

④ 개인의 양심을 깨울 수 있는 교육 프로그램을 개발한다.

정답 : ①

해설 : 님비현상에 대한 해결방안을 고르는 문제이다. 이기심으로 인한 님비현상은 제도적 차원에서 해결할 수 있다.

정답 : ③

해설 : 우리가 속한 사회에는 수많은 제도가 있으며 우리는 다양한 사회 제도 속에서 살아가고 있으므로, 사회제도는 우리의 삶과 불가분의 관계에 있다.

07

사회 제도의 특징으로 옳은 것은?

① 시대와 상황에 따라 동일한 모습으로 나타난다.

② 우리가 속한 사회에서는 거의 찾아볼 수 없다.

③ 우리의 삶과 불가분의 관계에 있다.

④ 개인적 욕구를 마음껏 충족시키기 위해서 필요하다.

정답 : ③

해설 : 니부어는 개인적인 양심과 도덕의 실천만으로 사회 문제를 해결하는 데는 한계가 있음을 지적하고 사회 정책과 제도의 개선을 통해 사회문제를 해결할 것을 강조한다.

08

다음 글의 내용과 일치하는 주장으로 옳은 것은?

> 사회 집단이 개인보다 비도덕적인 이유 중 하나는 자연적 충동을 억제할 만큼 강력한 합리적 사회 세력을 만드는 것이 어렵기 때문이다. 또 다른 이유는 단지 개인들의 이기적 충동들이 합쳐져 집단적 이기심으로 나타났기 때문이다.   −니부어−

① 정치 영역들은 순전히 개인적인 윤리로 파악할 수 있다.

② 사회 집단은 개인보다 더 도덕적이다.

③ 사회 문제는 사회 정책과 제도의 개선을 통해 해결될 수 있다.

④ 개인의 도덕적 행위를 사회 집단의 도덕적 행위와 엄격하게 구별해서는 안된다.

정답 : ④

해설 : 사회 발전의 기준으로는 인간의 존엄성과 인도주의, 정의의 원칙 준수, 공동선 추구이다. 개별 집단의 이익만을 도모하는 것은 사회 발전의 기준으로 부적절하다.

09

다음 중 사회 발전의 기준으로 옳지 않은 것은?

① 인도주의 추구   ② 공동선의 추구

③ 정의로운 사회 제도   ④ 개별 집단의 이익 도모

10

공정한 사회 제도의 조건으로 보기 어려운 것은?

① 집단적 이기심이 반영되어야 한다.

② 사회 구성원들의 합의에 근거해야 한다.

③ 인간의 기본권을 보장하고 공동선을 실현해야 한다.

④ 시대 상황의 변화에 맞게 적절한 시기에 개선되어야 한다.

정답 : ①

해설 : 공정한 사회제도는 집단적 이기심이 아닌 공공선, 공공복리가 반영되어야 한다.

11

다음 주장에 대한 설명으로 옳은 것은?

　도덕적인 인간으로 구성된 사회일지라도 그 사회는 비도덕적일 수 있다. 한 개인은 양심적이고 이성적일 수 있기 때문에 자기 자신을 도덕적으로 만들 수 있다. 그러나 사회 집단은 그렇지 않고 매우 이기적이어서, 한 국가나 집단은 자기들의 이익을 위해서 부도덕적인 일도 행할 수 있다.

① 도덕적인 개인이 모였을 때 집단의 도덕성은 높은 편이다.

② 사회 제도를 개선하기 위해서는 개인의 도덕적 성찰이 필요하다.

③ 시민 혁명을 통하여 비폭력적으로 사회를 변화시켜야 한다.

④ 사회 구조가 비도덕적일 때 개인의 도덕성은 발휘되기 어렵다.

정답 : ④

해설 : 제시문은 니부어(Niebuhr, R.)의 사상이다. 그는 정의로운 사회를 건설하는 문제는 개인의 도덕성만으로는 해결이 불가능하며, 사회 제도의 개선과 구조적 변화를 통하여 부단히 노력해야 함을 강조하였다.

12

다음 중 지역 갈등에 대한 설명으로 옳지 <u>않은</u> 것은?

① 지역 이기주의와 관련된 갈등이다.

② 자신이 속한 지역에 하수처리장이 들어서는 것을 반대하는 것은 님비 현상이다.

③ 분단된 남북한 간의 갈등이 대표적인 예이다.

④ 백화점이나 지하철을 자신이 속한 지역에 유치하고자 하는 것은 핌피 현상이다.

정답 : ③

해설 : 남북 분단과 전쟁, 냉전 후 우리 사회의 북한을 바라 보는 시각 차이 등으로 인해 발생하는 갈등은 이념 갈등에 해당한다.

13

다음 사례들에 공통적으로 나타나는 갈등의 유형은?

- 천성산 터널 공사
- 새만금 간척 사업
- 부안군 방사성 폐기물 처리장 건설

① 환경 갈등

② 문화권 간의 갈등

③ 지역 갈등

④ 세대 갈등

정답 : ①

해설 : 제시된 사례는 공통적으로 개발과 환경을 주장하는 사람들 간의 입장 차이로 발생하는 환경 갈등에 해당한다.

14

사회 집단과 개인의 도덕성에 관한 니부어의 주장으로 보기 어려운 것은?

① 개별적인 인간은 행위를 결정할 때 타인의 이익을 고려하기도 한다.

② 개인적 이기심보다 집단적 이기심이 더욱 이기적인 모습으로 나타난다.

③ 집단보다는 개인이 자연적 충동을 억제할 수 있는 합리적인 힘을 지닌다.

④ 사회 집단의 경우 타인의 입장을 헤아릴 능력이 커지므로 이타적이기 쉽다.

정답 : ④

해설 : 니부어는 개인은 도덕적이더라도 집단의 이기심에 빠질 수 있다고 보았다.

15

다음 글을 읽고, 니부어가 사회 문제를 해결하기 위해 강조한 것은 무엇인가?

> 사회 집단은 개인보다 도덕적이지 못하기 때문에 개인적인 양심과 도덕의 실천만으로는 사회 문제를 해결하기 어렵다.

① 자유롭게 그냥 놔둔다.

② 도덕 규범 준수를 강조한다.

③ 사회 정책과 제도의 개선이 중요하다.

④ 개인의 의식 수준을 향상시키기 위해 노력한다.

정답 : ③

해설 : 니부어는 개인의 노력만으로는 사회 문제를 해결할 수 없기 때문에 사회 정책과 제도 개선이 필요하다고 하였다.

2. 사회정의와 정의로운 사회

01 1. 사회적 정의

(1) 사회적 정의

① 정의(正義)의 의미

- 플라톤 : 각 계층이 본성에 따른 고유한 기능을 수행하여 조화를 이룬 상태
- 아리스토텔레스(Aristoteles)의 분배적 정의 : 각자에게 각자의 정당한 몫을 돌려 줌으로써 아무도 불만을 제기하지 않는 방식으로 분배하는 것.
- 정의로운 사회 : 구성원 모두가 불만을 제기하지 않는 분배가 이루어지고, 구성 원 모두가 공동선을 추구하는 사회

② 롤스(John Rawls)의 절차적 정의

- 시대적 배경 : 자본주의와 사회주의의 역사적 실험이 마감되는 시점에서 '절차 의 공정성'에 주목함 → 합리적이고 공정한 절차와 원칙을 근거로 하여 분배 방 식을 결정해야 한다.
- 절차적 정의 : 공정한 절차가 있어 그 절차만 제대로 따르면 내용에 상관없이 그 결과도 공정한 것으로 간주하는 분배 방식 → 정의로운 분배 방식을 논하 는 가장 기본적인 접근으로 여겨진다.

(2) 사회적 약자에 대한 사회의 책임과 그 중요성

① 사회적 약자의 의미

- 신체적 장애나 질병, 노령, 실직 등으로 인해 상대적으로 다른 사람에 비해 열 악한 환경에 처해 있는 사람들
- 넓은 의미 : 상대적으로 열악한 위치에 놓일 수 있는 사람들 모두를 일컫는다.
  예 고아, 소년소녀 가장, 외국인 노동자, 북한 이탈 주민, 저소득층 등

② 롤스(John Rawls)의 공정으로서의 정의

- 전제 : 무지의 베일이 드리워져 있는 원초적 입장 → 자신의 이익에 관심이 있는 상호 무관심한 합리적 행위자들이 분배 방식을 결정한다.

- 사회적 · 자연적 우연성의 배제

  ㉠ 우연성이 배제된 상태에서 직접 분배를 결정함으로써 공정한 분배 방식이 도출될 수 있다.

  ㉡ 사회적 · 자연적 우연성 : 사회 계층 간의 과도한 소득 격차, 부의 세습, 불평등한 교육기회 상속 → 사회적 약자를 배려하지 않는 사회 분위기가 조성될 수 있다.

- 해결책 : 무지의 베일이 드리워진 원초적 입장 설정

  ㉠ 자신의 신분, 사회적 지위, 능력 등에 대하여 무지하다.

  ㉡ 자신이 최소 수혜자의 위치에 놓일 가능성을 염두에 두고 판단하게 된다.

  ㉢ 사회적 약자를 배려하기 위한 원칙에 합의하게 된다.

③ 사회적 약자에 대한 책임과 배려의 중요성

- 책임과 배려의 당위성

  ㉠ 누구나 인간다운 삶을 누릴 권리가 있다.

  ㉡ 개인의 재능은 도덕적 관점에서 볼 때 공동의 자산으로 간주해야 한다.

  ㉢ 계층 간의 과도한 소득 격차와 계층의 고정화 현상은 사회 통합과 민주주의에 부정적 영향을 끼친다.

- 사회 복지의 핵심 질문 : 해결책에 대한 사회적 합의가 쉽지 않다.

02 분배적 정의와 공정한 분배

(1) 자본주의와 분배 정의

① 정의(justice)의 필요성

- 인간의 이중적 본성 : 인간은 순전히 이기적인 존재도 아니며, 이타적인 존재도 아니다.

- 사회적 자원과 재화의 유한성과 희소성 : 한정된 재화나 자원이 무한한 인간의 욕구를 충족시키기에는 부족하다.

② 자본주의와 사회주의의 분배 기준

구분	분배 방식	문제점
자본주의	각자의 능력 · 업적 · 노력에 따른 분배 → 기회의 평등을 추구	과도한 빈부 격차가 발생한다.
사회주의	실질적 필요를 충족하도록 분배 → 경제적인 평등, 결과의 평등을 추구	일에 대한 동기가 약화됨으로 인하여 경제 발전이 어려움

③ 롤스(John Rawls)의 절차적 정의

- 시대적 배경 : 자본주의와 사회주의의 역사적 실험이 마감되는 시점에서' 절차의 공정성'에 주목한다. → 합리적이고 공정한 절차와 원칙을 근거로 하여 분배 방식을 결정해야 한다.

- 절차적 정의 : 공정한 절차가 있어 그 절차만 제대로 따르면 내용에 상관없이 그 결과도 공정한 것으로 간주하는 분배 방식 → 정의로운 분배 방식을 논하는 가장 기본적인 접근으로 여겨진다.

- 분배정의 실현을 위한 두 가지 원칙

  ㉠ 제1의 원칙 : 동등한 자유의 원칙

  ㉡ 제2의 원칙 : 차등의 원칙(최소 수혜자에게 최대의 이익), 기회 균등의 원칙

(2) 분배 정의의 사회윤리적 함의

① 아리스토텔레스(Aristoteles)의 분배적 정의 : 각자에게 각자의 정당한 몫을 돌려줌으로써 아무도 불만을 제기하지 않는 방식으로 분배하는 것이다.

② 정의로운 사회 : 구성원 모두가 불만을 제기하지 않는 분배가 이루어지고, 구성원 모두가 공동선을 추구하는 사회

(3) 공정한 분배의 여러 가지 기준

① 공정한 분배 : 사회 구성원에게 여러 가지 자원을 분배하는 원칙과 관련된 모든 것

② 기준

- 절대적 평등 : 모든사람을 동일한 인격으로 대우하고, 구성원 모두가 기회의 혜택을 가지는 것
- 필요 : 사회적 약자나 소외된 사람을 보호하는 것
- 능력 : 개인의 자유와 책임의식, 창의성 등을 고취시키는 것
- 업적 : 객관적 평가와 측정이 용이하고, 생산성을 향상시키는 동기를 제공하는 것
- 노동 : 일한만큼 더 많은 임금을 받는 것인데 현실적으로 적용하기 어렵다.

03 법적정의와 공정한 처벌

① 처벌에 대한 관점

구분	응보주의적 관점	공리주의적 관점
의미	처벌의 본질은 범죄 행위에 상응하는 처벌을 가하는 것	• 처벌은 사회 이익 증진을 위한 수단 • 처벌의 목적은 범죄를 예방하는 것
장점	공동체가 개인을 대신하여 범죄 행위 처벌	처벌에 대한 두려움을 통한 범죄 예방 및 범죄자 교화 효과
단점	처벌 그 자체가 목적이 되어, 범죄 예방과 무관하며 처벌 과정의 비용 부담 등의 문제가 발생한다.	• 처벌의 예방적 효과를 증명하기 어려움 • 인간을 사회 안정의 도구로 여겨 인간 존엄성을 훼손한다.

※ 응보주의적 관점(칸트) : 이성적 존재는 자신의 행동에 책임을 져야 한다.

② 공정한 처벌의 조건

- 죄가 명확하게 확실한 경우에만 처벌할 것
- 처벌이 위반이나 침해의 정도에 따라 비례할 것
- 법적 정의를 실현할 것

04 사형제도의 윤리적 쟁점

(1) 사형제도에 대한 이해

① 사형제도의 의미

- 의미 : 사형은 수형자의 생명을 박탈하는 형벌로 생명형이자 극형이다.
- 사형제도에 대한 기록 : 고조선의 '팔조금법', 서양의 '함무라비 법전'

② 사형제도의 변천

- 근대 이전 : 살인 범죄 뿐만 아니라 개인과 국가, 재산에 대한 범죄에까지 적용하였다.
- 근대 이후 : 인권에 포함되는 생명권을 중시하면서 사형제도의 제한 또는 폐지에 대한 논의가 전개되었다.

(2) 사형제도의 존폐 논쟁

① 사형제도의 찬성

- 응보적 관점(칸트,헤겔) : 범죄 행위에 상응하는 처벌로 공동체 질서 유지하자는 입장
- 범죄예방적 관점 : 흉악범 등 중대 범죄에 대하여 이를 위협하지 않으면 법익 보호의 목적을 달성할 수 없으며, 일종의 필요악으로 규정
- 사회방위론의 관점 : 사회 방위를 위해서 극히 유해한 범죄인을 사회로부터 완전히 격리시킬 필요가 있다.
- 시기상조론의 관점 : 공동선이 개인의 권리보다 우선하기 때문에 사회 상황 등을 고려하여 사형제도의 유지를 주장하였다.

② 사형제도의 반대

- **인도주의 관점** : 사형은 잔혹한 형벌로 생명권과 인간 존엄성을 침해하였다.
- **범죄 억제 효과 미흡** : 사형제도가 범죄를 억제하는 효과가 미흡하다.
- **응보적 관점의 비판(특수예방주의)** : 사형제도는 피해자를 대신하여 응보하는 성격을 가질 뿐이고, 형벌의 합리적 목표인 교화나 개선과는 무관하다.
- **오판 가능성의 존재** : 오판 가능성이 있고, 오판으로 사형이 집행되면 원상 회복이 불가능해진다.
- **정치적으로 악용의 수단** : 정치적인 반대 세력, 소수 민족 및 소외 집단에 대한 탄압 도구로 악용될 소지가 있다.

핵심체크 ① 아리스토텔레스(Aristoteles)의 분배적 정의

아리스토텔레스는 정의를 네 가지로 구분한다. 먼저, 명예와 돈, 공동 소유물과 같이 공동체에서 분배되는 것과 관계되는 분배 정의, 인간관계를 시정하고 바로 잡는 응보적 정의(시정적 정의), 교환 관계의 균등과 관계 있는 교환 정의, 공동체에서 균등한 자유와 관련된 정치적 정의가 그 네 가지이다. 그는 개인들 사이에 부와 명예를 공평하게 분배하기 위해서는 개인이 지닌 가치에 따라 분배해야 한다고 주장하였다.

핵심체크 ② 공산주의(共産主義)의 분배

공산주의 사회의 더 높은 단계가 되면, 즉 개인이 노예처럼 분업에 예속되는 상태가 사라지고 이와 함께 정신 노동과 육체 노동의 사이의 대립도 사라지고 나면, 노동이 생활을 위한 수단일 뿐만 아니라 그 자체가 삶의 제 1차적 욕구가 되고 나면, 개인들의 전면적 발전과 더불어 생산력도 성장하여 집단적인 부의 모든 원천이 흘러넘치고 나면, 그때 이후에야 비로소 부르주아적 권리의 좁은 한계가 완전히 극복되고 사회는 자신의 깃발에다 다음과 같이 쓸 수 있게 된다. '각자는 자신의 능력에 따라, 각자에게는 자신의 필요에 따라!'

– 마르크스Karl Heinrich Marx) –

핵심체크 ③ 공자(孔子)의 대동사회

　자식만을 자식으로 여기지 아니하였다. 늙은이는 말년을 잘 마칠 수 있게 하고, 젊은이는 쓰일 수 있게 하며, 어린이는 잘 자랄 수 있게 하고, 홀아비, 과부, 고아, 자식 없는 노인과 장애인은 모두 부양을 받을 수 있게 했다. 남자는 일정한 직분이 있고, 여자는 시집갈 곳이 있게 했다. 재화가 함부로 땅에 버려지는 것은 싫어하되, 반드시 자기만 쓰기 위해서 모아 두지 않게 하였다. 그러므로 간사한 모의는 닫혀져서 일어나지 않았고, 도절과 난적은 생기지 않았다. 그래서 바깥문을 닫지 않았다. 이것을 대동이라 한다. 　　　　　　　　　　　　　　　　－"예기(禮記)"

핵심체크 ④ 사형제도에 대한 칸트(Kant, Immanuel)의 입장

칸트는 역설적으로 어떤 사람을 사형에 처하는 것이 그를 목적으로 대우하는 방법이 될 수 있다고 주장한다.

1. 이성적 존재자는 그들의 행위에 책임질 수 있고 그 행위에 대해 정당하게 책임을 질 것이다.

2. 책임 있는 행위자는 자신의 행위를 통해 우리가 그들에게 어떻게 대응할 것인가를 결정하도록 허용하고 있는 셈이다.

3. 그 사람 자신의 악행이 그에게 부과된 형벌을 이끌어 낸다.

01

다음을 주장한 사상가가 부정의 대답을 할 질문으로 가장 적절한 것은?

> 차등의 원칙이란 부당한 불평등은 보상을 요구한다는 원칙이다. 출생이나 천부적 재능에 따른 불평등은 부당한 것으로, 이러한 불평등은 어떤 식으로든 보상되어야 한다. 모든 사람을 동등하게 취급하기 위해서, 즉 진정한 기회 균등을 제공하기 위해서 사회는 마땅히 보다 적은 천부적 자질을 가진 자와 보다 불리한 사회적 지위를 가지고 태어난 자에게 더 많은 관심을 가져야 한다.

① 천부적 재능은 사회적 자산으로 간주해야 하는가?

② 최소 수혜자를 배려하는 제도를 갖추어야 하는가?

③ 재화는 능력과 업적에 따라서만 분배되어야 하는가?

④ 정의의 원칙은 원초적 입장에서 도출되어야 하는가?

정답 : ③

해설 : 최소 수혜자에게 이익이 되는 분배 원칙을 강조하는 롤스(John Rawls)의 주장이다. 능력과 업적에 따라서만 분배가 이루어진다면 사회적 불평등이 더욱 심화될 수밖에 없으므로 이를 시정하기 위해 롤스는 국가에 의한 공정한 재분배 정책을 강조하였다.

정답과 해설

02

다음 자료에서 추구하는 정의에 대한 설명으로 옳은 것은?

> "균등한 사람들이 균등하지 않은 사물을 받거나, 균등하지 않은 사람들이 균등한 몫을 차지하는 경우에 분쟁과 불평이 생긴다. 이것은 그 사람의 가치에 따라 마땅한 상을 주어야 한다는 점에서 당연한 일이다."

정답 : ④

해설 : 비례적 균등에 대한 정의를 고르는 문제이다. 산술적 균등과 비례적균등을 구분하는 시각을 갖는다. 제시문은 비례적균등에 대한 내용으로서 균등하지 않은 사람들이 균등한 몫을 차지할때 문제가 생긴다고 하였다.

① 행위자가 다른 사람이나 사회에 미친 피해에 대한 교정에 주안점을 둔다.

② 이익을 배분하는 일에서 당사자들의 의견이 반영되는 '절차의 공정성'이 확보되어야 한다.

③ 형벌 즉 육체적인 해악은 도덕 법칙 수립이라는 원리에 따른 결과로 연결되는 것이어야 한다.

④ 피해에 대한 손실이 균등해지도록 하는 산술적 균등이 아니라 노력 등에 의한 비례적 균등을 추구한다.

03

다음 빈 칸 ㉠에 해당하는 것은?

> (㉠)은 권력, 기회, 부 등 개인적·사회적 이익과 납세 또는 국방의 의무 등의 부담을 공정하게 나누는 것을 말한다.

정답 : ②

해설 : 이익과 부담을 공정하게 나누는 것은 분배적 정의에 해당한다.

① 시정적 정의   ② 분배적 정의

③ 형벌적 정의   ④ 교정적 정의

04

다음의 재판 사례를 읽고 가장 옳게 추론한 것은?

> ○○고등 법원 형사 1부는 뇌물을 부하 직원에게서 받은 혐의로 구속 기소된 박○○씨에 대해 무죄를 선고했다. 재판부는 검찰이 부하직원 이○○씨를 취조하는 과정에서 잠을 재우지 않고 수일간 밤샘 조사를 하는 등의 강압적 방법으로 박○○씨에게 뇌물을 주었다는 자백을 받았으므로, 유죄의 증거로 삼을 수 없다고 하였다.

① 절차적 정의의 원칙이 중요함을 보여주고 있다.

② 롤스의 공정한 기회균등의 원칙이 중요함을 보여주고 있다.

③ 결과적 정의의 원칙이 재판에 반영되었다.

④ 롤스의 동등한 자유의 극대화 원리가 재판부에 의해 소홀히 취급되었다.

정답 : ①

해설 : 제시된 재판 사례는 적법한 절차를 거치지 않고 얻은 증거에 대해서 이를 법적 판단의 근거로 삼지 않는 것은 정의롭다는 절차적 정의의 원칙을 보여주는 것이다.

05

다음은 정의에 관한 설명이다. 빈 칸 ㉠에 해당하는 것으로 옳지 않은 것은?

> (㉠)은(는) 주로 국가의 법의 집행함으로써 실현되는 정의이다. 이것은 정해진 기준, 즉 법에 따라 공평하게 내린다면 의견 차이가 없을 것이다.

① 교정적 정의　　　　② 분배적 정의

③ 형벌적 정의　　　　④ 시정적 정의

정답 : ②

해설 : ㉠은 교정적 정의로 시정적 정의라고도 하는데, 배상적 정의와 형벌적 정의로 나눌 수 있다. 분배적 정의에 대해서는 그 기준을 놓고 의견이 사람들간에 다르다.

정답과 해설

06

다음의 글이 설명하는 내용으로 옳은 것은?

> 롤스가 정의로운 사회의 원칙으로 제시한 것으로 사회적 · 경제적 불평등은 그 사회에서 가장 약자인 이들에게 유리하도록 조정되어야 한 다는 것이다. 즉 사회의 최소 수혜자에게 최대의 이익을 보장해야 한다는 원칙이다.

① 동등의 원칙 ② 차등의 원칙

③ 무지의 베일의 원칙 ④ 자유 극대화의 원칙

정답 : ②

해설 : 롤스는 차등의 원칙에 따라 사회적 약자를 최우선 적으로 배려하는 복지정책이 시행되어야 한다고 보았다.

07

다음 중 절차적 정의에 대한 설명으로 옳지 않은 것은?

① 자유로운 선택과 교환 속에서 분배된다.

② 절차가 공정하다면 결과도 공정하다.

③ 사회적 약자에 대한 우선적 배려를 포함한다.

④ 국가가 국민에게 일정한 희생을 요구할 수 있다.

정답 : ①

해설 : 자유로운 선택과 교환 속에서 분배를 하면 사회적 약자를 배려할 수 없다.

08

다음의 글에서 나타난 문제점을 롤스의 관점으로 해결방안을 제시한 것은?

> 우리 사회에서 부의 편중과 소득의 양극화가 갈수록 심화되고 있다.

① 빈부 격차의 심각성을 홍보해야 한다.

② 국가가 모든 재화를 통제해야 한다.

③ 모든 사람에게 똑같이 임금을 주어야 한다.

④ 저소득층에 대한 복지 정책을 늘려야 한다.

정답 : ④

해설 : 롤스는 차등의 원칙에 입각하여 소득의 양극화 현상 해결을 위해 저소득층의 복지 혜택을 늘려야 한다고 주장할 것이다.

09

아리스토텔레스의 정의관에 해당하는 것으로 옳지 <u>않은</u> 것은?

① 국가의 법률에 따라 생활한다.

② 노력 이상의 대가를 받도록 한다.

③ 각자의 몫은 각자에게 돌아가도록 한다.

④ 사회 전체의 위계질서를 존중한다.

정답 : ②

해설 : 아리스토텔레스는 자기 몫을 차지하는 것이 정의라고 보았는데, 자기 몫은 노력한 대가를 의미한다.

10

다음 글과 같은 입장에서 옳지 <u>않은</u> 것은?

> 분배 정의와 복지권이 실현되기 위해서는 우선적으로 모든 사람들에게 공정한 기회를 제도적으로 보장해야 한다. 사람들은 각자의 능력과 자신이 처한 환경이 달라서, 조건이 좋은 사람은 자신의 목표를 쉽게 달성할 수 있는 반면, 그렇지 않은 사람은 아무리 노력해도 달성하기 어려운 경우가 있다.

① 사람들에게 공정한 기회를 부여하기 위한 소외 집단 우대 정책

② 농어촌 학생을 배려한 농어촌 자녀 특례 입학 제도

③ 한때 미국에서 채택되었던 흑백 분리법

④ 기업 채용에서 장애인 의무 고용 제도

정답 : ③

해설 : 흑백 분리법에 따르면 흑인과 백인은 서로 다른 학교를 다녀야 했고, 버스에서 조차 좌석이 구분되어 있었다.

정답과 해설   도덕   02. 사회정의와 정의로운 사회

11

다음 내용과 관련 있는 분배 기준은?

> 서로 균등하지 않은 사람들이 균등한 사물을 가져서는 안 된다. 균등한 사람들이 균등하지 않은 사물을 받거나, 균등하지 않은 사람들이 균등한 몫을 차지하는 경우에 분쟁과 불평이 생긴다. 이것은 그 사람의 가치에 따라 마땅한 상을 주어야 한다는 점에서 당연한 일이다.

① 업적

② 평등

③ 필요

④ 차등

정답 : ①

해설 : 제시문은 아리스토텔레스의 「니코마코스 윤리학」에 나오는 내용으로, 업적에 따른 보상을 분배 기준으로 제시하고 있다.

12

다음 글과 가장 관련이 깊은 것은?

> 국가를 다스리는 사람은 백성이나 토지가 적은 것을 걱정하지 말고 분배가 균등하지 못한 것을 걱정하며, 가난한 것을 걱정하지 말고 평안하지 못한 것을 걱정하라고 했다. 대개 분배가 균등하면 가난이 없고, 서로가 화합을 이루면 백성이 적은 것이 문제될리 없으며, 평안하면 나라가 기울어질 일이 없다.

① 분배 정의

② 경제 성장

③ 복지 사회

④ 국가 안보

정답 : ①

해설 : 제시문은 공자의 주장이다. 공자는 물질적 풍요보다 균등한 분배의 중요성을 주장하고 있다.

13

다음과 같은 복지 사회를 실현하기 위한 조건으로 옳지 <u>않은</u> 것은?

> 사람은 누구나 행복하게 살 권리가 있다. 그러나 어떤 사람들은 안락하고 만족한 상태에서 건강하게 살고 있는 반면, 어떤 사람들은 빈곤이나 질병, 신체적 장애나 고령 등으로 인하여 불안정한 삶을 살고 있다. 따라서 모든 사람들이 행복하게 살 수 있는 복지 사회를 우리는 추구해야 한다.

① 사회 구조와 제도가 공정해야 한다.

② 결과적으로 평등한 분배를 지향해야 한다.

③ 기회 균등이 보장되어야 한다.

④ 인간 존중을 사회의 기본 원리로 삼아야 한다.

정답 : ②

해설 : 결과적으로 평등한 분배를 지향하면 근로 의욕 저하 등의 문제를 야기하므로 현대 복지 사회의 조건으로 적합하지 않다.

14

분배 정의에 대한 내용으로 올바른 것은?

① 일반적으로 산술적인 평등을 의미한다.

② 분배 정의는 적절한 분배의 몫에 합의하기 위한 원리이다.

③ 사회 구성원들은 사회적 이익의 분배에 대하여 쉽게 합의한다.

④ 이익의 분배는 사회 체제의 원리에 순응하는 형태로 이루어져야 한다.

정답 : ②

해설 : 분배의 정의는 이익의 분배를 결정해 줄 사회 체제를 선정하고 적절한 분배의 몫에 합의하기 위한 원리이다.

15

다음에서 설명하고 있는 분배 기준과 해당되는 용어는?

> 사회적 재화의 공평한 배분과 동등한 기회 부여

① 재산   ② 평등   ③ 업적   ④ 차별

정답 : ②

해설 : 분배 정의의 다양한 기준 중 평등(불편부당성)으로 분배가 한쪽의 이익에 치우지지 않고 똑같이 이루어지는 것이다.

3. 인권 존중과 공정한 사회

01 인권 존중의 윤리적 의미

① 인간 존엄성과 인권

- 인간 존엄성 : 모든 인간은 그 자체로 소중한 존재이므로 수단이 아닌 목적으로 대우받아야 한다.
- 인권 : 인간이라는 이유만으로 개인이 마땅히 누려야 할 권리
  → 인간의 기본적 권리
- 인권 존중의 중요성 : 모든 인류가 추구해야 하는 보편 윤리의 핵심이며, 그 사회의 도덕성과 정의로움을 평가하는 척도가 되기 때문이다.

② 인권의 특징

보편성(普遍性)	인종, 성별, 종교, 사회적 신분과 무관하게 모든 인간이 보편적으로 누리는 권리
천부성(天賦性)	사람이라면 누구나 처음부터 가지고 태어나는 권리
항구성(恒久性)	박탈당하지 않고 영구히 보장되는 권리
불가침성(不可侵性)	누구도 침범할 수 없는 절대적 권리

③ 인권과 관련한 문서

[세계 인권 선언]
제1조. 모든 사람은 태어날 때부터 자유롭고 존엄하며 평등하다. 모든 사람은 이성과 양심을 가지고 있으므로 서로에게 형제애의 정신으로 대해야 한다.
제2조. 모든 사람은 …… 어떠한 종류의 구별도 없이 이 선언에 제시된 모든 권리와 자유를 누릴 자격이 있다.
[국제 연합 헌장]
제1조 3항. …… 인종, 성별, 언어 또는 종교에 따른 차별 없이 모든 사람의 인권 및 기본적 자유에 대한 존중을 촉진하고 장려함에 있어 국제적 협력을 달성한다.

인권과 관련된 문서로는 영국의 권리 장전(1689), 미국의 독립 선언서(1776), 프랑스의 인권과 시민의 권리 선언(1789), 국제 연합(UN)의 세계 인권 선언(1948) 등이 있다.

02 차별과 역차별, 우대 정책의 윤리적 문제

(1) 차별의 윤리적 문제

① 차별의 의미 : 기본적으로 평등한 사회 구성원을 불합리하고 자의적인 기준에 따라 불평등하게 대우하는 것이다.

② 차별의 윤리적 문제

차별	평등한 사회 구성원을 불합리하고 자의적인 기준에 따라 불평등하게 대우하는 것.
차별의 영향	• 사회 구성원의 인권을 침해하여 정의롭지 못한 사회를 만들 수 있다. • 구성원 간의 조화와 협동 저해. • 사회 통합과 발전에 부정적 영향을 미침.

③ 소수 집단 우대 정책과 역차별의 윤리적 문제

• 소수 집단에 대한 차별을 시정하기 위한 적극적 정책
→ 인권 존중 및 공정하고 실질적인 기회 균등의 실현을 추구한다.

(2) 역차별 및 우대 정책의 윤리적 쟁점

① 역차별 및 우대 정책

• 차별에 따른 불평등을 시정하기 위해 그 동안 차별받아 온 사람들에게 고용, 교육 등 측면에서 기회균등을 제공한다.

예 장애인 우대 정책 : 장애인이 일상생활에서 겪는 어려움을 해소해 주거나 진학, 취업 등에서 받는 불이익을 줄이고자 한다.

여성 우대 정책 : 기존의 남성 중심 사회 구조에서 불이익을 받았던 여성에게 채용이나 승진 및 공직 진출의 혜택을 제공하고자 한다.

소수 인종 우대 정책 : 소수 인종이라는 이유로 차별받아 온 사람에게 다양한 기회와 혜택을 제공하고자 한다.

② 우대 정책 찬반 입장 비교

찬성	반대
• 보상의 논리 : 과거의 차별 때문에 받아 온 고통에 대해 보상받을 권리가 있다. • 재분배의 논리 : 사회적 약자에게 경제적 부나 사회적 지위를 얻을 수 있는 유리한 기회를 부여할 필요가 있다. • 공리주의 논리 : 사회적 약자를 배려하면서 사회적 긴장을 완화하고 사회 전체의 행복을 증진할 수 있다.	• 역차별의 논리 : 사회적 약자에 대한 특혜는 일반사람들의 기회를 박탈하여 또 다른 차별을 낳을 수 있다. • 보상 책임의 부당성 논리 : 과거의 차별에 대해 잘못이 없는 후손에게 보상의 책임을 지우는 것은 부당하다. • 업적주의 원칙 위배 논리 : 우대 정책에 따라 노력이나 성취를 무시하는 것은 불공정하다.

03 부패(腐敗) 방지와 청렴(淸廉)

① 사회 부패의 현상과 원인

• 부패 행위의 의미

  ㉠ 개인의 이익을 위해서 공직을 이용하는 위법 행위

  ㉡ 법규 위반 및 일탈 행위, 개인의 사적인 이익 도모를 위해 지위 또는 권한을 부당하게 행사하거나, 공익을 훼손하는 일체의 행위

• 부패 현상의 사례 : 공직자의 뇌물 수수, 정치인의 부정 선거, 인사 비리와 청탁, 정경 유착, 법적용의 형평성 결여, 부실 공사로 인한 재해 등

• 부패 현상으로 인한 문제점

  ㉠ 공정한 경쟁을 막고 뇌물과 연고주의, 정실주의 등을 통해 소수의 사람들만이 부정의한 이익을 취하게 된다.

  ㉡ 사회 불평등을 양산하고 분배 정의를 실현하지 못하게 한다.

  ㉢ 개인에게 정신적, 물질적 피해를 가져다 준다.

• 사회 부패의 원인

  ㉠ 국민들의 부패에 대한 낮은 수준의 저항 의식 : 국민들의 낮은 도덕성은 부패와 부정을 쉽게 행하도록 작용하였다.

ⓒ 개인의 지나친 이기심 : 나와 내 주변 사람들의 이익만을 우선시하는 편협하고 이기적인 생각 때문에 부패가 발생한다.

ⓒ 부패에 관대한 사회의 관행과 문화 : 혈연과 학연, 지연을 우선시하는 연고주의나 친분있는 사람에게 특별히 관대한 정실주의 등으로 인하여 부패가 발생하였다.

ⓔ 부패를 조장하는 사회 구조 : 부패를 방지하기 위한 사회적 장치가 미비하여 사회 구조적 차원에서 부패를 재생산하였다.

② 사회 부패 방지와 정의의 역할

• 반부패와 투명성

ⓐ 반부패의 의미와 한계 : 부패를 없애고 부패가 일어나지 않는 환경을 만들자는 '반부패'는 좋은 상태가 어떤 것인지에 대한 선명한 이미지를 전달해 주기 어렵다.

ⓑ 투명성의 의미 : 국가의 행정 절차가 얼마나 공정하고 깨끗하게 이루어지는가를 표현한 것이다.

ⓒ 투명성 확보를 위한 국제 투명성 기구의 노력 : 기업과 일반 국민에게는 뇌물을 주지 않으려는 결심과 실천을 강조한다. 관리와 정치가에게는 뇌물을 받지 않고 직무를 성실히 수행하는 책임과 의무를 강조하였다.

• 응보적 정의 : 사회 부패에 대한 정의론으로 흔히 응보적 정의가 논의되었다.

• 공정으로서의 정의 : 정의의 원칙을 실현하려면 식량과 재화, 기회를 배분하는 일에서 당사자들의 의견이 반영되는 '절차의 공정성'이 확보되어야 한다. 이러한 공정하면서도 공평한 배분이 이루어져야 부패가 줄어들 수 있다.

• 사회 부패 방지를 위한 방안들

ⓐ 구성원들의 사회정의와 도덕적 규범에 대한 의식 강화 : 도덕적으로 성숙한 사회일수록 반사회적 부패 행위에 대한 저항력을 지닌다.

ⓑ 부패 방지를 위한 제도적 장치 마련 : 국가 정책적인 면에서 부패 행위에 대한 감시와 제재 활동을 지원하고, 부패 행위에 대해 직접 규제를 하는 관련 기구와 이를 지원할 제도를 정비해야 한다.

ⓒ 시민 단체의 사회 감시 활동 강화 : 기존의 부패 방지 체제에서 부족한 점을 보완해 줄 수 있는 방법, 시민 감시 활동의 강화는 사회 부패 방지에 대한 국민의 공감과 적극적인 합의를 이끌어낼 수 있다.

③ 청렴의 의미와 반부패 · 청렴 의지의 확립

• 청렴의 의미

ⓐ 사전적 의미 : 성품과 품행이 맑고 깨끗하며, 탐욕을 부리지 않는 것. 자신에 대한 도덕적인 건전성 내지 성실함을 뜻한다.

ⓑ 넓은 의미 : 반부패, 투명성, 공정성, 책임성을 포함하는 포괄적인 개념이다.

• 청렴과 반부패의 의미 비교

ⓐ 청렴 : 정신적 · 인격적 수양을 강조하는 능동적이고 적극적인 표현이다.

ⓑ 반부패 : 부정에 대한 억제와 감시를 의미하는 수동적이고 소극적인 표현이다.

• 청렴을 강조한 전통 윤리의 덕목들

ⓐ 눈앞의 이익보다 옳음을 중시하는 견리사의(見利思義)의 자세

ⓑ 부당한 재물을 취하기보다는 청빈(淸貧)을 중시하는 태도

ⓒ 개인의 이익보다 공공의 이익을 우선시하는 멸사봉공(滅私奉公)의 자세

• 반부패 · 청렴 의지의 확립

ⓐ 개인의 노력 : 부패 척결 의지를 굳게 하려는 노력, 부패와 불의에 대해 방관하지 않는 태도, 시민 감시 체계 활동 강화

ⓑ 국가적인 노력 : 부패 전담 기구 설치, 금융 실명제 도입, 시민 사회의 참여 확대, 공공 기관의 청렴도 조사, 국민권익위원회를 통해 청렴 지수를 높이기 위해 노력

• 공직자의 청렴 노력 : 공직자의 청렴은 깨끗한 사회를 만들기 위한 것이며 공무원의 의무이다.

• 공직자에 대한 정약용의 청렴 강조 (청백리정신)
청렴은 수령의 본래 직무로 모든 선의 원천이며 모든 덕의 근본이다.
··· (중략) ··· 청렴하지 않고서 수령 노릇을 잘할 수 있는 사람은 없다.

• 봉공정신 : 개인을 넘어 공동체, 국가공사를 우선한다.

04 준법과 시민불복종(市民不服從)

① 준법의 필요성 : 개인의 자유와 권리 보호, 사회 질서 유지 및 평화에 기여, 정의
로운 사회 구현이 가능하기 때문이다.

② 시민 불복종의 의미와 정당화 조건

- 의미 : 부정의한 법이나 정부 정책을 변혁시키려는 목적으로 행하는 의도적 위
법 행위 → 정의에 대한 규범적·윤리적 근거를 알리기 위해 법을 공개적·의
식적으로 위반하는 행위이다.

- 시민 불복종의 정당화 조건

공공성 (공익성)	사익추구가 아니라 사회 정의실현을 목적으로 하는 양심적 행위이어야 한다.
공개성	은밀히 이루어지는 것이 아니라 공개적으로 이루어지는 행위이어야 한다.
비폭력성	폭력적이거나 파괴적인 방법이 아니라 비폭력적인 방법으로 전개되어야 한다.
최후의 수단	합법적 개혁의 방법을 활용했으나 효과가 없었을 때 최후의 수단으로 시도되 어야 한다.
처벌 감수	사회의 전체적 법체계에 대한 존중의 의미로 처벌을 감수해야 한다.

핵심체크 ❶ 세계인권선언(世界人權宣言)

　　1948년 6월 국제 연합 인권 위원회에 의해 선언문이 완성되었고, 같은 해 12월 10일 파리에서 개최된 제 3차 국제 연합 총회에서 만장일치로 채택되었다. 선포될 당시 58개 전체 회원국이 각자 처해 있는 서로 다른 경제 발전 수준과 다양한 이데올로기, 정치 체제, 종교·문화적 배경을 뛰어넘어 세계의 주요 법체계와 종교적이고 철학적인 전통에 내재된 보편적 가치를 담아내고자 노력했다.

　　세계 인권 선언은 개인의 자유와 권리를 상세히 명시하면서 인권과 기본적 자유가 모든 사람과 모든 장소에서 똑같이 적용된다는 사실을 세계 최초로 인정한 선언이다. 오늘날 이 선언은 세계적으로 약 250여개의 언어로 번역되어 가장 많이 인용되는 인권 문서로 인정되고 있을 뿐 아니라 국제 인권법의 토대로서 수많은 인권 조약과 국제 선언의 전범이 되고 있다. 또한 그 이념과 내용이 수많은 국가의 헌법과 법률에 반영되어 있다.

핵심체크 ❷ 우대정책에 대한 윤리적 쟁점

찬성	반대
• 오랜 기간 부당한 대우에 대한 보상 필요 • 사회적 약자에게 경제적 부와 사회적 지위에 대한 유리한 기회 부여 • 공리주의 논리 : 사회적 긴장 완화와 사회 전체의 평화와 행복 증진	• 우대 정책에서 제외되는 사람들에 대한 역차별 • 과거 차별에 대한 보상은 부당 • 업적주의 원칙에 위배 : 노력과 성취라는 기준에 의한 분배가 아님.

핵심체크 ❸ 시민불복종의 정당조건

행위 목적의 정당성	기본권을 침해하고 사회정의를 훼손하는 법이나 정책에 저항해야 한다.
공개적 행위	은밀히 이루어지는 것이 아니라 공개적으로 이루어져야 한다.
비폭력	폭력적이거나 파괴적인 방법을 피해야 한다.
최후의 수단	합법적인 방법으로 호소했지만 소용이 없을 때 이루어져야 한다.
처벌 감수	기본적으로 법을 존중하고, 정당한 법체계를 세우려는 운동임을 분명히 해야 한다.

01

다음 중 부패 현상이라고 보기 <u>어려운</u> 사례를 고르면?

① 친한 후배의 제품 입찰에 우선권을 부여한 공무원

② 자기 아내의 수술을 직접 시술한 의사

③ 친한 선수에게 유리한 판정을 내린 심판

④ 지인의 아들에게 실력 이상의 좋은 학점을 준 교수

정답 : ②

해설 : 자신의 아내 수술을 직접한 행위는 부패와는 관련이 없다.

02

투명성 증진과 관련된 제도적 노력으로 볼 수 <u>없는</u> 것은?

① 채용 시험의 채점 기준 공개

② 공개 입찰 제도의 확대

③ 관공서 건물과 시설의 최소화

④ 비공개 채용의 제도화

정답 : ④

해설 : 비공개 채용은 투명성 증진과 관련한 노력에 반대되는 내용이다.

03

부패 발생의 기본 원리에 대한 설명으로 옳지 <u>않은</u> 것은?

① 부패 행위에 대한 처벌이 강할수록 부패가 줄어든다.

② 공직자의 재량권이 넓을수록 부패 행위가 줄어든다.

③ 공직자의 독점 권한이 강할수록 부패 행위가 늘어난다.

④ 공직자의 책임성이 낮을수록 부패 행위가 늘어난다.

정답 : ②

해설 : 공직자의 재량권이 넓어지면 부패 행위도 늘어난다.

04

시민 불복종의 정당화 조건으로 적절하지 않은 것은?

① 비폭력적인 방법으로 일관해야 한다.

② 부당한 법에 근거하여 부과되는 처벌은 거부해야 한다.

③ 개인적 이익이 아닌 사회정의의 실현을 목적으로 해야 한다.

④ 정치적 신념을 공개적으로 표현하고 공동체의 정의감에 호소해야 한다.

정답 : ②

해설 : 시민 불복종이 정당화되기 위해서는 위법 행위에 대한 처벌을 기꺼이 받아들여야 한다. 이를 통해 기본적으로 법을 존중하고 정당한 법체계를 세우려는 운동임을 명확히 해야 한다.

05

사회적 약자에 대한 설명으로 옳지 않은 것은?

① 사회적 약자가 되는 원인이 국가에 있다.

② 다른 사람들보다 불리한 위치에 있다.

③ 사회적, 국가적 지원이 필요한 대상이다.

④ 사회에서 차별을 받고 어렵게 생활한다.

정답 : ①

해설 : 사회적 약자가 되는 원인은 사회 구조적인 측면도 있지만, 가정 환경, 개인의 노력이나 능력 부족, 사업 실패 등 개인적인 요인에 의해 생기기도 한다.

06

역차별을 정당화할 수 있는 조건이 아닌 것은?

① 우대 수준에 대한 구성원의 합의가 있어야 한다.

② 우대 조치를 가장 높은 수준으로 설정해야 한다.

③ 선의의 희생자들을 많이 만들어 내지 말아야 한다.

④ 차별을 효과적으로 바로잡을 수 있는 조치를 취해야 한다.

정답 : ②

해설 : 역차별을 정당화시키려면 우대 수준을 너무 낮게 하거나 높게 해서는 안 되고, 합리적으로 정해야 한다.

07

다음은 소로의 주장이다. 그의 입장으로 가장 옳은 것은?

> 내가 떠 맡을 권리가 있는 나의 유일한 책무는, 어떤 때이고 간에 내가 옳다고 생각하는 일을 행하는 것이다. 법이 사람들을 조금이라도 더 정의로운 인간으로 만든 적은 없다. 오히려 법에 대한 존경심 때문에 선량한 사람들조차도 매일매일 불의의 하수인이 되고 있다.

① 옳지 못한 국가 권력에 대해서는 불복종할 권리가 있다.

② 시민 불복종은 국가를 거부하는 일에서 시작된다.

③ 시민 불복종 행위는 정부의 불의한 정책을 증대시킨다.

④ 시민 불복종 행위는 정부의 법집행권 포기를 추구한다.

정답 : ①

해설 : 제시문은 미국이 멕시코 전쟁을 위해 거둔 인두세를 부당하다고 여겨 납부를 거부하여 투옥되었던 소로의 주장이다. 그는 옳지 못한 국가 권력에 대해서는 시민이 불복종할 권리를 가진다고 주장하였다.

08

다음을 주장한 사람의 입장에서 제시한 ㉠의 근거로 가장 옳은 것은?

> 시민 불복종이 정당화되기 위해서는 폭력적이거나 파괴적인 방법을 자제하고 평화적인 방법을 사용해야 한다. 그리고 '㉠부당한 법을 어김으로써 받게 되는 처벌을 감수해야 한다.'

① 부당한 법은 파괴적인 방법으로 불복종해야 함을 보여 줄 수 있다.

② 부당한 법에 대한 존중심이 없음을 보여 줄 수 있다.

③ 시민 불복종이 정당화될 수 없음을 보여 줄 수 있다.

④ 사회 구성원들의 양심에 그 법의 부당성을 호소할 수 있다.

정답 : ④

해설 : 부당한 법을 어김으로써 받게 되는 처벌을 감수하는 것은, 법에 대한 존중심을 가짐으로써 사회 구성원들의 양심에 그 법의 부당성을 호소할 수 있다고 보는 것과 관련 있다.

정답과 해설

09

공직자에 대한 설명으로 옳지 않은 것은?

① 국가의 일을 수행하는 사람이다.

② 국민의 행복한 삶을 위해 봉사한다.

③ 자신의 편의를 위해 민원을 신청한다.

④ 국민을 위한 정책을 연구하고 개발한다.

정답 : ③

해설 : 자신의 편의를 위해서 민원을 신청하는 것은 공직자의 설명과 거리가 멀다.

10

비폭력의 의미에 대한 설명으로 옳지 않은 것은?

① 폭력에 대해 능동적으로 저항하는 방법이다.

② 폭력적인 사회현상에 대해 반대하는 것이다.

③ 힘이 없을 때 어쩔 수 없이 굴복하는 것이다.

④ 어떤 문제를 해결할 때 폭력을 쓰지 않는 것이다.

정답 : ③

해설 : 비폭력은 힘이 없어 어쩔 수 없이 굴복하는 것이 아니라, 폭력에 대해 평화적인 방법으로 저항하는 것이다.

11

다음 글의 빈 칸 ㉠에 들어갈 인간의 특성으로 옳은 것은?

> 사회제도는 인간의 필요에 따라 인간이 만들고 인간에 의해 운영된다. 따라서 사회제도가 불공정한 원인은 인간에게서 찾는 것이 합당하다고 할 수 있다. 이때 우리가 주목하는 것이 (㉠)로서의 인간이다.

① 공동선을 추구하는 존재

② 공동체에 대해 헌신하는 존재

③ 자기 이익을 추구하는 존재

④ 자유와 평등을 사랑하는 존재

정답 : ③

해설 : 사회 제도가 불공정해지는 원인은 먼저 자기 이익을 추구하는 존재로서의 인간에게서 찾을 수 있다. 평등이 조화를 이루는 존재.

12

시민 불복종이 정당화되기 위해 갖추어야 할 조건이 <u>아닌</u> 것은?

① 최후의 수단이어야 한다.

② 공리주의적 관점에서 모든 수단을 동원해야 한다.

③ 비폭력적이어야 한다.

④ 법질서 준수를 전제로 처벌을 감수해야 한다.

정답 : ②

해설 : 목적을 이루기 위해 수단 방법을 가리지 않는다고 해서 정당성을 확보할 수 있는 것은 아니다.

13

시민 불복종 운동이 긍정적인 평가를 받는 이유로 옳은 것은?

① 인간의 존엄성, 공동선, 정의를 고려하지 않았다.

② 정의롭지 않은 사회제도 개선을 위해 온갖 수단 방법을 동원하였다.

③ 사회제도의 효율성을 높이기 위해 노력하였다.

④ 사회제도보다 위에 있는, 보다 더 근본적이고 소중한 가치에 호소하였다.

정답 : ④

해설 : 시민 불복종은 사회 제도보다 위에 있는 보다 더 근본적이고 소중한 가치인 인간의 존엄성, 공동선, 정의 등에 바탕을 둘 때 정당성을 얻을 수 있다.

14

다음 글을 바탕으로 추론한 내용으로 옳은 것은?

> 교통법규는 공정하게 만들었지만 그 법규를 어긴 경우에 누구나 같은 처벌을 받는 것이 아니라면 공정하다고 말할 수 없다.

① 사회제도의 공정성은 공정한 적용을 통해 구현될 수 있다.

② 현실에 존재하는 사회제도에 대해 공정성을 기대해서는 안 된다.

③ 사회제도를 모든 사람이 수긍할 수 있도록 공정하게 만들어야 한다.

④ 사회제도가 공정성을 가지기 위해서는 제도를 어긴 경우에 처벌을 강화해야 한다.

정답 : ①

해설 : 사회제도가 진정한 공정성을 가지기 위해서는 현실에서 누구에게나 공정하게 적용되어야 함을 강조하고 있다.

정답과 해설

15

다음 사례들의 공통점으로 옳은 것은?

> • 남아프리카 공화국의 인종 분리 정책(아파르트헤이트)반대 운동
> • 여성의 참정권 획득을 위한 영국과 미국의 시민 운동
> • 1986년 우리나라의 방송 시청료 납부 거부 운동

정답 : ③

해설 : 남아프리카 공화국에 서는 결국 인종 분리 정책이 철폐되고, 시청료 납부 거부 운동은 언론 기본법 폐지, 방송법 제정의 성과를 가져왔고, 여성 참정권 운동은 격렬한 시위 등의 직접적인 행동을 통해 1986권리를 획득하였다.

① 폭력성 때문에 정당성을 인정받지 못했다.

② 많은 시민의 지지에도 불구하고 사회 변화를 이끌어내지 못했다.

③ 정의롭지 못한 법과 정책을 변화시켰다.

④ 모든 시민의 지지를 받았다.

4. 직업의 의의와 직업 생활의 윤리적 책임

01 직업의 의의와 직업 윤리의 중요성

(1) 직업의 개념

① 직업의 의미

- 의미 : 한 인간이 독립적인 삶을 꾸려 가려고 경제적 보상을 받으면서 자발적으로 하는 지속적인 일 또는 활동을 말한다.

- 직업이라는 말의 유의어

  ㉠ 직업(職業) : 직 – 사회적 지위나 직분, 업 – 생계를 유지하는 노동

  ㉡ 오큐페이션(occupation), 잡(job) : 생계유지나 경제적 보수를 얻기 위한 생계직의 성격을 의미한다.

  ㉢ 프러페션(profession) : 사회적 위상이나 지위가 담겨 있는 전문직을 의미한다.

  ㉣ 보케이션(vocation), 콜링(calling) : 신으로부터 부여된 소명직으로서의 직업을 의미한다.

- 직업과 직업 아닌 것의 구분 : 경제적 보상, 자발성, 지속성의 여부

② 직업의 기능

- 생계직 : 안정된 삶을 영위해 나가는 데 중요한 경제적 생계 수단이다.

- 전문직 : 개인의 잠재력과 재능을 발휘함으로써 개인의 자아실현을 이루는 통로이다.

- 소명직 : 원만한 사회생활과 사회적 봉사의 중요한 수단이다.

(2) 다양한 직업관

① 동양의 관점

- 맹자(孟子)

  ㉠ 생계유지 수단 및 사회적 분업을 강조하였다.

  ㉡ 직업을 통해 백성에게 일정한 생활 근거[항산(恒産)]를 마련해 주어야 한다.

  ㉢ 백성의 일할 권리, 직업 간의 상호 보완적 관계를 강조하였다.

- 순자(荀子)

  ㉠ 사회적 역할 분담을 강조하였다.

  ㉡ 욕망을 긍정하면서 그것을 적절하게 절제할 필요성을 강조하였다.

  ㉢ 예(禮) : 각 사람의 적성과 능력에 따라 사회적 역할 분담을 규정해 주는 규범이다.

- 공자

  ㉠ 정명정신 : 생활 속에서 자신이 맡은 직분에 충실한다.

- 전통적 직업관 : 장인정신을 강조, '두레'를 통한 상부상조의 근로의식과 협동정신 고취

- 실학 : 개인의 재능과 학식에 따른 사회 분업적 관점 유지 → 노동을 하지 않는 양반들을 비판한다.

② 서양의 관점

- 고대 그리스

  ㉠ 덕(arete-) : 사람이나 사물이 지닌 고유한 기능을 유감없이 발휘하는 탁월성

  ㉡ 육체 노동을 정신 노동보다 열등한 것으로 간주한다.

- 중세 기독교 : 노동은 속죄의 의미를 가짐.

- 직업 소명설(칼뱅Calvin, Jean) : 직업은 신의 거룩한 부름에 따라 행하는 것이다.

- 베버(Max Weber)의 직업론 : 서구에서 자본주의가 발달한 원동력은 프로테스탄티즘의 윤리가 자본주의 정신과 결합했기 때문이다.

③ 극복해야 할 직업관

- 소외의 문제 : 산업화 시대에 인간의 개성, 창의성 및 자기 반성이 약해지면서 발생하였다.
- 직업의 귀천을 따짐 : 부의 획득 수단이나 자기 과시 수단으로만 생각하였다.

(3) 직업윤리의 개념

① 직업윤리의 기본 원칙

- 직업윤리는 일반인에게 요구되는 정직, 성실, 신의 같은 덕목에 바탕을 둔다.
- 특정 직업에 요구되는, 즉 해당 직업의 특성에 알맞은 윤리도 지켜야 한다.
- 특수성을 지나치게 강조하면 윤리적 상대주의나 회의주의에 빠질 수 있다.

② 직업의 도덕적 의미

- 자아실현 : 직업을 통해 성취감과 만족, 삶의 의미를 발견하는 것이다.
- 천직, 소명 의식, 사회적 책임 : 자신의 능력과 역량에 따라 맡은 직분을 직업적 양심을 가지고 성실하게 수행해야 한다. → 사회 공동체의 발전에 기여
- 전문성 : 맡은 업무를 탁월하게 수행하는 특성 → 해당 업무에 대한 전문적인 기술과 지식을 지녀야 한다.
- 인간애와 연대의식 : 자신이 속해 있는 직업공동체를 건강하게 가꾸어야 한다.

(4) 직업윤리의 중요성

① 직업윤리가 확립되지 않은 사회 : 부정부패, 범죄, 비리와 같은 사회 병리현상 발생

② 바람직한 직업인 : 직업윤리 확보, 직업인 상호 간의 신뢰감 형성

02 직업적 성공의 도덕적 의미

(1) 직업생활과 성공

① 자아실현, 국가와 사회에 대한 기여도, 도덕적인 측면과 관련

② 경제적인 부의 획득, 자아실현, 사회적 용인(사회적 윤리와 사회 규범)

(2) 직업적 성공이 갖는 도덕적 의미

① 외재적 가치

- 경제적 부(富)의 성취 : 경제적 자립과 생계유지 가능

  → 물질적 가치가 인간이 추구하는 궁극적 가치일 수는 없다.

- 명예와 권력의 성취 : 자부심과 사회적 명성 획득 가능

  → 명예와 권력이 영원히 지속될 수는 없다.

② 내재적 가치 : 개인적 자아실현 성취, 사회적 차원의 기여에 대한 보람과 만족감

  → 개인적 차원의 성취와 사회적 차원의 이웃 · 국가 · 인류에의 기여가 이루어질 때 직업적 성공이 도덕적 의미를 가진다.

03 기업가와 근로자의 윤리

(1) 기업가의 의무와 책임

① 기업의 목적을 이윤 추구에 두는 입장

- 내용 : 합법적인 기업의 이윤 추구 활동 자체가 개인의 삶에 필요한 재화와 서비스, 일자리를 제공하며, 더 나아가 사회 전체의 부를 증진할 것으로 기대

- 기업의 이윤 추구를 중시하는 입장

  ㉠ 애덤스미스(Adam Smith) : 개개인이 사회 이익이 아니라 자기 이익을 추구할 때 '보이지 않는 손', 즉 시장 질서에 의해 오히려 사회 전체에 큰 이익을 미칠 수 있음→ 개별 이익의 극대화가 공공의 편익이나 사회적 부를 극대화할 수 있다.

  ㉡ 프리드먼(Milton Friedman) : 기업에 이윤 극대화 외의 사회적 책임을 강조하는 것은 기업의 경영자로 하여금 그에게 자본을 맡긴 기업의 소유주나 주주들의 권익을 보호하는 책임을 이행하지 못하도록 막는 것이다.

(2) 근로자의 책무

① 근로자의 의미 : 사용자가 제공하는 생산 수단에 참여하여 정신노동 혹은 육체노동을 제공함으로써 임금 등의 수입에 의하여 생활하는 사람

② 근로자의 권리

- 인간다운 삶을 누릴 권리

  ㉠ 심신의 건강을 해치지 않는 작업 환경, 과도한 불안감에 시달리지 않는 여건 등이 제공되어야 한다.

  ㉡ 인종, 종교 등의 차이로 말미암은 차별을 받지 않아야 한다.

  ㉢ 적정 임금을 받을 수 있어야 하며, 법적으로 최저 생계비를 보장받을 수 있어야 한다.

- 조합 결성권 또는 단결권 : 자신들의 이해와 요구를 효과적으로 수렴하고 대변할 수 있는 집단을 형성할 권리가 있다. → 노동조합을 통해서 자신들의 생활을 향상시키고, 노동 조건을 개선할 수 있다.

(3) 기업의 사회적 책임의 중요성

① 의미 : 기업이 생산 및 영업 활동을 하면서 환경 경영, 윤리 경영, 사회 공헌과 노동자를 비롯한 지역 사회 등 사회 전체의 이익을 동시에 추구하며 그에 따라 의사 결정 및 활동을 하는 것이다.

② 근거

- 기업이 사회에 미치는 영향력이 매우 크기 때문이다.
- 이윤 극대화 못지 않게 삶의 질도 동등하게 고려해야 한다는 인식이 널리 퍼지고 있기 때문이다.

③ 성격 및 범위

- 소극적 금지 : 다른 존재에 해를 끼치는 행위 금지

  예 고용 차별 금지, 불합리한 해고 금지 등

- 적극적 책임 : 특정 가치를 적극적으로 추구하는 책임

  예 장애인 고용, 소외된 지역 내 공장 설립, 예술 및 교육 사업 지원 등

④ 구체적 내용

- 기업 이윤의 사회적 환원 및 공익 사업에의 적극적 참여
- 소비자나 국민에게 떳떳하도록 공정을 기해야 함 : 독과점이나 담합(談合) 금지

- 준법 정신을 갖고 기업을 경영할 것 : 탈세, 장부 조작 등을 하지 말 것
- 공정한 분배에 관심을 갖고 이를 실현하기 위해 노력할 것 : 근로자의 복지 향상, 정당한 임금 지급에 노력할 것

(4) 기업과 근로자의 공익 기여 방안

① 기업 : 사회적 책임 → 사회 기부, 환경 정화, 세금 납부, 근로자 권익 향상

② 근로자 : 임금에 대한 적절한 근로, 기업가와의 협력, 소비자에 대한 서비스 제공

(5) 기업가와 근로자

① 사용자와 근로자의 관계

- 상보적 관계 : 서로에게 의지하여 이익을 얻고 도움을 받는다.
- 대립적 관계 : 사용자와 근로자의 이해는 대립적이다.

(6) 올바른 노사 관계 형성 방안

① 노사 갈등의 문제 : 노사 간 대립의 격화 → 노동조합의 파업, 사용자 측의 직장 폐쇄 → 기업의 이윤 감소, 임금 삭감, 국가 경쟁력 약화

② 노사 협력을 위한 조건

- 근로 관련 법령의 준수와 근로 계약의 성실한 이해
- 노사 간 대화 확대, 기업의 정보 공유, 이해와 포용의 자세 등이 필요하다.
- 바람직한 상호 관계 성립의 기초 : 상호 신뢰와 자율성, 상호 존중, 공동의 이익 창출과 이의 합당한 분배 → 특히 노사 간의 상호 신뢰는 양자의 상생을 위한 사회적 자본이며, 장기적으로 노사 양측에 더 큰 이익을 줄 수 있다.
- 정부의 역할

  ㉠ 공평무사한 입장에서 노사 관계의 규칙을 제정 · 집행해야 한다.

  ㉡ 노사 간 대립이 자체적으로 해결되기 어려울 때 공정한 조정자의 역할을 수행해야 한다.

04 전문직과 공직자의 윤리

(1) 전문직의 의무와 도덕성

① 전문직의 의미와 특성

- **전문직의 의미** : 고도의 전문적 교육과 훈련을 거쳐서 일정한 자격 또는 면허를 취득하거나 이에 상응하는 전문적인 기술과 식견을 가지고 종사할 수 있는 직업

- **전문직의 특성**

  ㉠ **전문성** : 고도의 직업 훈련을 통한 전문 지식의 습득이 요구된다.

  ㉡ **독점성** : 일정한 자격을 갖추지 않으면 전문직에 종사할 수 없다.

  ㉢ **자율성** : 제3자의 간섭이나 개입 없이 업무를 자율적으로 수행한다.

  ㉣ **윤리성** : 전문직 특성에 맞는 고유한 윤리강령을 지닌다.

② 전문직 윤리의 특징

- 모든 직업인에 해당되는 직업적 양심, 공동체 의식이 함께 요구된다.

- 다른 직업보다 더욱 높은 수준의 윤리 의식을 지녀야 한다.

- **전문직 직업윤리가 필요한 이유**

  ㉠ 전문적 지식과 기술은 사회 복지 향상에 크게 이바지할 수 있다.

  ㉡ 일반인이 모르는 지식이나 정보를 이용하여 부당한 이득을 취할 수 있다.

③ 전문직 윤리의 구체적 내용

- **사회에 대한 책임을 다해야 함** : 자신의 전문적 지식이나 기술이 바르게 쓰일 수 있도록 해야 한다.

- 성실하고 겸손한 태도를 지녀야 한다.

- 개인의 행복과 공동의 행복을 조화롭게 추구해야 한다.

- 사회적 품위를 유지하고 타인을 배려해야 한다.

(2) 전문직 기술의 반사회적 사용과 과도한 상업적 이용 문제

① 전문적 기술의 반사회적 사용과 과도한 상업적 이용 문제

- 전문직 종사자들이 비윤리적 방법으로 이익을 추구할 경우 사회적 문제가 발생하였다.
- 전문직 종사는 자신의 지식이나 기술을 전문적으로 사용하고, 공공의식을 갖고 직무에 임해야 한다.

(3) 공직자의 국민에 대한 의무

① 공직자의 의미 : 국가 기관이나 정부 예산에 의해 운영되는 공공 단체의 일을 맡아보는 사람

② 공직자의 권한과 근거

- 공직자는 일반 국민에 비해 상대적으로 많은 특권을 지니게 된다.
- 공직자의 권한의 근원은 국민에게 있음 : 국민이 주인이라면 공직자는 주인인 국민을 섬기는 대리인임 → 공직자는 국민을 위해 일할 때 공직자로서의 존재 의미가 있다.

(4) 공직자가 지녀야 할 도덕성

① 공직자 윤리의 내용

- 공직자의 윤리적 자세

  ㉠ 사익보다는 공익을 추구해야 한다.

  ㉡ 시민의 의사를 적극적으로 수렴해야 한다.

  ㉢ 민주성과 효율성 사이에서 균형을 이루어야 함 : 업무나 성과 때문에 민주성을 소홀히 해서는 안된다.

- 공직자가 지녀야 할 도덕성 : 근면성, 성실성, 청렴성

  ㉠ "경행록(景行錄)"의 내용 : "공직자의 요체는 공정과 청렴이다."

  ㉡ "목민심서"의 내용 : "위엄은 청렴에서 생기고 신의는 진실한 충성심에 기반한다. 충성되고 청렴하면 백성이 이를 따를 것이다."

② 공직자 부패 : 주인 – 대리인 문제

- 대리인으로서의 공직자가 국민의 의사에 반하여 자신의 이익을 추구하는 것이다.
- 발생원인

  ㉠ 정보의 비대칭성 : 더 많은 정보를 가진 공직자가 이를 자신에게 유리하게 이용하려는 유혹을 받게 된다.

  ㉡ 주인인 국민이 대리인인 공직자를 일일이 감시하거나 통제하기 어렵다.

핵심체크❶ 맹자(孟子)와 순자(荀子)의 직업관

- 임금의 푸줏간에는 살찐 고기가 있고, 마구간에는 말이 있으면서, 백성들은 굶주린 기색이 있고, 들판에 굶어 죽은 시체가 있다면 이것은 짐승을 몰아서 사람을 잡아먹게 한 것이다. 백성들은 떳떳이 살 수 있는 항산(恒産)이 없으면 그로 인해 떳떳한 마음[항심(恒心)]이 없어지는 것이다. — 맹자(孟子)
- 농군은 농사를 짓고, 선비는 벼슬을 살고, 공인은 물건을 만들고, 상인은 장사를 하는 것도 한 가지 원리에 의한 것이다. — 순자(荀子)

핵심체크❷ 우리나라의 기업가와 근로자의 상생 제도

- 경제 사회 발전 노사정 위원회 : 근로자, 기업가, 정부 간의 합의를 위한 대통령 자문 기관. 노사정 삼자가 노동 정책 및 산업 · 경제 · 사회 정책 등을 협의하는 사회적 대화 기구이다.
- 중소기업 노사 협의회 : '근로자 참여 및 협력 증진에 관한 법률'에 따라 중소 규모의 사업장에서 노사 간에 상생 관계를 구축하려고 운영하는 기구이다.

핵심체크❸ 직업 윤리의 두가지 측면

직업윤리의 일반성	모든 직업에서 공통적으로 지켜야 하는 행동 규범. 정직과 성실, 신의, 책임, 의무와 같이 인간이라면 누구나 지켜야 할 기본 윤리 등
직업윤리의 특수성	직업의 특성에 부합한 윤리. 의료인의 환자 비밀 유지 의무 등. 직업윤리의 특수성은 언제나 직업윤리의 일반성의 토대 위에 정립되어야 한다.

01

다음에서 강조하고 있는 내용으로 가장 적절한 것은?

> 사농공상(士農工商)에 관계없이 놀고먹는 자에 대해서는 관에서 벌칙을 내려 세상에서 받아들여질 수 없도록 해야 한다. 재능과 학식이 있으면 비록 농사꾼이나 장사치의 자식이 낭묘(廊廟)에 들어가 앉더라도 참람스러울 것이 없고, 재능과 학식이 없다면 비록 공경(公卿)의 자식이 하인의 일을 할지라도 한탄할 것이 없다.

① 성리학 중심의 직업관을 유지해야 한다.

② 신분에 따라 직업이 정해져서는 안 된다.

③ 한 번 정해진 직업은 바꿀 수 없는 것이다.

④ 하늘로부터 부여받은 천직(天職)에 평생 종사해야 한다.

정답 : ②

해설 : 제시문은 실학자 홍대용의 주장으로, 그는 신분에 따라 직업이 정해져서는 안된다고 보았다.

02

다음에서 강조하고 있는 내용으로 가장 적절한 것은?

> 임금의 푸줏간에 살찐 고기가 있고 마구간에는 말이 있으면서, 백성들은 굶주린 기색이 있고 들판에 굶어 죽은 시체가 있다면 이것은 짐승을 몰아서 사람을 잡아먹게 한 것입니다. 백성들은 떳떳이 살 수 있는 항산(恒産)이 없으면 그로 인해 떳떳한 마음인 항심(恒心)도 없어지는 것입니다.

① 직업을 생계유지 수단으로 삼아서는 안된다.

② 통치자는 백성들의 직업 보장에 힘써야 한다.

③ 통치자가 백성들의 직업을 정해 주어야 한다.

④ 직업은 자아를 실현하는 수단임을 알아야 한다.

정답 : ②

해설 : 맹자의 주장이다. 통치자는 백성을 보살피고 백성들의 생계 보장을 위해 생계유지 수단인 직업 생활을 안정적으로 유지할 수 있도록 노력해야 한다.

03

다음 자료에서 설명하는 공직자 윤리의 자세로 가장 적절한 것은?

> 공(公)은 인(仁)을 체득하는 방법이니 "이기심을 극복하고 예로 돌아가는 것이 인이다."라고 말하는 것과 같다. …… "이기심을 극복하고 예로 돌아가는 것이 인이다."라는 공자의 말씀은 자기의 사욕을 극복하고 천리로 돌아가면 이 마음의 본체가 보존되지 않음이 없고 이 마음의 작용이 행해지지 않음이 없다는 것을 말한 것이다.

① 자신이 가지고 태어난 재능을 사회를 위해 사용해야 한다.

② 개인적인 것보다 공적인 것이 더 중요하다는 선공후사의 정신을 실천해야 한다.

③ 부패를 방지하고 청렴 문화를 조성하기 위한 제도의 구축이 필요하다.

④ 이로움을 추구하는 것이 곧 의로움을 추구하는 것과 같다는 태도가 필요하다.

정답 : ②

해설 : 선공후사의 정신에 대해 말하고 있다.

04

다음 글을 주장한 사상가의 관점으로 가장 적절한 것은?

> 자유 시장 경제에서의 기업의 사회적 책임은 오로지 한 가지 뿐이다. 그것은 기만이나 부정 이득 발생 없이 공개된 자유 경쟁 참여라는 게임 규칙 안에서 기업의 이윤을 늘리는 활동을 하는 것과 그런 방식으로 자원을 사용하는 것 뿐이다. 회사의 임원이 자기 주주를 위해 가능한 한 많은 돈을 벌어들이는 것 이상의 사회적 책임을 승인해야 한다는 사회적 풍조는 우리 자유 사회의 근간을 뿌리째 뒤흔드는 분위기를 만연시킬 수 있다.

① 기업 이윤을 적극적으로 사회에 환원해야 한다.

② 기업의 확장과는 무관한 예술 및 교육 지원 사업에 힘써야 한다.

③ 기업에게 이윤 극대화 외의 별도의 사회적 책임을 강조해서는 안된다.

④ 근로자의 복지 향상과 정당한 임금 지불을 최선의 목표로 삼아야 한다.

정답 : ③

해설 : 프리드먼은 기업의 사회적 책임과 관련하여 기업은 이윤 추구를 위한 경제 활동 이외의 사회적 책임을 질 필요가 없다고 하였다.

05

다음 글에서 설명하고 있는 바람직한 직업의 자세는?

> • 일정한 기술에 전념하여 그 분야에서 최고의 명품을 만들고자 하는 자세
> • 일 자체에 가치를 두고 일에 몰두하는 과정에서 즐거움과 만족감을 느끼는 직업인의 마음가짐

① 장인 정신   ② 협동 정신   ③ 창조 정신   ④ 전문가 정신

정답 : ①

해설 : 제시문에서 설명하고 있는 직업인의 자세는 장인 정신이다.

06

다음 중 직업을 대하는 바람직한 자세로 옳지 <u>않은</u> 것은?

① 뚜렷한 목적을 가지고 일을 한다.

② 자신의 직업에서 보람과 만족감을 찾는다.

③ 자신이 맡은 일을 성실하게 수행한다.

④ 다른 사람보다 쉽게 편한 직업을 선택한다.

정답 : ④

해설 : ①, ②, ③은 일의 윤리에 적합한 태도라고 할 수 있다. 그러나 ④의 태도는 바람직하지 않은 자세이다.

07

직업의 윤리를 지키기 위해 필요한 자세로 옳지 <u>않은</u> 것은?

① 올바른 일을 선택해야 한다.

② 올바른 과정으로 일을 수행해야 한다.

③ 요령을 피우면서 적당히 일을 해야 한다.

④ 개인의 이익과 사회 공동체의 이익을 조화시켜야 한다.

정답 : ③

해설 : 요령을 피우면서 적당히 일을 하는 것은 바람직하지 못한 자세로, 직업의 윤리와는 거리가 있다.

08

직업으로 보기 <u>어려운</u> 일은?

① 지속적인 공헌을 통한 경제적 보상받는 일

② 사회적으로 유용한 일

③ 성인의 자율적 의사에 기반한 일

④ 법률에 의한 강제적 노동

정답 : ④

해설 : 직업의 개념적 요소 (직업과 비직업의 구분 기준)
① 지속적인 공헌을 통해 경제적 보상을 받는 일→제외 : 자원봉사자의 활동, 가정주부의 가사노동, 군복무 중인 군인, 아르바이트하는 학생의 일, 취미활동
② 사회적 유용성을 지닌 일, 사회적으로 정당성과 도덕성을 인정받은 일
③ 성인이 자율적 의사에 따라 수행하는 일, 현행 근로기준법 상 원칙적으로 미성년자의 직업활동, 일은 제한
④ 정신적·육체적 노동이 수반되는 일

정답과 해설

도덕　02. 직업의 의의와 직업 생활의 윤리적 책임

09

다음은 직업윤리의 내용이다. 올바르게 연결된 것을 고르시오.

㉠ 직업적 사명감, 장인정신	① 일의 윤리
㉡ 참여와 협동의 조직 윤리	② 직장 내에서의 직업윤리
㉢ 상도의 서비스 정신	③ 고객에 대한 윤리
㉣ 공정한 경쟁의 시장윤리	④ 직업조직간의 윤리

① ㉠ - ②　　　　　　　② ㉡ - ③

③ ㉢ - ①　　　　　　　④ ㉣ - ④

정답 : ④

해설

1) 일의 윤리 : 직업적 사명감, 장인정신
2) 직장 내에서의 직업윤리 : 참여와 협동의 조직윤리
3) 고객에 대한 윤리 : 상도의(商道義)와 서비스정신
4) 직업조직 간의 윤리 : 공정한 경쟁의 시장윤리
5) 공동체에 대한 직업윤리 : 공익정신과 공동체의식

10

직업의 기능을 본질적인 기능과 부수적인 기능으로 분류할 때, 다음 중 본질적인 기능은 어느 것인가?

① 사회적 귀속감을 갖게 한다.

② 생계를 유지시켜 준다.

③ 다른 사람으로부터 인정을 받게 한다.

④ 위세(영향력)를 갖게 한다.

정답 : ②

해설 : 직업의 가장 본질적인 기능은 정신적, 육체적 노동의 대가로 생계를 유지하는 것이다. 그 외에 부차적인 기능으로 사회적 소속감, 자아 실현 등의 경제외적 것들이 있다.

11

직업윤리의 사회윤리적 측면에서 관심을 갖는 내용은 다음 중 어느 것인가?

① 근면　　　　　　　② 성실

③ 극기　　　　　　　④ 직업관

정답 : ④

해설 : 직업윤리는 두 가지 측면에서 논의될 수 있다. 먼저 직업인들 개개인이 각자 가져야 하는 개인윤리의 측면으로 근면, 성실, 행복 추구 등을 들 수 있다. 다음으로 직업의 사회적 기능을 고려한 사회윤리적 측면이 있다. 직업윤리의 사회윤리적 측면은 직업관, 직업 체계, 직업 제도, 직업 집단의 변화 등을 주요 내용으로 한다.

정답과 해설

12

다음 중 전문직의 특성에 해당하는 것은?

① 장기간의 경력을 필요로 한다.

② 경제적 보수를 주된 목표로 한다.

③ 기계적인 업무수행을 중요시한다.

④ 자기 규제를 필수로 한다.

13

일과 직업을 구분할 때, 다음 중 직업만의 특성에 해당하는 것은?

① 인간형성의 한 조건이 된다.

② 만족감과 성취감을 얻는다.

③ 재화 획득의 수단이다.

④ 삶의 의미와 가치를 발견하게 해준다.

14

전통사회의 직업에 대한 설명이 바르게 되어 있는 것은?

① 직업은 세습적인 신분에 따라 결정되었다.

② 직업활동은 개성을 발휘하고 자아를 실현하는 과정이었다.

③ 직업적인 노동을 존중하고 신성시하였다.

④ 이윤을 얻기 위하여 직업활동을 하였다.

정답 : ④

해설 : 무어(Moore)는 전문직의 특성을 다음과 같이 설명하고 있다. 첫째, 고도의 지적인 훈련과 일정한 자격이 필요하다. 둘째, 기술과 지식을 가지고 공공에 봉사하는 것이 주된 목표이다. 셋째, 금전적 보수의 크기는 직업적 성공과는 무관한 것으로 생각한다. 넷째, 고도의 전문성으로 인해 비전문 분야의 사람이 책임을 판단하기 어려우므로 업무수행에 있어 자율적인 책임이 강조된다.

정답 : ③

해설 : 직업은 생계 유지를 위해 보수를 얻으려고 행하는 인간의 계속적인 경제활동이다. 이에 비해 일은 경제 영역 이상의 것을 포함한다. 인간은 일을 통해 물질적 충족뿐만 아니라 사회적 귀속감, 타인과의 연대, 위세, 사회 참여, 등 경제 외적 보상을 얻게 된다. 즉 일은 경제적 욕구 충족의 수단일 뿐만 아니라 자아실현의 통로로서의 역할을 한다.

정답 : ①

해설 : 전통사회에서 직업은 사회의 유지와 발전을 위해서 헌신해야 하는 의무였다. 개인의 소질과 의사와는 무관하더라도 세습된 직업을 충실하게 수행하는 것이 바람직하다고 여겨졌다. 직업은 세습적인 신분에 따라 결정되었으며 농업, 어업, 광업 등의 육체 노동은 주로 피지배층이 담당하였고 천시되었다.

정답과 해설

정답 : ③

해설 : 직장인은 직장의 규칙, 사회규범, 인간관계의 윤리에 따라 주어진 일을 계획대로 완성하는 책임의식을 가져야 한다. 이는 곧 업무규정을 충실히 지키는 것을 의미한다. 그러나 이것이 업무를 기계적으로 수행해야함을 의미하는 것은 아니다. 오히려 자신의 직업을 통해 인간됨을 완성하고 예술과 도의 경지로 승화시키는 장인정신을 가지고 직업수행에 임해야 한다.

15

현대사회에서 직장인이 지켜야 할 윤리적 덕목을 잘못 나타내고 있는 것은?

① 맡은 일을 성실히 수행하여야 한다.

② 주어진 일을 규정대로 완수하여야 한다.

③ 하는 일은 기계적으로 처리해야 한다.

④ 직업에 대한 편견을 버려야 한다.

문화와 윤리

예술 및 종교, 의식주와 다문화 등과 관련된 윤리적 문제들의 성격과 의미를 바르게 이해하고, 이와 관련된 윤리적 쟁점들을 조사·분석하여 합리적으로 해결하는 능력을 지닌다.

새로워진 2009개정 검정고시

검단기가 여러분의 합격을 응원합니다

1. 미적 가치와 윤리적 가치

01 예술과 윤리의 관계

(1) 예술과 윤리의 관계

① 예술 : 미적 가치를 추구하는 활동

② 인간의 삶에서 예술이 갖는 의미

- 감정과 생각의 자유로운 표현 : 예술 활동은 개성의 표현을 강조, 감정과 생각의 자유로운 표현을 통해 문화의 다양성을 촉진시킨다.

- 억압된 욕망을 풀어주고 정신을 정화시킨다.

- 인간의 의식과 사회의 개혁

  ㉠ 예술은 현실 표현을 넘어 새로운 사상과 가치를 창조한다.

  ㉡ 르네상스 시대의 예술 개혁 운동은 신 중심 사고에서 벗어나 인간의 자유로운 표현을 중시함으로써 사회 변화에 기여하였다.

(2) 예술과 윤리의 조화로운 관계

① 예술과 윤리의 차이

- 예술 : 미적 가치의 추구

- 윤리 : 도덕적 가치의 추구

② 도덕주의

- 의미 : 도덕적 가치가 미적 가치보다 우위에 있기 때문에 예술은 윤리의 지도를 받아야 한다는 입장 (대표적 인물 : 플라톤)

- 예술의 목적 : 올바른 품성을 기르고 도덕적 교훈이나 모범을 제공하는 것이다.

V. 문화와 윤리 | **211**

- 참여 예술론 지지 : 예술은 사회의 모순을 지적하고 사회의 도덕적 성숙에 도움이 되어야 한다.

③ 심미주의

- 의미 : 미적 가치와 도덕적 가치는 무관하기 때문에 윤리가 예술에 관여해서는 안 된다는 입장 (대표적 인물 : 와일드)
- 예술의 목적 : 미적 가치를 추구하는 것일 뿐이며, 도덕적 가치를 기준으로 예술을 판단하려는 태도는 잘못이다.
- 순수 예술론 지지 : 예술은 예술 이외의 다른 것을 위한 수단이 될 수 없다.
  예 예술의 자율성 강조

④ 미적 가치와 도덕적 가치의 관계

- 인간의 삶에서 미적 가치와 도덕적 가치는 불가분의 관계이다.
- 인간은 예술을 통해 도덕성을 강화할 수 있다고 생각하였다.

  ㉠ 공자 : "예(禮)에서 사람이 서고 악(樂)에서 사람이 완성된다."

  ㉡ 정약용 : "인간은 칠정(七情)이 있어 마음이 고르지 못한 까닭에 음(音)을 듣고 마음을 씻어 평온해져야 한다."

  ㉢ 칸트(Kant, Immanuel) : "미는 도덕성의 상징이다."

02 예술과 외설(猥褻)을 구분하는 기준 문제

(1) 예술과 외설의 구분 기준

① 예술과 윤리의 관계

- 미적 가치와 도덕적 가치는 밀접한 관련이 있다.
- 예술과 윤리가 조화로운 관계를 형성하는 것이 중요하다.
- 예술이 지닌 표현의 자유만을 강조할 경우 외설의 문제가 발생한다.

② 외설 : 사람의 성욕을 함부로 자극하여 난잡하게 표현한 것

　　• 인간은 성적 욕망을 가진 존재로 이를 예술 작품을 통해 표현하고자 하였다.

　　• 사회의 성윤리에 반할 경우 예술이라는 이름으로 성적 표현의 자유를 무조건 보장하기는 어렵다.

③ 창작의 목적에 따른 구분

　　• 예술 : 미적가치의 표현, 주제를 드러내기 위해 성적인 표현을 적절히 사용하였다.

　　• 외설 : 성욕을 자극하고 도발하기 위한 것, 감각적이고 관능적인 성적 표현으로 성욕을 자극하기 위한 목적으로 만들어짐, 신체나 성과 관련된 내용을 과도하게 표현하였다.

④ 감상자의 반응에 따른 구분

　　• 예술 : 예술 작품을 통해 카타르시스를 느끼고 미적 체험을 한다.

　　• 외설 : 다수의 사람들에게 성적 수치심이나 불쾌감을 일으킨다.

⑤ 예술과 외설을 구분하는 것을 반대하는 견해

　　• 표현의 자유는 제한할 수 없다.

　　• 윤리적 판단을 개입시켜 예술 활동을 제약하는 것은 개인의 자유와 권리를 제한하는 것이다.

(2) 외설의 윤리적 문제점

① 외설의 문제점

　　• 성을 수단화하여 인간의 존엄성 훼손

　　• 사회 구성원에게 일탈 행동을 자극하여 사회 문제 야기

② 예술과 외설에 접근하는 바람직한 자세

　　• 미적 가치의 추구와 표현의 자유라는 명목으로 외설의 문제가 발생한다는 사실을 주의해야 한다.

　　• 예술의 사회적 책임과 영향력을 고려해 신중하게 이루어져야 한다.

※ 대법원의 외설 규정 판례

> 외설이란, 표현물을 전체적으로 관찰·평가해 볼 때 단순히 저속하다거나 문란한 느낌을 준다는 정도를 넘어서서 존중받고 보호되어야 할 인격을 갖춘 존재인 사람의 존엄성과 가치를 심각하게 훼손·왜곡했다고 평가할 수 있을 정도로, 노골적인 방법으로 성적 부위나 행위를 적나라하게 표현 또는 묘사한 것으로서, 사회 통념에 비추어 전적으로 또는 지배적으로 성적 흥미에만 호소하고 하등의 문학적·예술적·사상적·과학적·의학적·교육적 가치를 지니지 않는 것을 뜻한다. 표현물의 음란 여부를 판단함에 있어서는 표현물 제작자의 주관적 의도가 아니라 그 사회의 평균인의 입장에서 그 시대의 건전한 사회 통념에 따라 객관적이고 규범적으로 평가해야 한다.
>
> – 대법원 2008년 3월 13일 선고 2006도 3558 판결

예술과 외설을 구분하는 문제와 관련하여 논란이 있음에도 불구하고, 사회의 건전성을 보호하기 위해 외설물에 제재를 가하기도 한다.

03 예술의 상업화 문제

(1) 예술의 상업화와 대중화

① 예술의 대중화

- 과거에는 예술을 부유한 일부계층이 주로 향유할 수 있었지만 현대에는 일반 대중 누구나 즐기고 있다.
- 예술의 대중화는 예술작품을 대량으로 생산하고 소비할 수 있는 대중 매체의 발전이 있었기 때문이다.

② 예술의 상업화

- 의미 : 상품을 사고파는 행위를 통해 이윤을 얻는 일이 예술 작품에도 적용되는 현상을 말한다.
- 배경 : 대중 매체의 발전에 따른 예술의 대중화
- 예술의 상업화에 따른 영향

  ㉠ 현대예술은 일부계층이 독점하는 것이 아니라 대중과 함께 호흡하게 되었다.

ⓒ 예술 작품에 상품 가치가 매겨지고 자연스럽게 거래되기 시작하였다.

ⓓ 대중의 취향과 가치를 반영한 예술 작품이 창작되면서 다양한 예술 분야 가 발전하였다.

(2) 예술의 상업화로 인한 문제

① 자본주의 사회와 예술

- 예술의 상업화 현상이 심화되었다.
- 미적 가치의 추구라는 예술 본래의 목적이 경시되었다.
- 경제적 이익을 얻기 위해 예술 활동을 악용하기도 한다.

② 예술의 상업화가 지나칠 경우 나타날 수 있는 문제점

- 예술 작품을 고유의 가치가 아닌 상업적 가치로만 평가되었다.

  ㉠ 예술 작품을 상업적이고 경제적인 관점에서 하나의 상품으로 취급하였다.

  ㉡ 예술의 상품성을 높이기 위해 대중의 감각적인 취향만 반영한 작품을 생 산하였다.

  ㉢ 예술은 고유한 미적 가치를 구현하고자 하는 자율성을 잃게 되었다.

- 예술의 수준을 저하시켜 인간성을 황폐화시킴.

  ㉠ 상업화된 예술 활동은 소비자인 대중의 오락적 요구에 맞춰 선정적이고 말초적인 감각을 표현하는 데 집중하였다.

  ㉡ 바람직한 인간상을 부정하고 파괴하여 인간성을 황폐화시켰다.

핵심체크 ❶ 예술의 상업화

긍정적 측면 : 예술 작품에 대한 대중의 접근성 향상

부정적 측면

- 예술의 자율성 훼손 : 작가 정신보다 대중성을 보다 중시함.
- 고급문화의 위축 : 상업적 가치의 추구로 인문·교양적 가치가 배제됨.
- 선정적·외설적 표현들의 범람
- 유용성의 가치 강조 : 고유한 미적 가치보다 상업성을 강조함으로써 예술 작품을 상품으로 전락시킴.

핵심체크 ❷ 심미주의(審美主義)와 도덕주의(道德主義) 예술관 비교

	심미주의	도덕주의
예술의 목적	미적 가치의 추구	도덕적 교훈이나 모범 제공
지지하는 이론	참여 예술론 → 예술의 '사회성' 옹호	순수 예술론 → 예술의 '자율성' 옹호
대표 사상가	플라톤 : 예술 작품에 도덕적 가치가 담겨 있어야 함.	와일드 : 예술은 예술 이외의 다른 것을 위한 수단이 될 수 없음.
한계	예술의 사회성을 간과할 수 있음 → 인간의 삶과 무관한 예술이 될 수 있고, 사회 질서를 어지럽힐 수 있음.	예술의 자율성을 침해할 수 있음 → 미적 요소가 경시될 수 있고, 자유로운 예술 창작을 저해할 수 있음.

01

예술과 윤리의 관계에 대한 도덕주의적 입장에서 긍정의 대답을 할 질문을 〈보기〉에서 고른 것은?

〈보기〉

ㄱ. 기업은 자선 단체가 아니라 이윤 추구 단체이다.

ㄴ. 기업의 이윤은 기업 확장을 위한 재투자로 이어져야 한다.

ㄷ. 기업은 사회에 속하며 소비자 없는 기업은 존재할 수 없다.

ㄹ. 기업의 사회적 책임 수행은 장기적으로 기업에 이익과 부합한다.

① ㄱ, ㄴ

② ㄱ, ㄷ

③ ㄴ, ㄷ

④ ㄴ, ㄹ

정답 : ②

해설 : 예술에 대한 도덕주의적 입장을 파악하는 문제이다. 기업은 이윤추구단체이며 소비자 없이 존재불가능하다.

02

다음 중 예술에 대한 설명으로 옳지 <u>않은</u> 것은?

① 예술을 느끼고 감상하는 것은 예술 체험이다.

② 일상생활과는 관계가 없으며, 주로 전문가에 의해서 이루어진다.

③ 예술이란 어떤 대상이 지닌 아름다움을 표현하는 인간의 창조적 활동이다.

④ 자연 현상은 예술 영역이 아니다.

정답 : ②

해설 : 예술은 삶의 일부분으로 일상적인 것이며, 굳이 전문가가 아니더라도 이룰 수 있다.

03

다음에서 공통적으로 강조하고 있는 예술에 대한 관점으로 가장 적절한 것은?

> • 비평가는 예술의 영역과 도덕의 영역이 절대적으로 다르고 분리된 것임을 깨달을 수 있어야 해. 그 둘을 서로 혼동할 때 다시 혼란이 찾아오는 것이지.…… 예술은 도덕이 미칠 수 있는 영역 밖에 있어. 왜냐하면 예술의 눈은 아름답고 불멸하며 끊임없이 변화하는 것에 고정되어 있기 때문이지.
> • 미적 체험보다 더 훌륭하고 더 강렬한 정신 상태는 없어. 예술에 대한 다른 도덕적 근거를 찾는 바보가 아니면 천재가 범하는 그릇된 생각의 소치야. 한 예술품이 예술로 판명되었을 때 문제되는 것은 예술적 자질이야.

① 예술은 도덕적 가치 평가를 받아야 한다.

② 예술은 청소년들의 인격 형성에 기여해야 한다.

③ 예술에 있어 내용만이 중요하며 형식은 필요없다.

④ 예술은 다른 어떤 것의 수단으로 취급되어서는 안된다.

정답 : ④

해설 : 첫 번째 제시문은 와일드의 주장이며, 두 번째 제시문은 클라이브벨의 주장이다. 두 사상가는 모두 예술에 대한 심미주의적 입장을 제시하였다.

04

다음 글을 통해 알 수 있는 입장은?

> 예술과 도덕은 아무런 관련이 없다고 본다. 예술은 아름다움을 창조하는 것이고 그저 아름다우면 될 뿐, 도덕적일 필요는 없다고 보는 것이다.

① 인간주의   ② 심미주의

③ 미래주의   ④ 신비주의

정답 : ②

해설 : 예술은 예술로 보아야지 도덕적 잣대로 보려고 해서는 안 된다는 입장이다.

05

다음이 설명하는 우리 고유의 예술이 지닌 특징은?

> • 한복은 넉넉하고 부드러운 운치와 선의 아름다움이 뛰어난 맵시를 드러낸다.
> • 신라의 화랑은 산수를 벗 삼아 심신을 수련하기를 즐겼다.

① 하늘과 사람 공경　　② 풍류와 멋

③ 여백의 미　　　　　④ 해학과 익살의 미

정답 : ②

해설 : 제시문을 통해 우리 선조들의 풍류와 멋을 볼 수 있다.

06

다음 자료에서 공통으로 주장하는 내용으로 가장 적절한 것은?

> (가) "시(詩)로써 감흥을 일으키고, 예(禮)로써 질서를 세우며, 악(樂)에 의해 인격을 완성한다."
> (나) "군자는 모름지기 도(道)에 뜻을 두며, 덕(德)에 의거하고, 인(仁)에 의지하며, 예(禮)에 노닐어야 한다."
> (다) "악(樂)을 알 때 곧 예(禮)를 아는데 가까이 이를 수 있는 것이다. 예악을 다 알아서 몸에 체득한 자가 유덕자이며, 덕(德)이란 득(得)이다."

① 예술과 윤리는 별개가 아니며, 긴밀한 상호 연관성을 가질 수 있다.

② 예술은 도덕이나 정치 등 다른 것을 위한 수단으로 취급되어서는 안된다.

③ 인간은 어떠한 경우에도 수단시되어서는 안되며, 예술은 인간의 존엄성을 우선시해야 한다.

④ 예술은 의미 있고 가치 있는 세계를 창조하려는 인간의 본질적 욕구로부터 발생하는 정신 활동이다.

정답 : ①

해설 : 예술과 윤리의 상호연관성을 이해하는 문제이다. 예술과 윤리는 긴밀한 연관성을 가지고 있다.

07

다음과 같은 대중 예술의 특징이 청소년에게 주는 문제점은?

> 대중 예술을 대중들이 무비판적으로 무조건 받아들이게 되면, 특정한 사고방식이 대중들에게 획일적으로 전달될 수 있다.

① 개성을 잃어버린 채 유행만을 쫓아가게 된다.

② 서로 공감대가 형성되고 다양한 문화가 형성된다.

③ 자신의 모습을 찾기 위해 공부를 소홀히 하게 된다.

④ 부모님과의 세대차이로 인한 갈등을 경험하면서 서로에 대한 사랑을 확인하게 된다.

정답 : ①

해설 : 대중예술은 특정한 사고방식을 획일적으로 전달하게 하여 비판적 사고력이 부족한 청소년들의 경우에는 이를 무조건 받아들이는 문제가 생겨날 수 있다.

08

다음 글에서 설명하고 있는 현상으로 가장 적절한 것은?

> 우리는 등굣길에 외국 가수의 노래를 듣고, 학교에서는 영어를 비롯한 다양한 외국어를 배우며, 미술관에서 외국화가의 그림을 감상한다. 또한 책과 인터넷 등을 통해 세계 각국, 다양한 분야의 예술 작품들을 쉽게 접하고 있다.

① 정치의 세계화   ② 문화의 세계화

③ 경제의 세계화   ④ 국방의 세계화

정답 : ②

해설 : 세계화는 정치적, 경제적, 사회·문화적 측면에서 다양하게 나타나고 있다. 사회·문화적 측면에서는 다양한 문화 교류를 통해 서로 다른 사회의 문화를 연결시킨다.

09

다음에서 설명하고 있는 개념은?

> • 외부 세계를 그대로 모방하는 활동이다.
> • 순수한 형식에 의해 인정되는 것도 있다.
> • 자기감정을 표현하고 다른 사람에게 전달하고자 하는 활동이다.

① 그림   ② 미술   ③ 예술   ④ 장인

정답 : ③

해설 : 제시문은 예술에 대한 설명이다.

10

다음 중 예술을 대하는 바람직한 자세로 보기 <u>어려운</u> 것은?

① 예술작품이나 활동을 감상할 때는 기본예절을 지켜야 한다.

② 예술을 너무 어렵고 멀리있는 것으로만 생각한다.

③ 대중예술을 단순히 재미를 주는 도구로만 생각해서는 안된다.

④ 전문적인 예술활동을 하는 사람들은 일반대중들과 소통할 수 있도록 노력한다.

정답 : ②

해설 : 예술활동을 하는 전문가들은 대중예술을 단순히 재미를 주는 도구로만 생각해서는 안된다.

11

다음 내용에 해당하는 것은?

- 예술의 자율성을 옹호한다.
- 예술의 유일한 목적이 예술 자체 또는 아름다움이라고 여긴다.

① 도덕주의　　　　　　② 사회주의

③ 심미주의　　　　　　④ 예술주의

정답 : ③

해설 : 예술과 도덕의 관계를 바라보는 심미주의적 시각에 대한 내용이다.

12

다음과 같은 주장이 나타내는 예술에 대한 견해에 해당하는 것은?

　　좋은 리듬, 좋은 말씨, 조화로움, 우아함이 담겨 있는 예술 작품은 청소년으로 하여금 좋은 성격을 갖게 하지만, 꼴사나움과 나쁜 리듬, 부조화는 나쁜 말씨와 나쁜 성격을 갖게 한다. 그렇기 때문에 예술 작품에 대한 검열이 필요한 것이다.

① 도덕주의　　　　　　② 사회주의

③ 심미주의　　　　　　④ 예술주의

정답 : ①

해설 : 도덕주의의 시각에서는 모든 예술작품은 고결한 품성과 올바른 행위를 표현하여 도덕적 교훈이나 본보기를 제공해야 한다고 본다.

13

우리나라가 우리의 전통 예술을 보존하려고 노력 하는 이유로 적절하지 <u>않은</u> 것은?

① 예술에는 각 나라의 민족혼이 담겨 있기 때문이다.

② 우리의 전통예술이 외국의 예술보다 우월하기 때문이다.

③ 우리의 전통예술은 한국인의 삶과 더불어 존재했기 때문이다.

④ 전통예술에는 우리의 고유한 감정과 정신세계가 있기 때문이다.

정답 : ②

해설 : 우리의 전통예술을 보존하려는 이유는 우리의 전통 예술에는 우리의 민족혼이 담겨 있어 우리의 정신세계가 반영되고, 우리의 정체성을 형성하기 때문이다.

14

다음 글에서 설명하는 내용을 포괄하는 개념으로 적절한 것은?

> • 현실적인 목적과는 무관하게 유희 충동에서 비롯된 자유로운 정신 활동
> • 의미있고 가치있는 세계를 창조해 내려는 사람다운 삶의 요구와 관련된 정신 활동과 그 산물

① 문학   ② 미술   ③ 예술   ④ 음악

정답 : ③

해설 : 예술은 인간이 단순히 동물로서 살아남기 위해 필요한 조건을 넘어서서 의미 있고 가치 있는 세계를 창조해 내려는 사람다운 삶의 요구와 관련된 정신 활동과 그 산물이다.

15

예술 활동의 의미와 어울리는 진술로 가장 적절한 것은?

① 옷을 고르거나 입을 때 실용성만을 중시한다.

② 음식을 차리고 먹을 때 맛 외에 멋도 고려한다.

③ 청소년은 현실적으로 예술 활동을 하는 것이 불가능하다.

④ 예술 활동은 음악가, 미술가 등과 같은 전문가의 영역이다.

정답 : ②

해설 : 인간은 본래 아름다운 것을 추구하며 예술활동은 우리의 일상생활에 자연스럽게 녹아들어 있다.

2. 종교와 윤리

01 종교의 본질

(1) 종교의 의미와 구성 요소

① 인간의 삶과 종교

- 종교는 인간 사회의 보편적인 현상
- 인간은 현실 속에서 불안과 절망으로 인해 고통스러워하고 스스로 어찌할 수 없는 한계 상황에 직면하기도 한다.
- 인간은 시간의 흐름에 따라 생로병사(生老病死)하는 유한하고 불완전한 존재이다.
- 유한성을 인식하는 인간은 초월적이고 절대적인 존재와 세계를 향한 믿음을 가지고 이상적인 경지에 이르고자 한다.
- 종교적인 체험을 통해 인생의 궁극적인 의미를 발견하고 마음의 평화와 행복을 추구한다.

② 종교에 대한 다양한 견해

- 엘리아데(Mircea Eliade) : 인간을 '종교적 인간(Homo religiosus)'으로 규정하며, 종교적 지향성을 인간의 근본적인 성향이라고 주장하였다.
- 프로이트(Sigmund Freud) : 종교는 인간의 심리적 필요에 의해 만들어진 것이며 종교는 하나의 심리적 현상이며 환상에 불과한 것이라고 주장하였다.

③ 종교의 일반적인 구성 요소

- 주관적 측면 : 성스럽고 거룩한 것에 대한 체험과 믿음을 포함한다.
- 형식적 측면 : 경전과 교리, 의례와 형식, 그리고 교단을 포함한다.

④ 종교에서 제시하는 윤리 덕목

불교	다른 사람을 사랑하고 자신이 가진 것을 베푸는 '자비'
그리스도교	이웃에 대한 사람과 황금률
유교	다른 사람을 사랑하고 어질게 행동하라는 '인(仁)'

(2) 종교의 기능

① 긍정적 기능

- 심리적 안정 제공

- 삶의 의미와 방향 제시 : 종교를 가진 사람들은 종교가 제시하는 바람직한 삶의 모습에 따라 살고자 노력한다.

- 사회의 긍정적 변화에 기여 : 사회 부조리의 개선과 사회 발전을 위해 헌신하고 소외된 사람들에게 도움을 주었다.

- 인류의 문화 발전에 기여 : 종교적 이상을 표현한 건축, 미술, 음악 등은 인류의 문화 수준을 높였다.

② 부정적 기능 : 개인과 사회의 발전에 악영향을 주기도 한다.

- 종교의 이름으로 행한 폭력과 인권 침해가 사람들에게 고통을 주었다.

- 종교적 독선에 의한 종교 간의 갈등으로 인해 사회적 혼란을 야기하였다.

02 종교와 관련된 갈등 문제(종교와 과학, 종교 간의 갈등)

(1) 종교와 종교의 갈등

① 종교가 해답을 제시해 줄 수 있는 영역의 문제들

- "삶의 궁극적 의미는 무엇인가"

- "질병, 죽음, 고통 등의 위기와 한계 상황에서도 왜 삶을 포기하지 말아야 하는가"

- "나는 어디에서 와서 어디로 가는가"

② 종교들 간의 갈등

- 자기 종교의 절대성을 지나치게 강조하였다.
  → 타종교에 대한 배타성(排他性)으로 연결되었다.
- 특정한 종교를 믿는 사람들 간의 집단적인 신념과 가치관의 충돌
  → 이성적 차원에서 서로 이해하고 대화하기 어렵다.
- 타종교에 대한 근거 없는 편견이나 선입견, 몰이해에 근거하였다.
- 종교적 신념과 교리의 문제뿐만 아니라 민족, 역사, 문화, 경제 등 종교 외적 요소도 중요하다.
- 종교들 간의 갈등을 해결하기 위한 노력

  ㉠ 내 믿음의 방식만이 옳다는 독단적·배타적 태도에서 벗어나야 한다.

  ㉡ 타종교에 대한 관심과 이해를 통해 관용의 정신을 가져야 한다.

  ㉢ 종교들 간의 갈등으로 인한 원한과 복수의 감정 극복은 인내의 시간이 필요함을 인식하였다.

(2) 종교와 다른 영역의 갈등

① 종교와 과학의 갈등

- 종교와 과학의 차이점

  ㉠ 종교 : 삶의 문제에 대한 종교적 접근은 초월성과 성스러움에 대한 믿음으로 나타났다.

  ㉡ 과학 : 관찰과 실험, 과학적 사유와 인식을 바탕으로 합리성과 이성을 강조하였다.

- 종교와 과학의 조화

  ㉠ 종교의 입장 : 과학적 진리를 겸허하게 수용하면서도 여전히 과학으로 설명하기 어려운 초월적이고 근원적인 물음에 대답하려는 시도를 하였다.

  ㉡ 과학의 입장 : 과학도 명확히 대답할 수 없는 영역이 있음을 스스로 밝혀내면서 오히려 종교의 권위를 존중한다.

03 종교 윤리와 세속 윤리

(1) 종교 윤리와 세속 윤리

① 종교와 윤리의 관계

- 종교와 윤리는 상반된 개념이 아님 : 어떤 종교도 인간적 가치를 논하지 않을 수 없고, 인간의 문제가 논의되면 반드시 그 속에는 윤리적 가치가 포함된다.
- 어떤 종교도 보편적 윤리성을 배제한다면 진정한 종교로 볼 수 없다.

② 종교와 윤리 사이에서 발생하는 갈등

- 종교들 간의 윤리적 갈등 : 동일한 윤리적 문제에 대한 각 종교의 윤리적 판단이 다르고 합의가 도출되기 어렵다.
  예 낙태, 안락사, 사형 제도 등
- 종교와 윤리 사이의 갈등 : 종교적 신념·교리에 따라 도출된 윤리적 판단과 인간의 보편적 이성·감성에 기초한 윤리적 판단 사이에 존재하는 갈등으로 인하여 합의를 이끌어내기 어렵다.

③ 세계 종교에서 공통적으로 강조하는 윤리적 규범 : 황금률 → 종교와 종교, 종교와 윤리 사이의 소통 가능성을 제공하였다.

(2) 바람직한 종교인의 자세

① 종교의 가르침을 윤리적으로 실천 : 사랑과 자비, 현세에서의 선행과 도덕적으로 살아가는 삶을 중시한다.

② 다른 종교에 대한 관용의 정신 실천 : 다른 종교에 대한 폭넓은 이해 → 편견, 선입견, 고정 관념을 없앨 수 있다.

③ 종교 간의 대화와 협력의 자세 : 자신의 종교만이 유일한 진리임을 강조하며 타종교를 배척하는 것은 종교의 사회적 책임을 저버리는 것이다.

④ 건전한 종교에 대한 올바른 인식 : 인간의 정상적인 삶을 방해하는 사이비 종교를 경계하기 위한 건전한 종교의 기준을 마련한다.

⑤ 성(聖)과 속(俗)의 조화 추구

- 건강한 종교 생활 : 초월적이고 성스러운 경험과 세속적인 인본주의적 가치를 조화적으로 반영하는 것이다.
- 엘리아데(Eliade, M.)의 '성현(聖顯 : 성스러움의 드러남)' : 세속적 휴머니즘과 성스러움의 세계가 공존하는 종교 생활 강조, 초월적이고 성스러운 경험을 가지되 현실을 떠나서는 안된다.

핵심체크 ❶ 종교에 대한 자아비판과 성찰

종교들이 세계 평화를 위한 중요한 의미를 도출해내기 위해, 어떠한 기본 자세로부터 진리에 대한 물음을 다루어야 하는가? 진정한 의미의 일치를 위한 전술을 위해 절대적으로 요청되는 전제 조건이 있다면 그것은 모든 종교의 자아비판이다. 즉 자신이 실수와 과오의 역사를 비판적인 시각으로 성찰하는 것이다.

01

다음 글에서 추론할 수 있는 바람직한 종교인의 모습으로 가장 적절한 것은?

> • 세계 윤리 없이는 생존이 불가능하다. 종교의 평화가 없이는 세계의 평화도 없다. 또 종교의 대화 없이는 세계의 평화도 있을 수 없다.
> • 편견에 사로잡히지 않는 사람은, 진리와 거짓 사이에 내재하는 경계는 처음부터 자신의 종교와 타 종교 사이에 내재하는 경계와 일치하는 것이 아니라는 사실을 잘 알고 있다.

① 사이비 종교를 경계하기 위한 건전한 종교의 기준을 마련한다.

② 다른 종교에 대한 고정관념을 버리고 깊이 있게 이해하고자 노력한다.

③ 자기 종교의 가르침을 타 종교 사람들에게 적극적으로 가르친다.

④ 다양한 종교들의 공통된 교리를 종합하여 새로운 종교를 창시한다.

정답 : ②

해설 : 종교 간의 대화를 통해 종교 평화, 더 나아가 세계 평화를 이룩해야 한다는 한스 큉의 주장이다.

정답과 해설

02

유주와 주헌이의 견해 차이를 통해 확인할 수 있는 쟁점으로 가장 적절한 것은?

> 유주 : 코페르니쿠스의 우주론은 가톨릭 교리는 물론 참된 철학에도 위배되기 때문에 가톨릭교도는 코페르니쿠스 우주론을 옳다고 주장해서는 안되.
>
> 주헌 : 신은 우리가 어떻게 천국에 가는가를 가르쳤지, 하늘이 어떻게 운행하는가를 가르친건 아냐.

① 종교와 무관한 윤리는 존재할 수 있는가?

② 종교 윤리와 세속 윤리는 서로 조화될 수 있는가?

③ 종교적 진리와 과학적 진리는 갈등을 일으킬 수 있는가?

④ 종교들 간의 갈등은 평화적으로 해결될 수 있는가?

정답 : ③

해설 : 유주는 코페르니쿠스의 우주론을 비판한 중세 그리스도교의 우주관이며, 주헌이는 종교의 영역과 과학의 영역이 별개임을 통해 과학적 진리를 인정해야 한다고 강조한 갈릴레이의 주장이다.

정답과 해설

03

다음 내용을 주장한 사상가와 일치하는 내용을 〈보기〉에서 모두 고른 것은?

> 종교적 인간은 그가 처해 있는 역사적 맥락이 어떠하든 간에 항상 이 세계를 초월하면서도 이 세계 안에 자신을 드러내며, 그럼으로써 이 세계를 성스럽게, 또 그것을 실재적인 것으로 만드는 절대적 실재, 거룩한 것이 있다는 사실을 믿는다.

〈보기〉

ㄱ. 인간은 본질적으로 종교적 존재이고, 세속적 삶 속에서도 언제든지 성스러움이 드러날 수 있다.

ㄴ. 건강한 종교 생활은 초월적이고 성스러운 경험과 세속적인 인본주의적 가치를 조화적으로 반영하는 것이다.

ㄷ. 서로 다른 종교 간의 갈등을 해결하기 위해 하나의 종교를 만들어 다른 종교를 통합할 수 있도록 해야 한다.

ㄹ. 종교는 과학적 진리를 겸허하게 수용하면서 초월적이고 근원적인 물음에 대해 과학적 사고방식으로 접근해야 한다.

① ㄱ, ㄴ

② ㄴ, ㄷ

③ ㄷ, ㄹ

④ ㄱ, ㄴ, ㄷ

정답 : ①

해설 : 종교적 인간에 대한 옳은 것을 고르는 문제이다. 인간은 성스러운 존재이므로 종교적 인간이다.

04

종교적 존재로서의 인간의 특징으로 옳은 것은?

① 인간은 자신의 한계를 인식하는 동시에 이를 초월하려고 한다.

② 자연 현상의 근본 원리와 법칙에 대하여 이성적으로 접근하여 합리적으로 설명한다.

③ 자연 자원 및 사회적 재화와 용역에 대하여 공평하게 분배하기 위해 갈등을 조정한다.

④ 사람들마다 사는 방식이 다른 것은 각자가 추구하는 가치가 서로 다르기 때문이다.

정답 : ①

해설 : 종교를 가지는 이유는 인간의 한계성과 삶의 유한성을 초월하기 위해서이다.

05

다음 글에서 강조하는 내용으로 옳은 것은?

> 종교가 없는 과학은 절름발이고, 과학이 없는 종교는 장님이다.
> ─아인슈타인─

① 과학이 없을 때의 불편함보다 종교가 없을 때의 어려움이 훨씬 크다.

② 과학은 이성적이고 합리적임에 비하여 종교는 경험적이고 현실적이다.

③ 종교와 과학은 인간의 문제를 함께 해결해 나가는 동반자 관계를 모색해야 한다.

④ 과학은 현실의 문제를 다루지만 종교는 신비와 초월의 영역을 다룬다.

정답 : ③

해설 : 과학은 종교를 통해 그 방향을 올바르게 잡을 수 있고, 종교는 과학을 통해 그 오류를 고칠 수 있으므로 상호 보완적인 관계를 유지해야 한다.

06

세계의 종교들이 공통으로 가르치는 내용은?

① 인간은 신의 창조물이다.

② 인간을 존중하고 사랑해야 한다.

③ 인간은 완전하고 완성된 존재이다.

④ 모든 생명은 독립된 영혼을 가지고 있다.

정답 : ②

해설 : 세계의 종교들의 보편적인 가르침은 '인간을 존중하고 사랑해야 한다.'이다.

07

종교의 가르침을 생활 속에서 바르게 실천한 것으로 옳지 <u>않은</u> 것은?

① 자연과 인간에 대한 생태 윤리적 태도를 실천해 나간다.

② 가난하고 소외당하는 사람들을 적극적으로 배려하고 도와준다.

③ 사회 공동체의 문제 해결에도 앞장서는 실천적 자세를 가진다.

④ 종교 공동체 내에 원만한 인간관계를 형성하여 현실적인 이익을 추구한다.

정답 : ④

해설 : ④은 종교의 세속화된 모습을 보여준다.

08

다음 빈칸에 들어갈 말로 적합한 것은?

다른 종교를 가진 사람들 사이에 갈등이 빚어지는 이유는 다른 사람들의 신앙에 대해 자기 우월적이고 배타적인 자세로 바라보기 때문이다. 따라서 다른 종교에 대한 올바른 자세로서 (   )이 요구되는 것이다.

① 아집   ② 관용   ③ 편견   ④ 경쟁

정답 : ②

해설 : 관용의 자세는 다른 종교에 대해 이해하려고 노력하며 나와 다르더라도 상대방을 존중하고 인정하는 것이다.

09

다음 중 종교에서 추구하는 보편적 가치로 옳지 <u>않은</u> 것은?

① 재물

② 평화

③ 사랑

④ 정의

정답 : ①

해설 : 물질적 재물에 대한 욕심은 종교의 보편적 가치가 아니다.

10

종교의 긍정적 영향으로 볼 수 <u>없는</u> 것은?

① 사람들의 의식을 바꾸어서 사회 변동의 원동력이 된다.

② 도덕성을 갖춘 인격적인 사람으로 살아가도록 해준다.

③ 사회의 폐단이라도 안정과 질서 유지를 위해 어느 정도 묵인한다.

④ 물질문화와 정신문화의 형성과 발전에 중요한 역할을 한다.

정답 : ③

해설 : ③은 종교의 부정적 영향을 설명하고 있다.

11

다음 글에서 강조하는 종교와 도덕의 공통점은?

> '착하게 살아라.', '도둑질하지 마라.' 등과 같은 종교의 가르침은 양심에 따라 바르게 살고, 이웃을 배려하는 도덕의 가르침과 다르지 않다.

① 생활 속의 윤리적 지침을 제공한다.

② 사회의 안정적 유지에 도움을 준다.

③ 새로운 변혁을 이끌어 가는 원동력이다.

④ 인간의 우주의 근원에 대해 가르쳐 준다.

정답 : ①

해설 : 제시문은 종교의 가르침 중에서 도덕적 지침이 되는 것들을 보여준다.

정답 : ③

해설 : 나머지는 종교가 가지지 말아야 할 특성이다.

12

진정한 의미의 종교가 가진 특징으로 바른 것은?

① 독단성   ② 배타성

③ 개방성   ④ 세속화

13

종교의 긍정적 기능으로 옳지 <u>않은</u> 것은?

① 인생의 목적을 제시해준다.

② 도덕적인 생활을 불가능하게 해준다.

③ 사회 질서 유지와 사회를 정화시켜 준다.

④ 불안을 해소하고 마음의 위안이나 삶의 평화를 준다.

정답 : ②

해설 : 종교는 도덕적인 생활을 가능하게 한다.

14

다음 글과 관련 있는 종교의 특징은?

> 어떤 종교에서는 절대자를 상정하고 그 절대자에게 자신의 삶을 귀의하는 것을 바람직한 삶으로 보지만 어떤 종교에서는 인격신이 아니라 세상의 궁극적인 이치를 깨닫고 그 이치의 흐름에 순응하는 삶을 추구하기도 한다.

정답 : ①

해설 : 세계의 여러 종교는 각기 고유한 세계관을 가지고 있기 때문에 세계의 기원, 세계를 움직이는 힘, 바람직한 삶의 방식 등에 대한 답을 제시하려고 한다.

① 고유한 세계관을 가진다.

② 현세적인 삶을 추구하게 한다.

③ 인류 문화의 보편적인 현상이다.

④ 죽음과 내세에 대한 가르침을 준다.

02. 종교와 윤리　　도덕

15

다음 글과 관련이 있는 종교의 기능은?

> 인간은 삶의 의미를 끊임없이 묻는 존재이다.

① 사회 질서를 가르친다.

② 도덕적인 생활을 가능하게 한다.

③ 인간에게 인생의 목적을 제시한다.

④ 불안해소와 삶의 위로를 얻게 한다.

정답 : ③

해설 : 인간은 자신의 삶이 의미 없다고 생각되면 인생을 습관대로 살거나 삶을 포기하기도 한다. 그러나 인간은 다양한 종교를 통해 자신의 삶에 의미를 부여하고, 자신의 삶을 반성적으로 검토해 보는 기회를 얻게 된다.

3. 의식주의 윤리적 문제

01 의복문화와 윤리적 문제

(1) 의복의 윤리적 의미

① 의복

- 좁은 의미 : 우리의 몸을 감싸는 옷을 의미한다.

- 넓은 의미 : 옷을 포함하여 모자, 장갑, 신발, 장신구 등 모든 장식물을 포괄한다.

② 의복이 가지는 윤리적 의미

- 자아 및 가치관의 형성과 관련됨.

㉠ 다른 사람과 구분되는 의복으로 개성을 표현한다.

㉡ 의식적으로든 무의식적으로든 의복에 자신의 가치관을 드러낸다.

㉢ 의복이 가치관 형성에 영향을 미치기도 한다.

㉣ 의복은 제2의 피부로서 자아와 동일시되는 경향이 있다.

- 예의에 대한 사회적 기준 반영

㉠ 모든 사회는 예의에 대한 사회적 기준이 있으며, 이러한 기준은 의복에도 적용된다.

㉡ 상황에 맞는 의복을 적절하게 착용했는지에 따라 그 사람의 됨됨이를 판단할 수 있다.

(2) 의복 문화와 관련된 윤리적 쟁점

① 의복 문화의 중요성

- 의복 문화에는 가치관, 풍습, 도덕 등이 반영되었다.
- 어떤 의복 문화 속에서 살아가느냐에 따라 삶의 모습이 달라지므로 의복 문화에 대한 윤리적 성찰과 평가가 필요하다.

② 유행 추구 현상

- 긍정적 입장

  ㉠ 유행으로 개성을 표현할 수 있으며, 이때 의복은 타인과 구별되는 자신만의 미적 감각과 가치관을 표현하는 수단이다.

  ㉡ 기존의 의복 문화와 차별되는 최신 유행을 창조하는 것은 새로운 가치관을 형성하는 계기가 되었다.

- 부정적 입장

  ㉠ 유행은 몰개성화의 문제를 낳으므로 유행을 무작정 따르는 것은 개성의 표현이라기보다 무비판적인 동조 현상일 뿐이다.

  ㉡ 유행을 선도하는 것은 개인이라기보다 기업이며, 기업의 판매 전략에 노출된 대중은 선택의 자유가 없다.

③ 명품 선호 현상

- 긍정적 입장

  ㉠ 개인은 자유롭게 상품을 선택하고 구입할 수 있다.

  ㉡ 명품은 우수한 품질과 희소성을 가진다.

  ㉢ 명품은 자기만족을 넘어 자신의 품위를 효과적으로 높여 줄 수 있다.

- 부정적 입장

  ㉠ 과소비와 사치풍조를 조장해 사회계층 간 위화감을 야기하는 등 사회에 부정적 영향을 미친다.

  ㉡ 명품소비가 사회에 미치는 부정적인 영향력을 감안하여 욕망을 자제할 것을 촉구해야 한다.

02 음식 문화와 윤리적 문제

(1) 음식의 윤리적 의미

① 음식

- 의미 : 인간이 먹거나 마시는 모든 것
- 목적 : 생존을 위한 영양 섭취, 맛을 통한 즐거움 얻기, 건강 유지

② 음식에 담긴 윤리적 의미

- 생명과 건강을 유지하는 원동력
- 사회의 도덕성 및 건강한 생태계 유지에 영향을 준다.

(2) 음식 문화와 관련된 윤리적 문제와 해결 노력

① 음식 문화와 관련된 윤리적 문제

- 유해한 음식이 생명권을 침해할 수 있다.
- 무분별한 식량 생산 및 음식 소비 과정은 환경을 오염시킬 수 있다.
- 지나친 육식에 따른 동물에 대한 비윤리적 대우

② 음식 문화와 관련된 윤리적 문제를 해결하기 위한 노력

- 음식을 통해 타인은 물론 자연과 밀접하게 연관된다는 사실 인식

  ㉠ 음식은 공동체 뿐만 아니라 생태계 전체에 영향 미친다.

  ㉡ 음식물 쓰레기 줄이기, 로컬푸드(local food) 운동, 슬로푸드(slow food) 운동, 육류 소비 절제하기 등을 실천

- 바람직한 음식 문화 확립을 위한 제도적 기반 마련

  ㉠ 안전한 먹거리 인증이나 성분 표시 등을 의무화하여 소비자는 믿을 수 있는 식품 선택, 생산자는 책임감을 갖고 식품을 공급해야 한다.

  ㉡ 음식물 쓰레기 종량제를 통해 환경문제를 예방하거나 완화해야 한다.

  ㉢ 육류 생산과정에서 동물의 고통을 최소화하는 제도로 동물의 권리를 보호해야 한다.

- 개인의 건강과 행복은 물론 생태계 전체를 고려하는 개인적 · 사회적 노력을 통해 바람직한 음식 문화를 만들어 간다.

03 주거 문화와 윤리적 문제

(1) 주거의 윤리적 의미

① 주거

- 의미 : 우리가 살아가는 장소 뿐만 아니라 그곳에서 이루어지는 생활까지 포함하는 개념
- 주거 공간에서 이루어지는 것들 : 취미 활동을 포함한 개인 생활, 식사나 휴식을 함께하는 가족 공동생활, 손님 접대나 사교 등 사회생활

② 주거에 담긴 윤리적 의미

- 삶의 기본 바탕

  ㉠ 바슐라르(Bachelard, G.) : "집은 세계 안에 있는 우리의 일부이며 우리가 경험하는 최초의 세계이다."라는 말을 통해 주거가 인간을 존재하게 하는 기본 바탕임을 강조

  ㉡ 하이데거(Martin Heidegger) : "인간은 집에서 살게 되면서 비로소 평화를 누리게 된다."라는 말을 통해 주거 공간에서 누리는 편안함과 휴식의 중요성을 강조

- 유대감과 소속감 형성
- 주거의 윤리적 의미를 이해하고, 바람직한 주거 문화를 형성하기 위해 노력해야 한다.

(2) 주거 문화와 관련된 윤리적 문제

① 시대와 사회 변화에 따른 주거 문화의 변화

- 우리나라에서는 산업화·도시화의 영향으로 주거문화가 한옥과 촌락 중심에서 공동주택과 도시중심으로 변화하였다.
- 우리 생활에 많은 편리함을 제공했지만 그에 따른 부작용도 함께 발생하였다.

② 공동 주택과 도시 중심의 주거 문화에 따른 문제점

- 공동주택의 폐쇄적인 형태로 인해 이웃과의 소통이 단절되었다.

- 도시 중심의 주거 문화는 환경 오염, 교통 혼잡, 소음 공해, 녹지 공간 부족 등의 문제를 발생시켜 생활의 질을 떨어뜨렸다.
- 집의 본질적 가치보다 경제적 가치 중시
  - ㉠ 집을 하나의 상품처럼 여기면서 집의 크기나 위치, 가격에 더 관심을 가진다.
  - ㉡ 집의 가장 기본적 가치인 평화로운 삶의 보장을 실현하지 못하게 한다는 문제를 낳는다.
③ 바람직한 주거 문화를 확립하기 위한 방안
- 주거의 본질적 가치를 되살려야 한다.
- 공동체를 고려하는 주거 공간을 형성해야 한다.

04 소비 문화와 윤리적 소비

(1) 현대 소비문화의 특징

① 소비의 목적
- 인간의 기본적인 생활을 영위하기 위하여
- 개성을 표현하기 위하여
- 신분이나 부를 나타내기 위하여

② 대량 소비를 특징으로 하는 현대 소비문화의 문제점
- 과소비 문제로 이어짐.
- 환경 파괴, 개발 도상국 국민에 대한 인권 침해, 부의 불균형 문제 등 야기

(2) 윤리적 소비의 의미와 영향

① 윤리적 소비 : 소비자가 상품이나 서비스를 구매할 때 윤리적인 가치 판단에 따라 올바른 선택을 하는 것

② 윤리적 소비의 종류
- 환경이나 노동, 인권을 고려하지 않는 기업의 제품 구입을 거부하는 불매 운동
- 공정 무역 제품이나 친환경 농산물 등 바람직한 윤리적 상품을 구매하는 행위

- 소비자 단체가 제시하는 윤리적 등급에 따라 상품을 비교하여 구매하는 행위
- 환경 오염을 일으키는 지속 불가능한 상품을 구매하지 않거나 재활용 및 재사용하는 행위

③ 윤리적 소비가 우리 삶에 미치는 영향

- **공동체를 고려하는 소비를 할 수 있음** : 개인의 소비가 단순히 개인의 일만이 아니라 다른 사람이나 환경 등 공동체와도 관련된다는 것을 인식하게 한다.
- **지구촌 환경 문제 해결에 도움을 줌** : 생태계를 손상시키지 않고 환경적으로 건전하고 지속 가능한 소비를 함으로써 현세대의 욕구 충족은 물론 미래 세대도 고려할 수 있게 해준다.
- **정의로운 경제 체제 구축** : 생산자의 정당한 임금을 보장함으로써 정의로운 경제 체제 구축에 기여한다.
- **인류의 인권 향상** : 인권에 대한 고려없이 생산된 상품구매를 거부함으로써 아동 노동을 금지하고, 노동자가 건강한 작업환경 속에서 일할 수 있게 한다.

④ 현대 소비문화의 특징과 윤리적 문제

특징	대량 소비, 상징 소비, 과시 소비, 물질 만능주의
윤리적 문제	• 과소비, 사치 풍조 → 사회적 위화감 조성 • 자원 낭비 및 쓰레기 배출 증가 → 자원 고갈과 환경 파괴 • 개발 도상국 국민의 인권 침해와 인간 소외 현상 발생

V. 문화와 윤리

핵심체크 ① **명품 선호 현상에 대한 찬반 입장**

명품 선호 찬성 입장	명품 선호 반대 입장
• 명품 선택은 개인의 자유이므로 이에 대해 간섭하거나 개입해서는 안된다. • 명품은 우수한 품질과 희소성을 지니고 있으므로 명품 선호 현상은 정상적인 소비 형태이다. • 명품 선호 현상은 단순한 자기만족을 넘어 이를 소비하는 사람의 품위를 효과적으로 높일 수 있다.	• 명품 선호 현상은 상대적인 박탈감 등 사회에 부정적인 영향을 끼친다. • 명품 선호 현상은 고가의 상품을 통해 자기를 과시하려는 그릇된 욕망의 표현일 뿐이다. • 과소비와 사치 풍조를 조장하여 사회 계층 간 위화감을 야기시킨다.

핵심체크 ② **가이아이론(Gaia theory)**

　1978년 영국의 과학자 제임스 러브록(James Ephraim Lovelock)이 "지구상의 생명을 보는 새로운 관점"이라는 저서를 통해 주장함으로써 소개된 이론이다. 가이아란 그리스 신화에 나오는 '대지의 여신'을 가리키는 말로서, 지구를 뜻한다. 러브록에 따르면, 가이아란 지구와 지구에 살고 있는 생물, 대기권, 대양, 토양까지를 포함하는 하나의 범지구적 실체로서, 지구를 환경과 생물로 구성된 하나의 유기체로 보는 것이다. 즉 지구를 생물과 무생물이 서로에게 영향을 미치는 생명체로 바라보면서 지구가 생물에 의해 조절되는 하나의 유기체임을 강조한다. 현재 이 이론은 지구상에서 저질러지고 있는 인간의 환경 파괴 문제 및 지구 온난화 현상 등 인류의 생존과 직면한 환경 문제와 관련하여 많은 과학자들의 관심을 불러일으키고 있다.

01

다음에서 강조하고 있는 음식 문화와 관련된 윤리적 문제로 가장 적절한 것은?

> • 고춧가루의 상품성을 높이기 위해 고춧가루에 빨간 색소를 넣어 염색하여 색깔을 더 선명하게 만든다.
> • 즉석식품의 경우 음식의 색과 맛을 보존하기 위해 다양한 식품 첨가물을 사용한다.
> • 생산량의 증대를 위해 유전자를 변형시킨 농작물이 다량 재배되고 유통되고 있다.

① 유해한 음식으로 인해 건강과 생명을 위협한다.

② 육식을 위해 동물에 대한 비윤리적 대우가 발생한다.

③ 무분별한 식량 생산과 소비로 환경오염이 심각해진다.

④ 식량 수급 불균형으로 인한 음식 불평등 문제가 발생한다.

정답 : ①

해설 : 제시문은 우리가 섭취하고 있는 다양한 식품에 색소, 식품 첨가물 등을 첨가하거나 유전자 변형 농산물이 유통되고 있음을 지적하고 있다.

02

하율이에 비해 유진이가 강조할 내용을 〈보기〉에서 고른 것은?

> 하율 : 의복은 자기 자신의 개성을 표현하는 중요한 수단이야. 따라서 명품 선호현상은 개인적인 취향이므로 전적으로 개인의 선택에 맡겨야 해.
>
> 유진 : 그렇지 않아. 명품 선호 현상을 개인적 측면에서만 보아서는 안돼. 명품 선호 현상은 사회에 부정적인 영향을 미치고 있어.

〈보기〉

ㄱ. 명품 선호 현상은 과소비와 사치 풍조를 조장하여 사회 계층간 위화감을 야기한다.

ㄴ. 고가의 상품을 통해 타인에게 자신을 과시하려는 그릇된 욕망이 명품 선호 현상으로 나타난다.

ㄷ. 명품 선호 현상은 우수한 품질을 보장하고 희소성의 가치를 제공해 준다는 점을 포함하고 있다.

ㄹ. 자본주의 사회에서 남에게 직접적 피해를 끼치지 않는 한 각 개인은 자신의 의사에 따라 소비할 자유를 지닌다.

① ㄱ, ㄴ   ② ㄱ, ㄷ

③ ㄴ, ㄷ   ④ ㄴ, ㄹ

정답 : ①

해설 : 하율이는 의복이 각자 자신의 개성을 표현하는 중요한 수단이므로 명품 선호 현상 또한 개인적 취향으로 간주하여 반대할 필요가 없다고 본다. 유진이는 명품 선호 현상이 타인이나 사회 전체에 미치는 부정적 영향력이 있음을 강조하면서 비판하고 있다..

03

다음에 나타난 음식 문화와 관련된 윤리적 문제로 가장 적절한 것은?

> 농수산물을 대량으로 생산하기 위해 산림을 파괴하고, 생산량을 늘리기 위해 살충제나 화학 비료를 많이 사용함으로써 세계 곳곳의 토양이나 수질이 크게 악화되고 있다.

① 식량의 대량 생산과 장거리 유통 과정에서 환경오염이 가속화될 수 있다.

② 식량 자급도의 하락으로 인해 선진국에 대한 식량 의존도가 높아질 수 있다.

③ 식재료 유통 과정의 복잡성으로 인해 식량 생산자들의 이익이 감소될 수 있다.

④ 유해한 음식의 생산과 유통으로 인해 사람들의 건강과 생명권을 침해할 수 있다.

정답 : ①

해설 : 식량 생산량 증가를 위해 무분별하게 화학 비료 등을 사용함으로써 환경오염이 발생하고 있다는 내용이다.

04

다음 글에서 지적하고 있는 문제점으로 가장 적절 한 것은?

> 우리는 맛을 표준화하고 전통 음식을 소멸 시키는 패스트푸드를 추방하고, 지역 요리의 맛과 향을 다시 발견해야 한다. 지금 유일하고 진정한 해답은 슬로푸드이다.

① 지역 요리의 성장

② 지역 요리의 다원화

③ 맛의 보편화와 획일화

④ 전통 음식의 패스트푸드화

정답 : ③

해설 : 슬로푸드 운동은 맛의 표준화와 전지구적 미각의 동질화를 지양하고, 지역 특성에 맞는 전통적이고 다양한 식생활 문화를 추구하는 국제운동이다.

05

다음 글을 통해 얻을 수 있는 교훈으로 가장 적절한 것은?

> 인스턴트식품이나 패스트푸드 같은 정크푸드는 비만의 원인이 될 뿐만 아니라 우리의 기질이나 성격에도 좋지 않은 영향을 미치므로 절제할 필요가 있다. 음식을 절제할 수 있는데도 폭식이나 탐식을 하는 행위는 윤리적으로 바람직하지 않다.

① 음식은 육체적 건강에만 영향을 미친다.

② 정크푸드의 판매를 법으로 금지해야 한다.

③ 다른 사람들과 음식을 함께 나누어야 한다.

④ 폭식이나 탐식을 피하고 좋은 식습관을 가져야 한다.

정답 : ④

해설 : 열량은 높지만 영양가는 낮은 패스트푸드나 인스턴트식품을 정크푸드(쓰레기 음식)이라고 한다. 좋은 식습관을 가지기 위해서는 이러한 정크푸드를 멀리하고, 폭식이나 탐식을 하지 않아야 한다.

06

소비가 미덕으로 작용할 수 있는 경우로 가장 타당한 것은?

① 경기가 과열된 경우

② 생산여력이 없는 경우

③ 경기가 침체되어 있는 경우

④ 저축이 부족한 경우

정답 : ③

해설 : 경기가 침체되어 있는 경우에는 소비가 경제순환에 도움이 된다.

07

다음 글의 입장에 대한 반대 의견을 〈보기〉에서 고른 것은?

> 먹을거리를 선택하는 기준으로 생태적 지속 가능성을 고려할 필요가 있다. 채식은 지구 온난화를 완화하는 데에 이바지할 수 있다. 세계의 모든 교통수단을 합친 것보다 육류의 생산 과정이 더 많은 온실가스를 배출하기 때문이다. 따라서 채식주의를 따라야 한다.

〈보기〉

ㄱ. 공장형태의 축산업은 동물 학대이다.
ㄴ. 건강을 위해서는 균형적인 식사 형태가 중요하다.
ㄷ. 채식을 통해서 건강을 회복한다.
ㄹ. 아동에게 필요한 영양 섭취를 못하게 될 수 있다.

① ㄱ, ㄴ　　　　　② ㄱ, ㄷ
③ ㄴ, ㄷ　　　　　④ ㄴ, ㄹ

정답 : ④

해설 : 제시문은 먹을거리를 선택할 때 생태적 지속 가능성, 즉 환경을 고려해야 한다는 입장이다. 육식은 고기를 운송·가공하는 과정에서 많은 온실가스를 배출하여 환경을 파괴하므로 환경을 고려하는 채식을 해야 한다는 것이다.

08

다음 글이 의미하고 있는 소비는?

> 공동체의 이익을 고려하는 소비로 자연을 사랑하는 환경친화 소비, 자원을 절약하는 자원절약 소비, 그리고 함께 누리는 나눔소비

① 합리적 소비　　　② 바람직한 소비
③ 윤리적 소비　　　④ 경제적인 소비

정답 : ②

해설 : 환경친화소비, 자원절약소비, 나눔소비는 바람직한 소비의 방법이다.

정답 : ②

해설 : 의복을 과시의 수단으로 이용하는 것은 의복의 윤리적 문제로 지적된다. 의복이 과시의 수단으로 이용되면 사회적 위화감을 조성할 수 있고, 건전한 근로 의욕을 저하시킬 수 있으며, 의복을 만드는 과정에서 환경 파괴, 동물에 대한 비윤리적 대우 등이 나타날 수 있다.

09

의복의 윤리적 의미로 적절하지 않은 것은?

① 내면세계를 드러낸다.

② 명품을 활용하여 과시의 수단으로 활용한다.

③ 예의에 대한 사회적 기준을 반영한다.

④ 개인의 선호나 취향 등 개성을 표현한다.

10

윤재가 가인이의 친구에게 해 줄 수 있는 조언으로 가장 적절한 것은?

> 윤재 : 고통과 쾌락의 감수 능력이 자신의 이익에 대한 관심을 갖는 전제 조건이 되는데, 단지 종(種)이 다르다는 이유로 차별하는 것은 도덕적으로 잘못되었다고 생각해.
>
> 가인 : 내 친구는 백화점에서 모피 특가 할인 소식을 들었어. 옛날부터 옷에 관심이 많았던 친구는 살지 말지 고민 중이래.

정답 : ②

해설 : 피터 싱어는 '이익에 대한 평등한 고려 원칙'을 인간 종 외에도 적용해야 한다고 주장한다. 즉, 쾌락과 고통을 느끼는 감수 능력을 기준으로 동물의 권리를 옹호한다. 이러한 입장을 동물 모피에 적용한다면, 모피를 만드는 과정에서 동물이 비윤리적 대우를 받는 경우가 많으므로 모피를 입는 것에 반대하게 된다.

① 개인의 취향이므로 모피를 구매하고 말고는 자유이다.

② 모피는 생산 과정에서 동물을 비윤리적으로 대우하므로 구매하지 말아야 한다.

③ 자연은 인간을 위해 존재하므로 모피 구매는 도덕적으로 정당하다.

④ 모피 구매는 사회적 위화감을 조성하고 사회 통합을 저해하므로 옳지 않다.

11

다음 대화에서 윤성이가 추구하는 소비 방식으로 가장 적절한 것은?

> 윤성 : ○○구두 회사는 생산 과정에서 아이들의 노동력을 착취한다는 뉴스를 봤어. 앞으로는 그 회사 제품을 사지 말아야겠어.
> 서진 : 그런 것까지 일일이 따져 가며 구매할 수는 없잖아.
> 윤성 : 비양심적인 회사에서 만든 물건을 사는 것은 윤리적이지 못하다고 생각해.

① 경제적 소비

② 과시적 소비

③ 합리적 소비

④ 윤리적 소비

정답 : ④

해설 : 제시된 대화에서 갑은 아동 노동력을 착취하여 생산된 제품의 구매를 거부하고 있으므로 윤리적 소비를 추구한다고 볼 수 있다.

12

비합리적 소비의 종류 중 다른 사람에게 자랑하기 위해 자신의 능력이상으로 소비하는 형태는 무엇인가?

① 중독 소비

② 과시 소비

③ 동조 소비

④ 충동 소비

정답 : ②

해설 : 과시소비는 자신의 능력 이상으로 소비하는 형태로 옳은 소비 형태가 아니다.

정답과 해설

13

㉠에 들어갈 적절한 내용을 〈보기〉에서 고른 것은?

　　세계 여러 국가는 녹색 소비를 돕기 위해 각종 환경 관련 마크를 만들어 상품에 관한 정보를 소비자에게 제공하고 있다. 이를 통하여 기업도 친환경 제품을 개발하고 있음을 공개적으로 인정받는다. 이와 같은 녹색 소비는 _____㉠_____.

〈보기〉

ㄱ. 지속 가능한 소비를 추구한다.
ㄴ. 인류의 보편적 가치를 소중히 여긴다.
ㄷ. 상품의 이미지를 중시하는 이윤 소비이다.
ㄹ. 자신의 경제력 수준의 소비를 한다.

① ㄱ, ㄴ　　　　　　② ㄱ, ㄷ

③ ㄴ, ㄷ　　　　　　④ ㄴ, ㄹ

정답 : ①

해설 : 윤리적 소비란 윤리적으로 만들어진 재화와 서비스를 구매하는 것이다. 인간, 동물, 환경을 착취하거나 적어도 해를 끼치지 않는 것을 의미한다. 따라서 생산에서 유통, 소비와 사용, 이후의 처리와 재생에 이르기까지 사회에 미치는 영향을 고려한다.

14

청소년 소비자에 대한 설명으로 옳지 <u>않은</u> 것은?

충동적으로 구매하는 성향이 나타난다.

① 청소년기의 소비 경험은 성인이 되었을 때의 소비 경험에 영향을 미친다.

② 또래 집단이나 연예인을 무조건 따라한다.

③ 광고나 대중 매체의 영향은 크게 받지 않는다.

④ 불필요한 물건을 충동적으로 사들이기도 한다.

정답 : ③

해설 : 청소년기에는 대중매체의 영향을 쉽게 받아들일 수 있으므로 합리적인 소비습관을 만들어 나가는 것이 중요하다.

15

다음 신문 기사를 통해 알 수 있는 주거 문화의 윤리적 문제로 가장 적절한 것은?

> 집값은 오르지 않거나 떨어지고 있는데, 아파트 전셋값이 급등하면서 세입자들이 큰 곤란을 겪고 있다. 비싼 전셋값을 감당하지 못해 더 싼 전셋집을 찾아 헤매는 전세 난민인 '렌트 푸어'가 양산되고 있다.

① 주거의 불안정과 불평등으로 많은 사람들이 어려움을 겪고 있다.

② 지나친 사생활 추구로 가족 간 관계가 소원해졌다.

③ 획일적인 아파트 건축으로 건축의 개성이 말살되었다.

④ 무분별한 건설 및 개발로 환경 파괴가 가속화되고 있다.

정답 : ①

해설 : 제시문은 자가 주택 보유율이 낮아서 렌트 푸어에 시달리는 사회 현상을 보여 준다. 우리나라는 집을 주거보다는 재산 증식의 수단으로 여기는 사람들의 투기 행위 등으로 주택 가격이 지나치게 높다. 따라서 평생 집을 소유할 수 없다는 생각으로 상대적 박탈감에 시달리는 사람들이 많고, 주거환경이 안정되지 못해 인간다운 삶을 보장받기 어려울 수 있다.

4. 다문화 사회의 윤리

01 문화의 다양성과 보편 윤리의 문제

(1) 문화의 다양성

① 문화의 특징

- 의식주를 비롯하여 언어, 종교, 예술, 규범, 제도 등 포함
- 사회나 시대에 따라 다양하게 나타난다.

② 시회나 시대에 따라 문화가 다양하게 나타나는 이유

- 서로 다른 환경과 상황에 적응해 가면서 독특한 생활방식을 구축해 왔기 때문 이다.
- 각 사회 구성원이 추구하는 가치관이 다르기 때문이다.

③ 다양한 문화를 대하는 올바른 태도

- 각각의 문화가 지닌 고유성과 상대적 가치를 이해하고 존중해야 한다.
- **자문화 중심주의를 버려야 함** : 자신의 문화를 기준으로 다른 문화를 평가하는 자문화 중심주의는 문화적 갈등의 원인이 된다.
- 유네스코 '세계문화다양성선언' : 문화 다양성 수호는 모든 사람의 신성한 윤리 적 의무이다.

④ 다른 문화를 존중해야 할 필요성

- 문화적 차이에 따른 갈등 예방
- 다양한 문화의 공존 도모

(2) 문화의 다양성과 보편 윤리

① 윤리 상대주의의 문화에 대한 관점

- 윤리 상대주의 : 행위의 도덕적 옳음과 그름이 사회에 따라 다양하며, 보편적인 도덕적 기준은 존재하지 않는다고 보는 입장

- 윤리도 문화에 포함되므로 윤리 또한 상대적이라고 생각한다.

② 윤리 상대주의 관점의 문화 이해에 따라 생겨날 수 있는 문제점

- 보편 윤리를 위배하는 문화도 무조건 인정해야 한다.

- 자문화와 타 문화를 비판적으로 성찰할 수 없다(도덕적 무정부 상태 초래).

③ 보편 윤리의 중요성

- 다양한 문화 속에는 누구나 인정하는 보편 윤리가 존재한다.

- 문화의 다양성을 존중하는 것이 곧 윤리 상대주의를 인정하는 것이 아니다.

- 보편 윤리를 바탕으로 문화에 대한 비판적 성찰이 이루어질 때 인류의 문화도 발전할 수 있다.

④ 바람직한 태도 : 여러 문화의 고유성과 상대성을 존중하되 윤리상대주의를 경계해야한다.

02 다문화에 대한 존중 및 관용과 한계

(1) 다문화에 대한 관용의 필요성

① 관용 : 타인의 생각이나 문화가 나와 다를지라도 이를 존중하는 이성적 태도

② 관용의 자세가 필요한 시대적 배경

- 지구촌은 다양한 문화가 공존하는 다문화 시대를 맞이하였다.

- 우리 사회도 국제결혼, 외국인 노동자의 증가 등으로 인해 다문화 사회로 진입하였다.

③ 다문화에 대해 관용의 자세를 가져야 할 필요성

- 문화적 차이에 따른 편견과 차별을 예방할 수 있기 때문

  ㉠ 문화는 환경에 적응하는 과정에서 생겨난 결과물이므로 이질성을 가질 수밖에 없다.

  ㉡ 서로 다른 문화의 차이를 이해하지 못하면 다문화에 대한 편견을 갖게 되고 차별이 발생하였다.

  ㉢ 다문화 이웃이 겪는 고통을 해소하는 데 도움이 된다.

• 자유의 가치와 인간 존중을 실현할 수 있기 때문

㉠ 관용은 다른 사람이 생각하고 행동하는 표현의 자유와 다른 사람의 정치적 · 종교적 자유를 존중하는 것을 포함한다.

㉡ 관용을 강조하는 사회에서는 대화의 문화가 자리 잡을 수 있으며 서로를 존중하는 인간관계가 유지될 수 있다.

(2) 다문화에 대한 관용의 한계

① 관용의 역설

• 의미 : 관용을 무제한으로 허용한 결과 관용 자체를 부정하는 사상이나 태도까지 인정하는 것이다.

㉠ 무제한적인 관용은 인권침해와 사회질서 붕괴를 가져오고 있다.

• 문제점 : 인권 침해, 사회 질서 붕괴

② 관용의 허용 범위

• 타인의 인권과 자유를 침해하지 않는 범위 내에서

㉠ 인종 차별이나 다른 종교를 인정하지 않는 태도 등은 인권, 자유와 같은 보편적 가치를 훼손한다.

㉡ 우리 사회의 혈통 중심적 단일 민족주의는 외국인의 인권과 자유를 침해할 수 있으므로 비판적 성찰의 대상이다.

• 사회 질서를 훼손하지 않는 범위 내에서

㉠ 다원주의를 존중하는 다문화 사회에서는 사회 구성원의 다양성을 존중하고 관용해야 한다.

㉡ 사회의 기본적 질서를 훼손하는 것까지 허용하는 것은 아니다.

③ 다문화에 대한 관용의 바람직한 태도

• 다문화에 대한 관용이 무제한의 관용이 아님을 인식해야 한다.

• 관용의 제한이 자유와 인권의 제약으로 이어지지 않도록 해야 한다.

• 다문화가 조화롭게 공존하는 열린 사회를 만들기 위해 노력해야 한다.

03 다문화와 문화적 정체성

(1) 다문화와 문화적 정체성의 문제

① 문화적 다양성 증가에 따른 양면성

- 긍정적 측면 : 문화의 창조성과 역동성의 밑거름
- 부정적 측면 : 전통문화의 가치가 위축되고 그 자리를 외래문화가 빠른 속도로 차지하면서 우리는 문화적 정체성의 혼란을 겪을 수도 있다.

② 문화적 정체성의 의미와 역할

- 문화적 정체성의 의미 : 한 문화에 속해 있는 사람들이 공유하는 동질감이자 자신의 문화에 대해 갖는 자긍심
- 역할 : 개인의 자아 정체성 형성, 사회 통합의 중요한 역할을 담당한다.

③ 문화적 정체성의 혼란에 따른 문제점

- 문화적 주체성의 상실

  ㉠ 외래문화의 범람 속에서 우리는 전통문화에 대한 관심과 자긍심 상실

  ㉡ 외래문화를 무비판적으로 수용하기도 한다.

  ㉢ 문화적 주체성을 약화시켜 문화 사대주의로 흐를 수 있는 위험성을 내포한다.

- 사회적 결속력의 저하

  ㉠ 문화적 정체성의 혼란은 우리 사회에 대한 소속감을 없앤다.

  ㉡ 사회 구성원 간의 연대감을 약화시킨다.

(2) 바람직한 문화적 정체성을 확립하기 위한 노력

① 문화적 정체성을 확립하기 위한 노력

- 전통문화의 창조적 계승

  ㉠ 전통문화의 창조적 계승은 전통문화를 단순히 재현하는 것이 아님을 인식

  ㉡ 전통문화를 새롭게 정립해 발전시켜야 한다.

ⓒ 인간관계에서 정(情)을 중시하는 문화, 상부상조의 정신, 효 사상, 환경친
화적 삶의 자세 등을 시대적 요구에 맞게 계승해야 한다.

- 타 문화의 주체적 수용

ⓐ 외부의 다양한 문화와 활발히 교류하는 가운데 우리의 문화를 발전시켜야
한다.

ⓑ 문화 사대주의 경계

ⓒ 화이부동의 주체적인 자세를 길러야 함

※ 톨레랑스(tolerance)와 화이부동(和而不同)

톨레랑스(tolerance)	톨레랑스는 18세기 프랑스의 계몽 사상가 볼테르가 "당신의 사상에 반대하지만 그 사상 때문에 탄압받는다면 나는 당신의 편에 서서 싸울 것이다."라고 한 말에서 유래한다. 톨레랑스는 차이를 긍정하고, 극단을 부정하는 논리이다.
화이부동(和而不同)	화이부동은 공자의 "논어" 중 '자로'편의 "군자는 다름을 인정하지만 함께할 줄 알고 소인은 끼리끼리 놀 뿐 함께할 줄 모른다."라는 말에서 나온다. '화'가 관용과 공존의 논리라면, '동'은 지배와 흡수 합병의 논리라고 할 수 있다.

톨레랑스와 화이부동에는 자신과 타인의 다름과 차이를 인정하고 공존하면서도 자신의 중심과
원칙을 잃지 않는 자세가 나타난다. 이로부터 다문화 시대에 요구되고 있는 바람직한 관용의 자
세를 찾아볼 수 있다.

- 여러 문화에 대한 넓은 견문 갖추기

ⓐ 전통문화의 창조적 계승에 필수적 조건

ⓑ 타 문화의 주체적 수용의 필수적인 전제 조건

- 정책적 접근

ⓐ 동화주의(용광로 이론) : 이민자들의 다양한 문화를 기존의 문화에 융합하고
흡수하는 정책

ⓑ 다문화주의(샐러드볼 이론) : 이민자들의 다양한 문화를 인정하고 존중하려
는 정책

② 다문화 시대의 바람직한 문화 정체성

- 한국인으로서의 정체성과 자긍심을 가져야 한다.
- 타 문화를 우리의 상황에 맞게 주체적으로 조화시켜야 한다.

핵심체크 1 **하버마스(Jurgen Habermas)의 관용**

시민들이 서로에게 평등한 권리를 호혜적으로 부여하는 민주적인 공동체 내부에서는, 특정한 권위가 관용의 대상을 규정하는 경계선을 일방적으로 결정하지 못하도록 하고 있다. 시민들의 평등한 권리 및 호혜적인 상호 존중이라는 이 토대위에서는, 그 누구도 자기 자신의 선호나 가치관에 따라서 관용의 경계선을 마음대로 설정할 수 있는 특권을 소유하고 있지 않다.

핵심체크 2 **다문화 정책과 관련한 다양한 이론**

동화주의 (同化主義)	• 비주류 문화는 주류 문화에 편입, 흡수 통합되어야 한다는 입장. • 외래문화의 정체성을 유지하지 않고 고유문화나 기존 문화 속으로 합쳐져야 한다고 본다.
용광로 이론	• 다양한 이주민 문화들이 한 군데 섞여 또 하나의 완전히 새로운 문화를 창출해야 한다고 보는 입장. • 현실적으로 동화주의와 유사한 측면이 존재함.
샐러드 볼 이론 (Melting Pot)	• 다양한 이주민 문화들이 고유한 정체성을 유지하는 가운데 대등한 자격, 동등한 입장에서 서로 조화를 이루어야 한다고 보는 입장.
국수 대접 이론	• 주류 문화와 비주류 문화를 구분하고, 기존 문화가 주류로서의 위상을 유지하며 외래문화나 이주민 문화가 비주류 문화로서 서로 조화를 이루어야 한다고 보는 입장.

01

샐러드 볼 이론의 특징으로 가장 적절한 것은?

① 비주류 문화를 주류 문화에 편입시켜야 한다.

② 주류 문화와 비주류 문화의 공존을 추구해야 한다.

③ 단일 민족 문화의 전통과 정체성을 유지해야 한다.

④ 다양한 문화가 대등한 자격으로 조화를 이루어야 한다.

정답 : ④

해설 : 샐러드 볼 이론은 이주민 문화와 고유문화를 포함한 다양한 문화들이 서로 대등한 자격으로 조화와 공존을 이룰 것을 강조하고 있다.

02

윤재와 서하 모두가 긍정의 대답을 할 질문으로 가장 적절한 것은?

> 윤재 : 샐러드는 생야채와 과일을 주재료로 하여 마요네즈나 프랜치 드레싱 따위의 소스로 버무린 음식입니다. 이러한 샐러드가 담긴 그릇처럼, 우리 사회는 한민족은 물론 이주 노동자, 이주 여성과 그 자녀들이 대등한 자격으로 각각의 정체성을 공고히 유지하면서 공존해야 합니다.
>
> 서하 : 국수는 갖가지 재료로 우려낸 국물에 밀가루로 만든 국수를 삶아 넣고 고명을 얹은 음식입니다. 우리 사회는 한민족의 문화가 국수와 국물처럼 주류로서의 위상을 유지하고 이주민 문화는 고명처럼 비주류로서 공존하는 미래를 설계해야 합니다.

① 주류 문화와 비주류 문화를 구분해야 하는가?

② 각 민족이 지닌 문화의 특성을 각각 인정해야 하는가?

③ 문화의 주체성을 위해 타문화의 수용을 제한해야 하는가?

④ 다양한 문화를 통합하여 또 하나의 새로운 문화를 창출해야 하는가?

정답 : ②

해설 : 샐러드 볼 이론과 국수 대접 이론은 모두 각 민족이 지닌 문화의 특성을 인정하여 서로 공존해야 한다는 것에 동의한다.

03

다른 문화를 존중해야 하는 이유로 옳지 않은 것은?

① 문화는 오랜 세월 동안 축적되어 형성된 것이므로

② 서로의 문화를 존중할 때 세계문화도 더 풍성해지므로

③ 문화는 각자의 처한 환경에 적합하게 만들어진 것이므로

④ 자기문화의 정체성을 중요시 않는 것이 국제사회의 흐름이므로

정답 : ④

해설 : 다른 문화를 존중해야 한다고 자기 문화의 정체성을 포기하는 것은 바람직하지 않다.

04

선생님의 질문에 대해 적절한 설명을 한 사람은?

> 선생님 : 우리와 다른 성격의 문화들이 서로 많이 교류되고 있어요. 이 상황에서 우리는 그들의 문화를 문화다원주의의 관점에서 바라봐야 하는데, 이 말은 어떤 의미일까요?
>
> 해원 : 주류 문화와 비주류 문화가 공존하는 상태를 유지해가야 해요.
>
> 지유 : 다양한 문화가 하나로 용해될 수 있도록 해서 새로운 문화를 만들어가야 해요.
>
> 시온 : 타문화권에서 온 이주민에게 우리의 음식이나 언어, 예절을 강조하고 가르쳐야 해요.
>
> 정은 : 타자는 우리와 같아야 하는 존재이기 때문에 주류 문화에 비주류 문화를 편입시켜야 해요.

① 해원   ② 정은

③ 해원, 지유   ④ 해원, 시온

정답 : ③

해설 : 다양한 문화의 이해에 관련한 문제이다. 문화다원주의는 다양한 문화가 공존하는 문화를 의미하며, 그 문화들이 자연스럽게 어우러질 수 있어야 한다.

05

다음 중 자문화 중심주의의 모습이 아닌 것은?

① 외국인에 대해 혐오감을 갖는 경우

② 흑인은 왠지 지저분할 것이라고 생각하는 경우

③ 손으로 음식을 먹는 인도인을 위해 손 씻을 물을 준비하는 경우

④ 밥그릇을 손으로 들고 젓가락으로 밥을 떠먹는 것을 상스럽다고 생각하는 경우

정답 : ③

해설 : 손으로 음식을 먹는 인도인을 위해 손 씻을 물을 준비하는 것은 자문화 중심주의가 아니라 상대방을 배려해주는 것이다.

06

다음 중 다문화 사회에서 발생할 수 있는 문제점이라고 보기 어려운 것은?

① 상대적으로 세력이 약한 문화는 무시되거나 사라질 수 있다.

② 다른 문화에 대한 적응력이 약해지고 국가경쟁력이 약해질 수 있다.

③ 외국 문화를 받아들이면서 전통문화의 고유한 특성이 훼손될 수 있다.

④ 서로 다른 문화적 배경을 지닌 사람들 사이에 갈등과 충돌이 일어날 수 있다.

정답 : ②

해설 : 다문화 사회의 문제점은 세력이 강한 주류 문화에 의해 소수 문화가 위축된다는 점과, 서로 다른 문화를 가진 사람들끼리 충돌이 일어날 가능성이 있다는 것이다.

07

다문화 사회가 끼치는 긍정적인 역할이 <u>아닌</u> 것은?

① 다양한 경험을 통해 창의적인 발전을 이룬다.

② 자기 문화가 가장 우수하다는 확신을 가지게 된다.

③ 구성원들에게 풍부한 삶을 접할 수 있도록 한다.

④ 다양한 문화를 체험하면서 이해와 공존 가능성을 배운다.

정답 : ②

해설 : 다문화 사회는 서로 다른 문화적 배경을 가진 사람들이 함께 사는 사회이기 때문에 다양한 문화를 체험함으로써 다양한 문화를 이해하고 존중할 수 있다.

08

다음 글과 관계 깊은 사회로 가장 적절한 것은?

> 우리나라에 있는 외국인 체류자의 수는 2007년 말 기준으로 100만 명을 넘어섰고, 법무부에 따르면 현재 체류하고 있는 외국인의 국적이 195개국에 이른다고 한다. 이른바 '모자이크 코리아'라고 해도 과언이 아니다.

① 다원화 사회　　② 다문화 사회

③ 집단주의 사회　　④ 개인주의 사회

정답 : ②

해설 : 제시문은 모자이크 사회에 대한 설명이다. 모자이크 사회는 다문화 사회와 공통된 특징을 갖는다.

09

다음에서 설명하는 개념으로 옳은 것은?

> 한 나라 안에 몇 가지 문화가 공존하는 경우

① 다문화　　② 자문화 중심주의

③ 보수주의　　④ 타문화 중심주의

정답 : ①

해설 : 다문화는 여러 인종·민족·언어 등의 형성과 유입으로 한 나라나 사회 안에 몇 가지 문화가 공존하는 현상이 나타나는 것이다.

10

다음 글의 밑줄 친 '이것'이 설명하는 개념으로 가장 적절한 것은?

> 1970년대 이후 선진국에서는 동화주의와 문화 상대주의의 한계를 극복하기 위한 이론으로서 <u>이것</u>이 발생하였다. 그것은 하나의 사회 내부에 복수 문화의 공존을 인정하고, 그러한 복수 문화의 공존이 긍정적이라고 평가하는 것을 말한다. 따라서 이것은 같은 사회 공간 내에서 다양한 문화를 공존시키기 위해 정책적으로 지원한다.

① 세계주의   ② 민족주의   ③ 국가주의   ④ 다문화주의

정답 : ④

해설 : 제시문은 다문화주의에 대한 설명이다.

11

다음 중 문화의 다양성이 나타나는 원인으로 옳지 <u>않은</u> 것은?

① 자연 환경   ② 역사적 배경

③ 주요 산업   ④ 인간의 기본적인 본성

정답 : ④

해설 : 인간의 기본적인 본성은 보편성을 나타내는 원인이다.

12

문화의 특성에 대한 설명 중 <u>틀린</u> 것은?

① 문화는 지역이나 집단에 따라 다양한 모습으로 나타난다.

② 인간이 갖는 공통적인 특징에 따라 문화의 다양성이 나타난다.

③ 종교가 사고방식에 영향을 미쳐 독특한 문화를 이루는 경우가 많다.

④ 문화의 보편성에 대한 이해는 다른 문화를 이해하는 데 도움이 된다.

정답 : ②

해설 : 인간이 갖는 공통적인 특징에 따라서는 문화의 보편성이 나타난다. 이러한 보편성은 다른 문화를 이해하는 데 도움을 준다.

13

문화 상대주의에 대한 설명으로 옳지 <u>않은</u> 것은?

① 문화 간의 우열을 따지지 않고 다른 문화를 존중한다.

② 인류의 보편적 가치보다 문화 상대주의가 더 중요하다.

③ 문화 교류가 활발해지고 있는 오늘날 필요한 자세이다.

④ 다른 나라의 문화를 자신의 기준으로 평가하지 않아야 한다.

정답 : ②

해설 : 문화 상대주의는 오늘날 받아들여야 할 바람직한 자세이지만, 인류의 보편적 가치보다 우선되어서는 안된다.

14

다음 빈칸에 들어갈 (㉠)으로 옳은 것은?

> 우리나라는 현재 (㉠)를 넘어 하나의 사회 내에서 서로 다른 문화들이 각각의 전통과 독창성을 유지하면서도 그 안에서 조화를 이루는 사회로 나아가고 있다. 우리나라에 있는 외국인 체류자의 수는 2007년 말 기준으로 100만 명을 넘어섰고, 법무부에 따르면 현재 체류하고 있는 외국인의 국적이 195개국에 이른다고 한다.

① 다원화　　② 세계화　　③ 다문화　　④ 다국적

정답 : ③

해설 : 제시문은 다문화 사회에 대한 설명으로, 민족은 다문화 사회의 구성원들을 하나로 통합시키는 역할을 해야 한다.

15

다문화 사회에서의 민족에 대한 설명으로 옳은 것은?

① 자기 민족의 과거 역사와 문화에 더욱 집착하고 있다.

② 민족의 객관적 요소가 주관적 요소보다 더욱 중요해지고 있다.

③ 다양한 문화적 배경의 사람들을 포용해야 할 필요성이 제기된다.

④ 민족의 순혈(純血)주의가 점차 강화되고 있다.

정답 : ③

해설 : 다문화 사회에서 민족은 다양한 문화적 배경의 사람들을 포용할 수 있어야 한다.

VI

평화와 윤리

1. 민족통합의 윤리적 과제

2. 지구촌의 윤리적 상황과 과제

민족통합의 윤리적 과제를 올바르게 인식하고, 바람직한 민족관 및 통일관을 형성한다. 지구촌 시대의 윤리적 과제를 이해하고, 국제정의와 평화를 실현하고자 하는 의지와 태도를 지닌다.

Congratulations!

새로워진 2009개정 검정고시

검단기

검단기가 여러분의 합격을 응원합니다

1. 민족통합의 윤리적 과제

01 지구촌 시대 민족정체성의 문제와 민족통합 문제의 관련성

(1) 지구촌 시대의 민족정체성의 문제

① 민족정체성

- 의미 : 다른 민족과 구별되는 자기 민족만의 고유한 특성에 대한 인식
- 역할 : 민족 구성원에게 삶의 방식과 형태, 소속감과 유대감을 갖게 한다.
- 지구촌 시대와 민족정체성 : 활발한 국가간 교류로 세계가 하나의 생활 영역으로 통합되면서 민족정체성의 문제가 발생하였다.

② 지구촌 시대에 발생하는 민족 정체성과 관련된 문제

- 민족정체성 상실
- 배타적 민족정체성 고수

③ 지구촌 시대의 민족정체성의 중요성

- 민족정체성을 바탕으로 하는 민족통합이 필요하다.
- 공동체의 번영과 발전을 위해 필요하다.

(2) 지구촌 시대의 바람직한 민족 정체성과 민족 통합

① 극단적 세계주의와 배타적 민족주의의 문제점

- 극단적 세계주의 : 세계의 통합만을 지나치게 강조하며, 국가나 민족의 필요성을 부정한다.
- 배타적 민족주의 : 자기 민족의 이익만을 추구하여 다른 민족을 배격하는 민족주의로 민족간 갈등 유발하여 지구촌 평화를 해친다.

VI. 평화와 윤리

② 열린 민족주의에 바탕을 둔 민족 정체성

- 열린 민족주의의 의미 : 민족의 주체성을 유지하면서 동시에 다른 민족의 문화와 삶의 양식을 포용하는 민족주의
- 특징 : 민족 통합의 목표에 자기 민족의 이익 추구만이 아니라 정의, 인권, 평화 등 보편적인 가치의 실현을 포함한다.

③ 열린 민족주의에 바탕을 둔 민족 통합을 위한 노력

- 다문화 이웃 포용
- 북한 주민과 민족 공동체 의식 및 민족 동질성 회복
- 재외 동포와의 유대 강화

④ 열린 민족주의에 바탕을 둔 바람직한 민족 정체성의 중요성

- 민족 통합을 이루면서도 다른 민족과 평화로운 공존과 협력을 도모할 수 있다.
- 지구촌 평화 실현에 기여

02 통일 방법과 평화 비용

(1) 바람직한 통일의 방법

① 통일의 의의

- 이산가족의 고통 해소
- 손상된 민족 정체성 회복
- 한반도에 평화와 번영을 가져다 주었다.
- 한반도와 동북아시아의 긴장 완화와 세계 평화에 이바지하였다.

② 바람직한 통일의 방법

- 평화적 통일
- 점진적이고 단계적인 통일
- 주변국과의 협력 강화
- 국민적 이해와 합의

(2) 통일을 위한 평화 비용

① 평화 비용

- 의미 : 통일 이전에 한반도의 평화를 유지하고 정착시키기 위해 지불해야 하는 비용
- 필요성 : 통일 과정이나 통일 이후에 나타날 수 있는 문제를 해소하고 평화 통일의 기반을 마련하기 위해
- 종류 : 한반도 전쟁위기 억제 비용, 안보 불안해소 비용, 남북 경제협력 비용, 북한 지원 비용, 사회·문화교류 비용 등

※ 통일 편익 : 분단 비용을 다른 분야에 이용하면 사회발전과 한반도 평화정착 도모 가능함.

② 평화 비용의 혜택

- 분단 비용 절감

  ㉠ 분단 비용의 의미 : 분단으로 인한 대립과 갈등으로 발생하는 비용

  ㉡ 분단 비용의 문제점 : 소모적 비용이라는 측면에서 우리 민족의 경쟁력을 약화시켰다.(소모적 비용)

  ㉢ 평화 비용은 한반도의 긴장 완화와 평화 정착을 도모함으로써 분단 비용을 줄이며, 국가 신인도 제고를 통한 경쟁력을 강화하였다(투자적 성격).

- 통일 비용 절감

  ㉠ 통일 비용의 의미 : 통일 이후에 남북한의 경제 격차를 해소하고 이질적인 요소들을 통합하는 데 소요되는 유형·무형의 비용을 말한다.

  ㉡ 평화 비용은 통일 이후에 소요되어야 할 막대한 비용을 감소시켜 통일에 따른 충격을 완화한다.

- 한반도 평화 정착 및 통일 편익의 증대

03 북한 주민들의 우리 사회 정착에 따른 제반 윤리적 문제

(1) 북한 이탈 주민이 겪는 어려움

① 북한 이탈 주민의 의미 : 북한에 주소 · 직계가족 · 배우자 · 직장 등을 두고 있는 자로서 북한을 벗어난 후 외국의 국적을 취득하지 아니한 자 (북한 이탈 주민의 보호 및 정착 지원에 관한 법률)

② 북한 이탈 주민의 우리 사회 정착 과정의 어려움

- 경제적 어려움

  ㉠ 북한 이탈 주민에 대한 편견 때문에 취업이 쉽지 않다.

  ㉡ 취업을 하더라도 보수가 충분하지 못한다.

  ㉢ 고용이 불안정한 경우가 많다.

- 문화적 어려움

  ㉠ 남북한의 문화적 차이에서 비롯된 어려움

  ㉡ 남한은 개인의 자유, 권리, 경쟁 등을 강조

  ㉢ 개인주의에 바탕을 둔 남한 문화의 적응이 쉽지 않다.

- 심리적 어려움

  ㉠ 북한에 두고 온 가족에 대한 그리움과 죄책감

  ㉡ 자본주의 체제에 대한 부적응

  ㉢ 남한 사람들의 편견

(2) 북한 이탈 주민의 정착을 돕기 위한 노력

① 북한 이탈 주민의 정착을 돕기 위한 노력의 필요성

- 북한 이탈 주민은 사회적 약자로서 고통을 겪고 있다.
- 우리 사회의 당당한 구성원으로 살아갈 수 있어야 한다.

② 북한 이탈 주민의 정착을 돕기 위한 방안

- 경제적 자립 지원 : 북한 이탈 주민이 자립과 자활의 능력을 갖출 수 있도록 생계 비 및 주거안정 지원 확대, 직업훈련과 취업알선 등의 제도적 지원이 필요하다.
- 문화적 적응을 위한 지원 강화 : 정부와 민간 차원에서 북한 이탈 주민의 문화적 적응력을 높여 주기 위한 장기적인 대책을 마련해야 한다.
- 북한 이탈 주민에 대한 그릇된 인식 개선

  ㉠ 북한 이탈 주민에 대해 편견을 가지고 바라보거나 무시하는 태도를 버려 야 한다.

  ㉡ 우리는 그들을 마땅히 존중받아야 할 인격체로 여기고 같은 민족, 같은 한 국인으로 대해야 한다.

  ㉢ 북한 이탈 주민을 동정의 시선으로 바라보지 말고 더불어 살아가야 할 이 웃으로 생각하고 따뜻한 관심과 배려가 필요하다.

04 재외 동포의 문제와 한민족 네트워크

(1) 재외 동포들이 직면한 문제

① 재외 동포 : 우리나라 국민으로서 외국에 장기 체류하거나 그 나라의 영주권을 취 득한 사람 또는 국적과 상관없이 한민족의 혈통을 지닌 채 외국에 거주하면서 생 활하는 사람

② 재외 동포의 현실

- 세계 각지에서 자신만의 영역을 구축하고 한국인으로서의 자긍심을 가지고 살 아가려고 노력하고 있다.
- 오랜 세월 모국을 떠나 생활하면서 다양한 변수로 인해 여러 가지 문제에 직면 하기도 한다.

③ 재외 동포들이 겪는 어려움

- 민족 정체성이 점차 약화되고 있다.
- 모국과의 유대감이 점차 약화되고 있다.

VI. 평화와 윤리

(2) 한민족 네트워크의 필요성

① 한민족 네트워크를 구축해야 하는 이유

- **국가 경쟁력 제고** : 재외 동포와의 연결망 구축은 민족의 역량 강화로 이어진다.
- **민족의 통합과 번영** : 민족의 발전과 번영을 위한 더욱 광범위한 발판을 마련해야 한다.
- 재외 동포들의 권익 신장과 안정된 생활

※ 한민족 네트워크 : 한민족의 문화적 동질성을 기반으로 국내외에 거주하는 한민족 구성원이 다양한 상호 작용을 도모하는 공동체

② 한민족 네트워크를 구축하기 위한 노력

- 경제적 네트워크 형성

  ㉠ 모국과 재외 동포가 함께 성장할 수 있는 계기

  ㉡ 경제인의 교류 · 정보 교환의 장을 온 · 오프라인에서 다양하게 마련한다.

- 문화적 네트워크 형성

  ㉠ 재외 동포 자녀들의 경우 거주국에서 출생하여 그곳의 문화에 익숙한 나머지 민족 정체성 상실의 위기를 맞고 있다.

  ㉡ 모국 방문의 기회를 늘리고 우리나라의 언어, 역사, 문화에 대한 지식과 이해를 갖출 수 있도록 정책적인 뒷받침이 필요하다.

핵심체크① 남북한의 사회통합을 위한 방안

- 사회 · 문화적 교류를 통해 남북한의 이질성을 극복해야 한다.
- 남한과 북한의 서로 다른 문화를 인정하면서도 사회 제도, 관습, 언어 등을 통해 우리라는 공동체 의식이 나타나는 동질성의 근거를 찾아야 한다.

핵심체크② 북한이탈주민의 어려움

- 문화적 차이로 인해 남한의 생활 방식에 적응하기 어려움
- 언어의 이질화로 취업과 북한 이탈 청소년의 학교 적응이 어려움
- 북한에 두고 온 가족에 대한 그리움
- 남한 사회의 차별과 편견, 무관심과 냉대

핵심체크③ 열린 민족주의

의미	세계화 시대에는 우리의 민족 문화만을 내세우지 말고 다른 민족 문화도 존중하면서 서로 공존하는 민족주의를 지향해야 한다.
특징	• 다양한 가치관과 생활양식을 존중해야 한다. • 세계 평화와 인류 공존을 적극적으로 지향해야 한다. • 자민족의 이익만 추구하는 배타적 민족주의나 국가, 민족의 필요성을 부정하는 극단적 세계주의와 구별된다.

VI. 평화와 윤리

01

북한 이탈 주민이 겪고 있는 경제적 측면에서의 어려움으로 가장 적절한 것은?

① 북한에 두고 온 가족에 대한 죄책감을 갖고 살아간다.

② 언어의 차이로 인해 의사소통 과정에서 오해가 발생한다.

③ 취업이 쉽지 않고 취업을 하더라도 충분한 보수를 받기 어렵다.

④ 남한 사람들의 선입견이나 편견으로 인해 심적 피해를 호소하고 있다.

정답 : ③

해설 : 북한 이탈 주민들이 사용하는 언어나 생활방식으로 인해 취업이 쉽지 않아 경제적인 어려움을 겪는다.

02

분단 극복을 위해 필요한 자세로 옳지 <u>않은</u> 것은?

① 남북한 간에 신뢰 회복

② 통일 문제에 대한 적극적 관심

③ 남북한 간에 서로 불신하고 배척하는 자세

④ 북한에 대한 객관적이며 균형 있는 자세

정답 : ③

해설 : 북한이 대결의 상대이면서 동시에 협력의 대상이라는 것을 알아야 한다.

03

다음 글이 설명하는 분단의 외적 원인으로 옳지 않은 것은?

> 일본이 전쟁에서 패하자, 미국과 소련은 우리나라에 영향력을 행사하기 위해 일본군 무장해제를 이유로, 북위 38도선을 경계로 남과 북으로 들어왔다. 이는 분단의 중요한 이유가 되었다.

① 강대국들의 분할 점령

② 6 · 25전쟁의 발생

③ 남과 북의 독자적인 정부 수립

④ 독립운동의 진영이 나뉘어 있었음.

정답 : ②

해설 : 미국과 소련 등의 강대국들이 남과 북으로 분할 점령한 것이 분단의 외적 원인임을 보여주고 있다.

04

다음 중 분단으로 인한 아픔과 손실이 아닌 것은?

① 남북한 자원의 비효율적 사용

② 분단으로 인한 이산가족의 문제

③ 남북의 군사 대립으로 인한 군사비 지출

④ 두 개의 국가로 나뉘어 국제적으로 활발히 활동

정답 : ④

해설 : 두 개의 국가로 나뉘어 활발히 활동하는 것은 아픔이나 손실이라고 보기 어렵다.

05

윤성이와 서진이의 입장으로 적절한 내용을 〈보기〉에서 고른 것은?

> 윤성 : 세계화로 우리의 정체성이 흔들리고 있어. 따라서 단일 혈통, 언어, 역사 등과 같은 요소를 공유하는 우리 민족의 이익을 최우선으로 삼아야 해.
>
> 서진 : 지구촌 시대에는 그러한 요소보다는 새로운 민족의식을 정립하여 다른 민족에 대해 개방적인 태도를 길러야 해.

〈보기〉

ㄱ. 윤성이는 민족의 객관적 요소를 바탕으로 민족 정체성을 추구한다.

ㄴ. 윤성이는 인류의 보편적 가치에 근거한 민족 공동체를 추구한다.

ㄷ. 서진이는 열린 공동체 의식에 근거한 민족 정체성을 중시한다.

ㄹ. 서진이는 민족 구성원이 아닌 세계 시민으로서의 삶을 지향한다.

정답 : ②

해설 : 제시문의 윤성이는 배타적 민족주의를 주장하고 있으며, 서진이는 열린 민족주의를 주장하고 있다.

① ㄱ, ㄴ

② ㄱ, ㄷ

③ ㄴ, ㄷ

④ ㄴ, ㄹ

06

평화비용에 대한 설명으로 옳은 것을 〈보기〉에서 모두 고른 것은?

〈보기〉

ㄱ. 한반도 전쟁 위기 및 안보 불안 해소를 위해 직간접적으로 지불되는 모든 형태의 비용이다.

ㄴ. 통일 후 일정 기간 동안 한시적으로 발생하며, 경제적 능력에 따라 신축적으로 조절 가능한 비용이다.

ㄷ. 남북 경제 협력과 대북 지원 등에 소요되는 비용으로 한반도 평화의 선순환 구조 정착에 기여할 수 있는 비용이다.

ㄹ. 분단 비용 해소, 시장의 확대 등의 경제적 편익과 이산가족 문제 해결, 전쟁 위험의 해소 등 비경제적 편익으로 구분되는 비용이다.

① ㄷ

② ㄱ, ㄷ

③ ㄴ, ㄹ

④ ㄱ, ㄴ, ㄷ

정답 : ②

해설 : 남북관계와 평화비용에 관련한 문제이다. 평화비용이란 남북관계에서 직간접적으로 지불되는 모든 형태의 비용이다.

07

남한과 북한의 이질화 현상을 설명한 것으로 옳지 <u>않은</u> 것은?

① 역사를 바라보는 관점은 남북한이 비슷하다.

② 남한과 북한의 이질화 현상은 시간이 갈수록 줄어들 것이다.

③ 문화생활 면에서는 사는 방식은 유사하나 경제적인 수준의 차이가 많이 난다.

④ 언어 사용에서 북한은 남한보다 순우리말로 된 단어를 많이 사용한다.

정답 : ②

해설 : 남한과 북한의 이질화 현상은 시간이 갈수록 늘어날 것이다.

08

북한 교육의 목표를 가장 잘 설명한 것은?

① 도덕적이고 바른 인성을 지닌 인재 양성

② 개방적이고 창의적인 세계 시민 양성

③ 자유롭고 민주적인 공산주의자 양성

④ 사회주의 국가를 건설하는데 헌신하는 인재 양성

정답 : ④

해설 : 북한은 사회주의적 이상을 실현하기 위해서 교육에서도 이러한 모습을 보여주고 있다.

09

다음 중 북한의 인권 상황에 대한 설명으로 옳은 것은?

① 실제적으로 투표의 자유가 보장된다.

② 국가의 발전을 위한 의견 수렴이 잘되고 있다.

③ 개인의 의사에 따라 자유롭게 종교를 선택할 수 있다.

④ 거주하고 있는 시·군을 벗어날 때는 여행증을 소지해야 한다.

정답 : ④

해설 : 북한은 여행 허가증이 필요하며, 개인적인 일로는 쉽게 허가해주지 않는다.

10

통일 환경을 조성하기 위한 노력으로 옳지 않은 것은?

① 통일의 방법에 대한 관심

② 북한이 왜곡하는 남한 모습에 대한 관심

③ 통일을 위해 노력하는 단체에 대한 관심

④ 북한 주민들의 삶을 이해하고자 돕고자 하는 마음

정답 : ②

해설 : 남한에 대한 북한의 잘못된 인식은 바로 잡아야 하는 것이다.

11

다음 중 북한 이탈 주민이 남한에서 겪는 어려움으로 옳지 않은 것은?

① 서로 다른 사회 여건 때문에 적응하기가 어렵다.

② 북한에 있는 가족에 대한 죄책감 때문에 정신적으로 어려움을 겪는다.

③ 경제적으로 어렵게 사는 북한 이탈 주민들이 많다.

④ 북한 이탈 주민들이 가진 생존 의식과 경쟁의식 때문에 우리 사회에 적응하기 어렵다.

정답 : ④

해설 : 사회주의 체제인 북한은 상대적으로 경쟁이 심하지 않기 때문에 남한의 심한 경쟁에 적응하기 어렵다.

12

다음 중 민족에 대한 설명으로 옳지 않은 것은?

① 민족은 혈연, 지연, 민족의식, 일체감 등 다양한 요인들을 이용하여 쉽게 개념을 정의할 수 있다.

② 민족은 운명 공동체에 속한다는 공통된 믿음을 함께 나누는 정서적 공동체이다.

③ 민족의 주관적 요소에는 민족의식이나 일체감이 있다.

④ 민족의 객관적 요소에는 혈연, 지연, 언어, 역사, 문화 등이 있다.

정답 : ①

해설 : 민족은 혈연, 지연, 민족의식, 일체감 등 다양한 요인들과 관련되어 쉽게 개념을 정의 내리기 어렵다.

13

민족의 주관적 요소에 관한 설명으로 옳은 것은?

① 정치와 경제 등 각종 문화를 공유하는 것을 포함한다.

② 이 요소만으로도 민족의 개념을 충분히 정의할 수 있다.

③ 혈통, 언어, 문화 등의 공통성을 가장 중시한다.

④ 민족 정체성이 대표적인 예로 들 수 있다.

정답 : ④

해설 : 민족을 구성하는 주관적 요소에는 민족의식 및 일체감 등이 있다.

정답과 해설

14

다음과 같은 민족주의의 특징으로 옳은 것은?

> • 1930년대 등장한 나치즘과 파시즘은 영토를 확장시키고 타민족을 지배하려고 하였다.
> • 1990년대에 다수 민족으로 구성되었던 옛 유고슬라비아 연방이 해체되면서 다른 민족이라는 이유로 무차별하게 서로를 학살하는 일이 발생하기도 하였다.

① 열린 민족주의를 추구하는 과정에서 나타나는 현상이다.

② 타민족에 대한 객관적인 이해를 바탕으로 인간의 보편적 원리를 인정하면서 나타나는 현상이다.

③ 인류 공동 이익을 추구하는 과정에서 나타나는 현상이다.

④ 자기 민족에 대한 자긍심과 우월 의식이 지나친 경우에 나타나는 현상이다.

정답 : ④

해설 : 제시문은 자민족 중심주의가 지나쳐 다른 민족을 지배하거나 학살한 사례로, 자문화 중심주의, 배타적 민족주의, 닫힌 민족주의, 인종차별 등의 모습으로 나타난다.

15

다음 글과 관련 있는 민족주의의 성격으로 적절한 것은?

> 만약 우리나라의 자유가 다른 나라의 멸망이나 다른 민족의 멸종을 의미하는 것이라면 우리나라의 자유를 원하지 않는다.

① 열린 민족주의

② 닫힌 민족주의

③ 상대적 민족주의

④ 자민족 중심주의

정답 : ①

해설 : 제시문은 간디가 한 말로 다른 민족에 대해 배타적이지 않으면서도 자민족의 정체성을 지켜내려는 노력을 볼 수 있다.

2. 지구촌의 윤리적 상황과 과제

01 지역화와 세계화의 윤리성

(1) 세계화와 지역화의 의미와 특징

① 세계화의 의미와 특징

- 세계화의 의미 : 국제 사회의 상호 의존성이 증가하고 세계 전체가 긴밀하게 연결된 사회 체계로 통합되어 가는 현상

- 세계화의 특징

  ㉠ 지구촌의 실현을 목표로 한다.

  ㉡ 세계의 통합을 지향하면서 인류의 공동 번영을 도모한다.

② 지역화의 의미와 특징

- 지역화의 의미

  ㉠ 특정 지역이 그 지역의 고유한 전통이나 특성을 살려 다른 지역과 차별화된 경쟁력을 갖추려고 노력하는 현상

  ㉡ 과거에 국가의 한 구성 요소로 인식되던 지역이 국가를 대신하여 세계화의 주체로 부상하면서 지역의 경쟁력이 곧 국가 경쟁력이 된다.

- 지역화의 특징

  ㉠ 지역 중심적 사고를 토대로 지역의 이익과 발전을 추구

  ㉡ 다른 지역과 차별화된 고유 문화나 전통이 세계화의 흐름 속에서 지역 경쟁력의 바탕이 된다.

    예 우리나라 충남 보령시의 머드 축제, 브라질 리우데자네이루의 삼바 축제 등

VI. 평화와 윤리

(2) 세계화와 지역화의 윤리적 문제와 해결 방안(글로컬리즘의 실현)

① 세계화에 따른 윤리적 문제

- 세계의 통합만을 강조할 경우 지구촌 문화의 획일화 문제 발생 : 지역적 전통에 뿌리를 둔 문화를 상실한다는 것은 인류 전체의 큰 손실이다.
- 약소국의 경제적 종속의 문제를 발생시킬 수 있음 : 세계화는 특정 국가에 의한 시장과 자본의 독점을 초래하여 경제적 약소국은 특정 국가에 경제적으로 종속되어 고통을 받을 수 있다.

② 지역화에 따른 윤리적 문제

- 인류 전체의 협력과 공동 번영의 걸림돌
- 자기 지역의 이해관계만을 고려할 경우 지구촌 실현이라는 시대 정신을 거스르는 것이다.

③ 세계화와 지역화에 따른 윤리적 문제의 해결 방안

- 지역의 고유문화와 전통을 소중히 여겨야 한다.
- 세계 시민 의식을 바탕으로 인류의 공존과 화합을 도모
- 글로컬리즘의 실현을 위해 노력해야 함.
  - ㉠ 세계화와 지역화를 결합한 용어로서 세계의 통합과 지역의 고유성이 조화를 이룬 새로운 세계 질서로 나아가는 것이다.
  - ㉡ 세계화와 지역화의 조화가 필요하다.

(3) 문명의 충돌과 공존

① 헌팅턴의 문명의 충돌 : 종교적 문화적 신념차이에서 비롯된 문명 간의 충돌이 세계평화를 위협하고 있다.

② 뮐러의 문명의 공존 : 서로 간의 소통의 단절에서 갈등이 비롯되어 서로를 이해하려는 개방적인 자세가 필요하다.

02 지구촌 시대의 국제정의

(1) 국제정의의 필요성

① 국제정의의 종류

- 형사적 정의 : 범죄의 가해자를 정당하게 처벌함으로써 실현되는 정의
- 분배적 정의 : 재화의 공정한 분배를 통해 실현되는 정의

② 국제정의를 해치는 사건

- 반인도주의적 범죄

  ㉠ 전쟁이나 집단 학살 등과 같이 인간 존엄성을 훼손하는 행위

  ㉡ 반인도주의적 범죄의 가해자가 자신의 잘못에 대해 처벌받지 않는 것은 지구촌의 형사적 정의를 해치는 일이다.

- 세계의 빈곤 문제

  ㉠ 절대적 빈곤과 기아 문제가 지구촌의 당면 과제가 되고 있다.

  ㉡ 국가 간 경제 격차의 심화로 인해 분배적 정의 실현이 어렵다.

③ 국제 정의의 필요성 : 인간의 존엄성 보장, 반인도주의적 범죄와 빈곤 문제의 해결, 지구촌 구성원 모두의 인간다운 삶 유지, 여러 국가의 평화로운 공존을 위해 필요하다.

(2) 국제정의를 실현하기 위한 노력

① 국제형사재판소(ICC)

- 의미 : 반인도주의적 범죄를 저지른 개인에 대한 형사 처분을 목적으로 하는 상설형사재판소
- 설립 배경 : 상설형사재판소의 설립을 통해 형사적 정의를 실현하는 것에 대해 국제사회가 합의에 이르게 되었다.
- 의의

  ㉠ 반인도주의적 범죄의 가해자 처벌을 위한 상설재판소가 설립됨에 따라 반인도주의적 범죄의 가해자를 처벌하고, 잠재적 가해자들에게 경각심을 높여 주었다.

ⓛ 국제 사회의 형사적 정의를 실현할 수 있음.

② 공적 개발 원조(ODA)

- 의미 : 선진국에서 개발 도상국이나 국제기관에 도움을 주는 것
- 방법 : 경제적 지원, 기술 이전
- 의의 : 개발 도상국의 경제 발전과 복지 향상에 기여, 국제 사회의 분배적 정의
  를 실현할 수 있다.

03 부유한 나라의 약소국에 대한 원조 의무

(1) 부유한 나라의 약소국 원조의 윤리적 근거

① 의무의 관점

- 부유한 나라의 약소국에 대한 원조 그 자체가 윤리적 의무라고 보는 입장. 약
  소국 사람들이 빈곤의 고통에서 벗어나 인간답고 행복한 삶을 누리도록 도와
  야 한다고 주장하고 있다.
- 싱어(Singer, P.) : 모든 사람의 고통을 감소시키고 쾌락을 증진시키는 것이 인
  류의 의무라고 보는 공리주의적 관점에서 원조의 필요성을 강조하였다.
- 칸트(Kant, Immanuel) : 의무론을 토대로 선행의 실천이야말로 도덕적 의무라고
  주장하였다.

② 자선의 관점

- 부유한 나라의 약소국에 대한 원조는 자선의 형식에 따라 자율적으로 선택해
  야 할 문제라고 보는 관점이다.
- 노직(Nozick, R.) : 자유주의에 근거하여 개인이 사적인 차원에서 자발적으로 가
  난한 사람들을 도와줄 수는 있지만 이들에 대한 윤리적 의무는 존재하지 않는
  다고 보았다.
- 자선의 관점의 문제점
  - ㉠ 약소국에 대한 원조를 부유한 나라가 선택할 문제로 보기 때문에 세계 빈
    곤 문제를 적극적으로 해결하기 어렵다.

ⓒ 약소국은 부유한 나라의 원조가 절실한데도 부유한 나라가 원조하지 않는 다면 약소국은 더욱 어려움에 처할 수 있다.

③ 우리나라의 약소국 원조의 책임

- 부유한 나라는 자선의 관점에서 벗어나 고통받는 약소국을 적극적으로 원조할 의무가 있으며 우리나라도 마찬가지이다.
- 우리나라도 과거 절대적 빈곤 국가였을 때 부유한 나라의 원조를 통해 가난과 궁핍에서 벗어나 오늘과 같은 발전과 성장을 이룰 수 있었다.
- 우리나라가 약소국에 원조를 하는 것은 정의와 보답 차원의 의무이다.

(2) 부유한 나라의 약소국 원조 노력

① 식량 지원

- 약소국에 식량이 부족할 경우 식량을 직접 지원한다.
- 현금을 지원하여 약소국이 식량을 마련하도록 도움을 제공한다.

② 기술 협력 시행

- 약소국의 생산 능력 향상을 위해 선진국의 정부나 민간 기업이 약소국에 기술을 제공한다.
- 선진국은 교육 훈련, 전문가 파견, 정책 및 기술 자문, 기술 개발을 위한 기여금을 통해 약소국의 인적 자원 개발을 돕고 있다.

③ 긴급 지원 제공

- 자연재해, 전쟁, 질병 등이 초래한 긴급한 상황을 약소국 스스로 해결하지 못할 때 이루어지는 지원을 말한다.
- 식량 및 의약품을 긴급 지원하거나 구호 인력 파견

04 평화 가치와 국제 평화의 중요성

(1) 평화의 의미와 가치

① 인간의 삶과 평화

- 고통과 갈등이 없는 평화로운 삶은 인류가 보편적으로 바라는 이상적인 삶
- 인류는 폭력을 제거하고 평화를 실현하기 위해 노력하고 있다.

② 소극적 평화

- 의미 : 테러, 범죄, 전쟁과 같은 물리적 폭력이 없는 상태
- 특징 : 전쟁 방지와 물리적 폭력의 추방과 같은 직접적 폭력을 제거하는 것이 중요하다.
- 문제점

  ㉠ 인간은 빈곤이나 인권 침해 등으로 삶의 질이 저하될 때에도 깊은 고통을 느끼고 절망에 빠진다.

  ㉡ 인간이 겪을 수 있는 다양한 차원의 고통을 소홀히 한다는 한계가 있다.

③ 적극적 평화

- 의미 : 물리적 폭력은 물론 문화적 폭력과 구조적 폭력까지 모두 사라진 상태
- 특징 : 특정한 사회의 문화나 사회 구조적 차원에서 폭력을 묵인하거나 정당화하는 것까지 간접적 폭력으로 인식

④ 적극적 평화 실현의 가치

- 개인 : 차별과 억압에서 벗어나 인권을 보장받고 삶의 질을 향상시킨다.
- 집단 : 민족 간 분쟁이나 종교 갈등과 같은 집단 간의 분쟁과 갈등을 해소하고 화합과 공존의 가치 구현
- 국가 : 질서와 안보에 바탕을 둔 복지 실현
- 세계 : 국제 평화의 정착

(2) 국제 평화의 중요성

① 인류 생존의 바탕

- 생존의 위협과 고통 해결
- 인류가 공존할 수 있는 환경 조성

② 국제 정의의 실현

- 국가 간 빈부 격차를 해소, 반인도주의적 범죄 종식, 인권 증진
- 모두가 인간답게 살아갈 수 있는 지구촌을 만들 수 있다.

③ 인류 번영의 도모

- 현세대는 물론 미래 세대의 생존과 번영까지 고려
- 전 지구적 문제를 함께 해결

핵심체크 ❶ 지역성에 토대를 둔 세계시민

- 드러커(Drucker, P. F.)는 지역성에 토대를 둔 '세계 시민'이 될 것을 강조하고 있다.
- 세계화로 말미암아 세계적 규모에서 보편적이고 공통적인 문화 요소가 늘어나고 있지만 여전히 지역에 따라 다양한 문화적 요소가 공존하므로 세계화를 획일화로 이해해서는 안되며, 다양한 것이 모여서 '커다란 하나'가 되는 것으로 보아야 한다는 것을 뜻한다.

핵심체크 ❷ 지역화의 의미와 특징

- 소단위 지역에 거주하는 주민들의 활동이 그 지역을 토대로 그 지역 범위 안에서 이루어지는 현상
- 세계화의 주도 세력인 초국적 금융과 기업들이 각국의 경제와 문화, 자연을 파괴한다고 주장
- 지역 소비를 위한 지역 생산 방식을 이용하여 지역 공동체의 지도와 통제를 받으며 자연의 한계 내에서 지역의 문화와 전통을 반영하는 생산 방식을 추구

VI. 평화와 윤리

정답과 해설

01

다음에서 강조하고 있는 문제점으로 가장 적절한 것은?

> 오늘날 지구촌의 서로 다른 문화와 교류하는 과정에서 다른 민족의 문화를 맹목적으로 따르거나 무비판적으로 수용하려는 경향이 심화되고 있다. 이는 민족 정체성을 상실하고 민족 문화의 고유성을 유지할 수 없게 만드는 문제로 이어지고 있다.

① 타민족의 문화를 인정하지 않는 문화 획일주의의 문제가 나타난다.

② 자기 민족의 이익만을 추구하는 자민족 중심주의의 문제가 나타난다.

③ 국가나 민족의 필요성을 부인하는 극단적 세계주의의 문제가 나타난다.

④ 타문화에 대한 지나친 종속으로 인한 문화 사대주의의 문제가 나타난다.

정답 : ④

해설 : 오늘날 지구촌 사회에 자신의 민족 문화에 대한 주체성이나 정체성을 지니지 못한 채 다른 민족 문화나 외래문화를 숭상하거나 무비판적으로 따르려는 경향이 나타난다고 지적하고 있다.

02

다음 중 적극적 의미의 평화에 대한 설명으로 옳은 것은?

① 전쟁은 사람들의 기본적인 안정과 질서를 무너뜨린다.

② 지구촌에는 아직 전쟁의 고통에 헤어나지 못한 나라들이 있다.

③ 인간다운 삶을 살 수 없게 만드는 여러가지 구조적인 문제들이 해결되어야 한다.

④ 테러는 민간인들까지 무차별적으로 공격하는 경우가 있어서 문제가 된다.

정답 : ③

해설 : 적극적 의미의 평화는 인간다운 삶을 살 수 없게 만드는 여러 가지 구조적인 문제들이 해결된 상태를 말한다.

03

다음의 입장을 지지하고 있는 사람만을 〈보기〉에서 있는 대로 고른 것은?

> 세계화는 미국을 비롯한 서구 선진 자본주의 국가들이 개발 도상국이나 최빈국들의 값싼 원료와 노동력을 활용하고 그들에게 정당한 대가를 지불하지 않는 21세기형 제국주의이다.

〈보기〉

유나 : 세계화는 개인간, 국가간 빈부 격차를 심화시킬 수 있어.
미진 : 세계화는 세계적인 문제에 대한 공동 대처 가능성을 높여줘.
서우 : 세계화는 선진국들의 이익을 창출하기 위한 하나의 수단일 뿐이야.
호정 : 세계화로 인해 무한 경쟁에서 뒤처진 후진국의 경제가 재앙을 맞을 거야.

① 유나, 미진

② 미진, 호정

③ 서우, 호정

④ 유나, 서우, 호정

정답 : ④

해설 : 세계화가 서구 선진 자본주의의 확대 과정에 불과하며 개발 도상국과 최빈국을 착취하는 수단일 뿐이라고 주장하고 있다. 이는 세계화를 부정적으로 보는 입장에 해당한다.

04

다음 글에서 설명하는 이상 사회는?

> 토머스 모어가 말한 초승달 모양의 섬 (　　) 은(는) 같은 말과 풍습, 시설, 법률을 가진 54개의 도시로 구성되어 있다. 그곳의 시민들에게는 빈곤도 없고, 사치나 낭비도 없다. 성인들은 누구나 성실하게 일을 해야 한다. 매일 6시간을 일하고, 8시간을 잠을 자며, 남은 시간은 건전한 활동을 한다면 자유롭게 보낼 수 있다. 이곳에는 사유 재산이 없기 때문에 모두가 공공의 임무를 열심히 해 나간다. 모든 것이 공동 소유이므로 어느 누구도 자기가 사용할 물건이 모자라는 것을 염려할 필요가 없다.

① 무릉도원
② 유토피아
③ 대동사회
④ 소국과민

정답 : ②

해설 : 제시문은 유토피아에 대한 설명으로 『유토피아』는 토머스 모어가 발표한 소설의 제목이기도 하다.

05

다음 사례에서 강조하는 이상사회의 조건으로 가장 적절한 것은?

> 곳간에서 인심난다.
> • '예의생부족(禮儀生副族) : 살림이 넉넉해지면 예의도 지키게 된다.

① 민주주의를 토대로 한다.
② 다툼과 갈등이 없고 평화로워야 한다.
③ 개인의 도덕성이 밑바탕이 되어야 한다.
④ 빈곤에서 벗어나 기본적 욕구가 충족되어야 한다.

정답 : ④

해설 : 제시문은 이상 사회를 구현하기 위한 경제적 조건의 중요성을 표현한 것으로, 인간의 도덕성과 후덕함이 경제적 여건이 충족될 때에 가능하다는 사실을 보여준다.

06

해외 원조에 대한 다음 주장과 일치하는 내용을 〈보기〉에서 모두 고른 것은?

> 출근길마다 항상 지나는 연못가를 오늘도 어김없이 지나고 있는데 이제 겨우 걸음마를 시작한 것 같은 아이가 연못에 빠져 허우적거리고 있다. 주위를 둘러보지만 아무도 보이지 않는다. 뛰어 들어가 구하지 않으면 빠져 죽고 말 것이다. 물에 들어가기란 어렵지 않고, 위험하지도 않다. 하지만 며칠 전에 산 새 신발이 더러워질 것이다. 양복도 젖고 진흙투성이가 된다. 게다가 아이를 보호자에게 넘겨주고 옷까지 갈아입으면 틀림없이 지각이다. 자, 이제 당신은 어떤 선택을 할 것인가?
> – 피터 싱어, 『물에 빠진 아이 구하기』 –

〈보기〉

ㄱ. 빈곤 문제는 자국이 스스로 해결해야 하며, 다른 나라가 그 문제 해결에 관여할 윤리적 의무는 없다.

ㄴ. 원조는 자선의 형식에 따라 자율적으로 선택해야 하며, 따라서 각 나라의 자유로운 선택에 따라야 한다.

ㄷ. 부유한 나라의 약소국에 대한 원조는 반드시 필요하며, 모든 사람의 고통을 감소시키고 쾌락을 증진시키는 것이 인류의 의무이다.

ㄹ. 자기 가족의 기본적 욕구를 충족하고 남는 소득이 있는 모든 사람들은 세계의 극빈자들을 돕기 위해 단체에 자신의 소득 중 일부를 기부해야 한다.

① ㄱ   ② ㄷ

③ ㄹ   ④ ㄷ, ㄹ

정답 : ④

해설 : 피터싱어의 물에 빠진 이야기를 보고 해외 원조의 올바른 방향을 고르는 문제이다. 피터싱어는 약소국에 대한 원조를 주장하였다.

07

세계시민으로서 가져야 할 자세로 보기 <u>어려운</u> 것은?

① 인류 전체의 공존을 위해 협력하는 자세가 필요하다.

② 이웃 나라의 어려움을 돌보는 것을 당연한 도리로 생각한다.

③ 지구촌 시대가 되면서 이웃의 범위가 전 세계로 확대되었다고 보아야 한다.

④ 자기 나라의 이익을 최대한으로 추구하는 자세가 필요하다.

정답 : ④

해설 : 세계시민으로서 서로 협력하고 돕는 것을 당연한 도리로 여겨야 한다.

08

세계화의 흐름 속에서도 한국인의 정체성을 지켜야 하는 이유로 거리가 <u>먼</u> 것은?

① 세계화의 발전에 기여할 수 있기 때문에

② 우리문화를 소홀히 한다면 우리의 정신적 기반이 뿌리째 흔들릴 수 있기 때문에

③ 각 나라와 지역의 특성보다 세계화된 하나의 문화가 더 중요하기 때문에

④ 문화의 정체성을 지키는 일은 민족의 흥망을 결정할 만큼 중요하기 때문에

정답 : ③

해설 : 세계화된 문화도 중요하지만 각 나라와 지역의 특성도 소중한 것이다. 따라서 우리도 한국인의 고유한 정체성을 잘 지켜야 한다.

09

국가가 다른 사회 집단과 구별되는 가장 큰 특징을 고르시오

① 영향력의 범위가 비교적 좁다.

② 조직하고 운영하기 쉽다.

③ 법에 근거하여 강제력을 행사할 수 있다.

④ 가입과 탈퇴가 비교적 자유롭다.

정답 : ③

해설 : 국가에 속하게 됨으로서 법의 강제력에도 동의한 것으로 본다.

10

적극적 평화로 보기 <u>어려운</u> 것은?

① 기아의 해소

② 부정부패의 사회적 모순 극복

③ 종교적 차별과 억압으로부터의 해방

④ 전쟁, 테러, 범죄 등에서 자유로운 상태

정답 : ④

해설 : ④은 소극적 평화에 대한 설명이다.

11

다음과 같은 특징을 보여주는 사회에 대한 설명으로 옳은 것을 〈보기〉에서 모두 고른 것은?

> 다양한 지역문화를 교류하게 되어 전 지구적 차원에서 다양한 문화의 공존과 문화수준의 향상을 전망할 수 있다.

〈보기〉

ㄱ. 국내 정치와 국제 정치의 구분이 무의미해지고 있다.

ㄴ. 국가가 아닌 자본 자체를 기본으로 하는 세계경제가 출현하였다.

ㄷ. 지역 공동체의 지도와 통제, 지역문화와 전통을 추구하는 것이다.

ㄹ. 주권 국가의 기능이 사라졌고, 국제기구와 민간기구의 역할이 확대되고 있다.

① ㄱ

② ㄱ, ㄴ

③ ㄴ, ㄹ

④ ㄷ, ㄹ

정답 : ②

해설 : 국제사회의 흐름에 대해 설명하는 것을 고르는 문제이다. 제시문은 세계경제가 다양한 지역문화교류로 인해 문화공존과 문화수준이 향상된다고 주장하고 있다.

다양한 지역문화의 교류로 전 지구적 차원에서 대부분의 사회 전반의 구분이 무의미해져서 정치적인 문제도 국내와 국제를 구분하지 않는 추세이다. 국가 안에서만 해결되는 작은 단위의 경제 체제보다는 세계 안에서 공통적으로 통용되는 실질적 커뮤니케이션의 대상인 '자본'이 현대사회의 흐름이다.

12

다음에서 설명하는 토머스 모어가 말하는 이상 사회는?

> 구성원들이 민주적으로 대표를 선출하며, 최소한의 노동을 즐겁게 하면서 자아실현을 위한 여가를 누릴 수 있다. 또한, 구성원들은 경제적으로 풍요로우나 검소하며, 도덕적으로 타락하지 않고 평화를 사랑하며 살아간다.

① 유토피아

② 태양의 나라

③ 뉴 아틀란티스

④ 무정부 사회

정답 : ①

해설 : 제시문은 토머스 모어의 유토피아로서 영국의 절대왕정 시대를 배경으로 한 이상 국가론이다.

13

다음 글에서 설명하고 있는 것은?

> • '아무데도 없는 곳'이라는 풍자적 의미를 담고 있다.
> • 서양에서 이상 사회를 의미할 때 사용하는 대표적 명칭이다.
> • 빈곤과 사치가 없고 도덕적으로 타락하지 않은 이상 사회이다.

① 유토피아

② 민주국가

③ 공산국가

④ 디스토피아

정답 : ①

해설 : 제시문은 현실적으로는 아무데도 존재하지 않는 이상의 나라, 또는 이상향(理想鄕)을 가리키는 말인 유토피아를 설명하고 있다.

14

밑줄 친 '이것'은 무엇인지 쓰시오.

> • 이것은 유토피아와는 반대로, 가장 부정적인 암흑세계를 그려 냄으로써 현실을 날카롭게 비판하는 문학작품 및 사상을 가리 킨다.
> • 오늘날 빈부격차의 심화, 기아와 빈곤의 확산, 생태계의 파괴 등을 해결하지 못한다면, 우리사회는 이것으로 전락하게 될 위험이 있다.

① 디스토피아   ② 복지국가

③ 이상사회   ④ 적극적 국가

정답 : ①

해설 : 제시문은 디스토피아에 대한 설명이다.

15

다음과 같은 복지 사회를 실현하기 위한 조건으로 옳지 <u>않은</u> 것은?

> 사람은 누구나 행복하게 살 권리가 있다. 그러나 어떤 사람들 은 안락하고 만족한 상태에서 건강하게 살고 있는 반면, 어떤 사람들은 빈곤이나 질병, 신체적 장애나 고령 등으로 인하여 불 안정한 삶을 살고 있다. 따라서 모든 사람들이 행복하게 살 수 있는 복지사회를 우리는 추구해야 한다.

① 사회구조와 제도가 공정해야 한다.

② 결과적으로 평등한 분배를 지향해야 한다.

③ 기회균등이 보장되어야 한다.

④ 인간존중을 사회의 기본 원리로 삼아야 한다.

정답 : ②

해설 : 결과적으로 평등한 분 배를 지향하면 근로 의욕 저하 등의 문제를 야기하므로 현대 복지 사회의 조건으로 적합하 지 않다.

도덕 기본서 바이블

고졸검정고시

검정고시 **단**번에 합격하**기**

초판 인쇄	2020년 03월 05일
초판 발행	2020년 03월 08일
지은이	임채정
발행인	황두환
발행처	도서출판 고시윌북스
주소	서울시 도봉구 노해로65길 11, 801호(창동, 한성빌딩)
홈페이지	www.gosiwill.net
전화	02.900.3766(교재) 02.999.9622(인터넷 강의)
팩스	02.999.2422
E-mail	book@gosiwill.net
등록번호	제2012-17호
정가	16,000원
ISBN	979-11-87388-46-3

판 권
소 유

 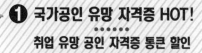

시험에 (强)강한 검단기

검정고시 추천도서 최신판

인터넷교육 방송교재
신(新)교육과정 완벽적용
국내최대 40여종 발간

합격을 향한 진격의 必 필살기

고시월 검단기 프로젝트

한권으로끝내기시리즈

초졸학력

검단기 합격시리즈

검단기 총정리

검단기 기출문제

기본이론서시리즈

초졸학력

검단기 국어

검단기 영어

검단기 수학

검단기 과학

검단기 사회

검단기 도덕

한권으로끝내기시리즈

초졸학력

검단기 국어

검단기 영어

검단기 수학

검단기 과학

검단기 사회

검단기 도덕

교재구매문의 고시월북스 www.gosiwill.net